语言文学前沿

杜寒风 主编

第11辑

文学与艺术专辑

知识产权出版社
全国百佳图书出版单位
——北京——

图书在版编目（CIP）数据

语言文学前沿.第11辑，文学与艺术专辑／杜寒风主编.—北京：知识产权出版社，2022.12

ISBN 978-7-5130-8668-4

Ⅰ.①语… Ⅱ.①杜… Ⅲ.①语言学—文集②文学理论—文集 Ⅳ.①H0-53②I0-53

中国国家版本馆 CIP 数据核字（2023）第 004612 号

责任编辑：刘 江　　　　　　　责任校对：王 岩
封面设计：张国仓　　　　　　　责任印制：刘译文

语言文学前沿（第11辑·文学与艺术专辑）
杜寒风　主编

出版发行：知识产权出版社 有限责任公司		网　　址：http://www.ipph.cn	
社　　址：北京市海淀区气象路50号院		邮　　编：100081	
责编电话：010-82000860 转 8344		责编邮箱：liujiang@cnlpr.com	
发行电话：010-82000860 转 8101/8102		发行传真：010-82000893/82005070/82000270	
印　　刷：北京建宏印刷有限公司		经　　销：新华书店、各大网上书店及相关专业书店	
开　　本：720mm×1000mm　1/16		印　　张：18	
版　　次：2022年12月第1版		印　　次：2022年12月第1次印刷	
字　　数：302千字		定　　价：88.00元	
ISBN 978-7-5130-8668-4			

出版权专有　侵权必究
如有印装质量问题，本社负责调换。

《语言文学前沿》编委会

主　任：张　晶
委　员：李怀亮　　张鸿声　　白岚玲（女）
　　　　陈友军　　赵　雪（女）杜寒风
　　　　刁生虎　　刘　江　　刘　玥（女）

《语言文学前沿》编辑部

主　任：杜寒风
成　员：刘　江

编者前言

《语言文学前沿（第 11 辑·文学与艺术专辑）》由中国传媒大学人文学院主办，博士生导师杜寒风教授主编。

本辑共收入论文 29 篇，其中学术论文 27 篇，教学改革论文 2 篇。为促进校内外的学术交流，本辑刊发中国传媒大学校外作者论文 20 篇，校内人文学院文学系作者论文 8 篇、人文学院语言学系作者论文 1 篇。收入本辑的所有论文与作品均为首次公开发表。

欢迎学术界和教育界同人对《语言文学前沿》予以关注和支持。

杜寒风
2022 年 9 月

目 录

文 学 编

普通话之字谱吟诵 ………………………………………… 陈茂仁 (3)

《拾遗记》所载三国政治预言探论

　　——兼与《三国志》同类预言对比 ……………………… 李寅捷 (16)

宇文所安《文心雕龙·通变》中"变"的翻译与对之的理解 …… 张　宇 (26)

李白作品所见名字诂解 ………………………………… 胡　琼　胡俊俊 (32)

金元之际作家的豪杰景慕与文学影响 ………………………… 张勇耀 (41)

"傲世也因同气味"

　　——史湘云诗词生命美学的构建与意义 …………… 肖　锋　杜　莹 (54)

少数民族预科《大学语文》课程思政实践探索

　　——以中国传媒大学为例 ………………………………… 王克家 (65)

鲁迅与"五四"的相遇

　　——兼及回顾"五四"的当下意义 ……………………… 汪卫东 (71)

论鲁迅小说《离婚》中的看客形象 ………………… 燕世超　余勇亮 (81)

从王得后《〈两地书〉研究》看鲁迅的爱与被爱 ……………… 黎　晶 (88)

《第比利斯的地下印刷所》的空间叙事及其文化意义 … 张一玮　何少莹 (98)

尧山壁与作家艺术家的交往

　　——读《不灭的星辰：尧山壁散文》 ………………… 马茂洋 (107)

朴素的时代造就朴素的情感

　　——读《往日追梦》 ………………………………… 邹梦远 (114)

主体建构　女性神话　身体政治

　　——解读姚皓韵小说《她们说》 ………………… 贾　静　陈佳怡 (119)

日本小说多视角叙事与"盲人摸象"写作训练 ……………… 李杰玲 (127)

论《日本现代文学的起源》中的"自白制度"
　　——以第三章"所谓自白制度"为中心 ………… 朱瑞贤（139）
论《继承失落的人》中的文化身份 ………………… 李姿毅（150）
《飞逸》中多元白人形象的塑造 ………………… 刘克东　李　汪（159）

艺　术　编

唱响解放区革命音乐的主旋律
　　——贺敬之创作歌曲歌词与乐谱析评 ………… 杜寒风　张伟娜（171）
古希腊罗马的绘画艺术与批评实践（上）……………… 郁火星（181）
《宜黄县戏神清源师庙记》与《庄子》关系探论……… 卢雨亭（194）
社交媒体时代的戏曲文化传播
　　——以微信表情包为例 ……………………………… 杜丽萍（201）
电影社会学视野下的《武训传》及其批判研究 ……… 林吉安（208）
贾樟柯：县城与声音叙事 ……………………………… 范丽萍（218）
空间生产理论视域下沂蒙题材影视剧的地缘文化探赜…… 石　航（226）
中国马克思主义文艺源泉论对电视剧对白写作的启示…… 逢格炜（236）
论齐泽克对希区柯克电影的研究策略：对症候的症候式解读…… 章　静（248）
电影《千年女优》之拉康式解读 ……………………… 龚雅哲（259）
斯威登堡的精神分裂过程与其通灵术：雅斯贝斯论斯威登堡（下）
　　………………………………………………………… 孙秀昌（267）

文 学 编

普通话之字谱吟诵

■ 陈茂仁

一、前　　言

古有"诗言志"之说法，意为诗歌乃诗人内在情感之反映，亦即诗人将其情感以文字表现而为诗，非特如此，同时亦将声音之情感转化为诗歌文字之声、韵、调，是以诗歌除有由字意表现出之辞情外，亦有由字音表现出之声情。辞情为文字静态面之表现，而声情为文字动态面之映显，因之可以如是说："诗歌文字"为诗歌外在之躯体，而"字音旋律"则为诗歌内在之灵魂。

即因字音旋律为诗歌内在之灵魂，故确实吟出诗歌文字之声、韵、调（声调），使听者得以依吟音辨认所吟者为何字，再依所听辨出之字进一步了解其意，此为传统吟诵所重，亦为吟者所特须留意者，否则吟咏"清风明月"，若不顾字音而吟成"请奉命曰"，如此字音一别，诗意亦因而差之千里。近年来，古诗文吟诵重新进入大众视野，然各地用以吟咏之方式多元，有作曲家为求旋律之美听，不顾文字声调之抑扬高低而谱曲者，如此则易有"倒字"之情况，亦即音乐旋律之高低、起伏、长短与文字声调产生冲突之情况，一如前此所言之将"清风明月"谱成"请奉命曰"之音乐旋律；再者有套用流传古调之情形，如套用江西调、江浙调、歌仔调，等等，而套用古调以吟诵，亦必产生倒字；再者为吟者自拟之吟调，然多数吟者受限于师承，亦常将老师传授之调子套吟于其他诗歌，如此亦必出现倒字。

今不论以上述何种方式吟诵，皆能让人感受吟诵或音乐所致之声音美感，唯可憾者，此声音之美感，不合于被吟诵歌本具之声音旋律，实不属于该诗之声情，原因无它，因为倒字之出现，已抹杀诗歌本具之声情美感了。

传统吟诵最基本之要求为吟音精准，使听者得以依音辨字，再依字知意，如此方得如实传达诗意及声情，故为免倒字发生，确实地发出诗歌文字之声、韵、调，那就非得使用"字谱"吟诵法不可。❶ 所谓字谱吟诵，即据文字之声、韵、调，尤以调之部分，吟者特须依此拟吟音之高低、长短及快慢，确实地将诗歌文字之字音精准吟出，一如将"清风明月"确实吟成"清风明月"之音，而非吟成其他相近似之字音，换言之，诗歌文字本身之声调，即为吟诵之旋律，此即所谓"字谱"吟诵，而此正为古人所言"依字行腔"之所依，唯如此，听者方能据以知悉吟者所吟之诗，并据以知晓诗意、辞情，确实感受此诗声情兴发动人之美感。

二、普通话声调之特性、吟法及吟式述举

诗歌自其出现之始，即与音乐缔结紧密，而吟诵则为展现诗歌声情韵律美之最佳方式。传统诗社有谓"吟诵无定调"，概因近体诗虽有标准之平仄格律，然亦有拗救及"一三五不论"之权变，再加以平声分阴阳，仄声分上、去、入声，而此三声调又有清浊之别，因之难以求得两首阴阳平仄完全相同之诗，是以依传统字谱吟诵时，其旋律自是不同；再加以引声曼吟之际，因吟者感情融入而致个人独有之吟式变化，❷ 是以造成吟诵无固定之吟调，因此一旦以固定吟调套吟他诗，必生倒字，则此已失该诗之声情美感。

虽然吟诵有其一定程度之个性，然吟诵亦非全依个性而任所妄为，必得留意吟诵之原则，❸ 如此方能尽享诗歌辞情与声情两谐之美。

吟诵之方式，影响诗歌声情之传显，故必讲究依字谱以明确传达字音，尤为重要之钤键。设若此声调吟为彼声调，如将"乌啼"吟成"无梯"，如此便遑论诗意之表达与声情美感了！

---

❶ 此处所言之"字谱"，非早期用文字以记谱如工尺谱、燕乐半字谱之类，乃指诗歌文字本身之声调，其声调之高低、抑扬、长短等，即为吟此诗之旋律称之。

❷ 吟式，指吟诵旋律起伏之样貌。一般而言，吟式之变化，于出基本音后所做之变化，略有下降式、扬升式、峰谷抖音式等，不论吟式变化为何，总须于基本声调如实传达后，再行可能之抑扬变化。

❸ 吟诵具有一定程度之个性，可依各人对该诗之领受与当时情感之注入，而有不同吟式之变化，故不同之人于同时吟同一首诗，其旋律、节奏、轻重、疾徐、顿挫、断连、咬字、吐字、归韵等之表现必不同。唯吟诵亦非全任个性而为，亦须留意其大原则，如出口发音、收音归韵、声调之特色、四声之配置、吟式变化之局限，等等。唯有谨守大原则，再行吟者个性之突显，如此方较能展现诗歌之声情。

现今普通话之声调有四：阴平、阳平、上声及去声。因之以普通话吟诵，势必明确掌握此四声调之特性，于吟咏时再寻求可能之吟式变化。今即述之如下。

(一) 普通话声调之特性及其吟法

吟诵可谓体验诗歌声情之最佳方式，为求如实传达诗歌之情感，依字谱以吟实为基本要求，因之立基于字谱行腔之余，再于引声曼吟处予以吟式变化，自能增益其感染人心之美感。

吟诵除须留意诗歌文字之声、韵外，声调为吟诵旋律之所依，故确实掌握文字声调，为吟诵之重者。普通话声调有四，然无传统之入声，今虽难见古文献记载相关之吟法，唯为求传达诗情，不论于诵读或吟咏，自须借字音以传达字义，因之所吟之字，皆须留意声、韵、调之准确。吴梅云：

> 平、上、去、入，谓之四声，每声各有阴阳，共有八声。此八声唱法各异，偶有不慎，往往毫厘千里之误。❶

吴氏所言虽为唱曲而发，然于吟诵何独不然？吟诵于每字之咬字、吐字与归韵皆须确实外，声调之展现亦不可含混，如此字如其音，方能句得其意，所吟诵意亦方能使人闻而知之。设若声韵俱明，然于调有差池，则所传之字音亦必不实矣！故除声、韵外，于文字之声调务须明辨谨实。今即述普通话各声调之特性及其吟法如下。

1. 阴　　平

阴平属高平调，调值作55：，❷ 此调类不升不降，调符作"━"，❸ 如"天（tiān）""风（fēng）""烟（yān）"等字之调。以其为高平之故，因之吟时宜高平吟，按其音吟咏而无升降，此为其本色。

吟阴平声之字，于初出口时，不宜旋即做吟式变化，否则易与其他声调相混。如不宜音初出时即由高迅疾下降，如此易混为去声；亦不宜音初出时

---

❶ 吴梅．中国戏曲概论·顾曲麈谈［M］．台北：五南出版社，2016：82．
❷ 此处调值采赵元任之五度制法，音高由1~5分为五度。此阴平声之调值为55：，意指其初出口发音时之音高在高度5，而其结束时之音高亦在5，是知此声调自始至终皆在高度5，因之调类不升不降，故称为高平调。余下之阳平、上声、去声，其调值及调类可依此类推。
❸ 调符为笔者为展现各声调音高及抑扬起伏之特性而绘。

随即以上扬音吟，如此又易混为高度音之阳平调。余如音出即断式及收摄式之吟法，此二者为依入声字特色所产生之吟法，❶平声字自不能有此。

知阴平声调之本色，则于吟咏时自可尽情变化，唯于变化时，因此声调属高平调，故于出口发音时，须先出以高平音，直吟相当之时值后，❷再依诗意，求其可能之吟式变化，总之，以不产生倒字为基本原则。

2. 阳　平

阳平属中升调，调值作35：，此调类由中音扬升至高音，调符作"╱"，如"南（nán）""湖（hú）""阳（yáng）"等字之调。吟时宜由短时值之中平再扬升高吟，以其吟音先中平而后扬升，故有提音之情况，此为其本色。

吟阳平调之字，于初出口时，亦不宜旋即做吟式变化。如不宜音初出时即由高迅疾下降，如此易混为中度音之去声；亦不宜初出口时采不升不降吟，如此易成中度音之阴平调。当然音出即断式及收摄式之吟法，阳平亦不适有此入声字特色之吟法。

知阳平声调之本色，因此声调属中升调，故于出口发音时，须先出以极短时值中平音，再迅疾扬升高吟，总之，亦以不产生倒字为原则。

阴平与阳平，此二声调之时值较其他声调为长，且其有长音平顺之特色，故古来合而为平声调，因之于吟诵时，此二声调若处"二四六分明"之节奏点处，❸则多以引声曼吟之方式为之，即因此故，是以颇适加入吟式之变化。

3. 上　声

上声属降升调，调值作214：，此调类由中低音下降持平，再迅疾扬升至次高音，调符作"✓"，如"奖（jiǎng）""赏（shǎng）""采（cǎi）"等字之调。吟时宜由短时值之中降持平，再扬升高吟，此为其本色。

于变调方面，此上声调之变化较多，如"早上"之"早"，其读音只取

---

❶ 陈茂仁. 古典诗歌入声字之吟法［J］. 台北大学中文学报，2007（2）：187-207.

❷ 时值，指吟诵时，吟某字音之时间长度，称之。

❸ 节奏点，为声音最重之处，为一节奏单元之末字。我国文字，略以两字为一节奏单元，亦即以两字为一完整之意义节奏，如北边之京城，简称北京；南边之京城，简称南京。而以两字为一节奏单元之成因，略有音长、语义、修辞等因素（陈茂仁. 古典诗歌初阶［M］. 台北：文津出版社，2003：48-51.），即因我国文字有以两字为一完整节奏单元之特性，而声音之重处又处节奏单元之后一字，因之于近体诗之平仄谱，古来有"一三五不论，二四六分明"之说，即"二四六"等字恰为各节奏声音之最重处，亦即节奏点所在，因之其平仄不可随意更动，若有更动一般亦会进行拗救。

前半上；"奖赏"之"奖"则变为阳平声。故于变调为前半上时，则吟时直读而出即可；而变调为阳平声时，以诗歌有其平仄之节奏，故虽变调为阳平声，亦须直读而过，不适宜引声曼吟并做吟式变化。

4. 去　　声

去声，属高降调，调值作53:，此调类由高降下，调符作"＼"，如"后（hòu）""顺（shùn）""寿（shòu）"等字之调。吟时应先作短时值之高平吟，紧接迅疾下降，此为其本色。

因去声为高降调，故吟时宜短不宜长，其吟法为初出口时，以极短时值之高平音发音后，迅疾下降，而下降口气之走势始终向下，❶ 若以时值论，其高平吟之时值极短，而下降吟之时值相对为长。以此声调之特性在于高降，其口气须始终向下，故此声调不宜引声曼吟，只须直白吟出本调即可。

5. 入派三声

普通话无入声，于今已派进平上去三声中，如"汁"（入阴平）、"集"（入阳平）、"骨"（入上声）、"月"（入去声）。今以普通话吟诵，遇入声字当如何表现，以显其短促峭绝之特色？

入声为塞音，因此音极其短促，故而有峭绝、急收之特性，而普通话无入声，因此遇入声字欲表现其短促急收及峭绝之特色，于传统吟诵有"音出即断"及"收摄"两种吟法。❷ 唯收摄不适于普通话，而以"随声调顿韵尾"吟法为尚，今即述之于下。

（1）音出即断：方出口发音迅即收音归韵，于完整读出字音即收绝，不做延音，调符作"·"，以示其短促。

（2）随声调顿韵尾：出口发音后，收音归韵时于韵尾作短顿归韵，亦不做延音，今调符作"一"（汁）、"╱"（集）、"˅"（骨）、"＼"（月）以示其峭绝。

综之，以普通话吟咏时，依其声调本色吟，于平声之引声曼吟处，或可适度加以吟式之变化，而上去（含入声字）等声调之字，则如实吟出基本吟

---

❶ 此所谓"口气"为指发音时，气息之走势而言。以去声为高降调，故发音时之气息，除于初出口时有极其短暂之高平音外，而后迅疾下降，口气始终采下降之走势。

❷ 入声字之吟法，就吟坛前辈吟音采录分析之，于入声有"音出即断""收摄"等两种吟法，可参见：陈茂仁. 古典诗歌入声字之吟法［J］. 台北大学中文学报，2007（2）：187-207；陈茂仁. 台湾传统吟诗入门：大家来吟诗（附CD）［M］. 台北：博扬文化事业有限公司，2013：78-80.

法即可，得如此，则字字音明、准、确。

（二）吟式述举

吟式是指吟诵之形式而言，乃立基于基本吟法之上再行吟咏旋律之变化，因普通话仅有四声，而恰适施以吟式变化者仅阴平与阳平二者，余上声与去声，以其调性特质，故不宜作过分之吟式变化，否则不易表现该声调之特色。而阴平及阳平二者于节奏点引声曼吟之际，亦须留意于吟出该声调之基本吟法后，❶ 方得以施行吟式变化，而为求得诗歌节奏之明朗及其复沓之美感，所作吟式自不宜过于繁复，以免破坏诗歌之内在节奏。今即述举适于普通话之吟式如下。❷

1. 下降式

（1）单降式。此法为立基于该声调之基本吟法上，行下降之吟法变化，唯此下降之时值不宜过长。如李白《早发白帝城》末句之"舟"字，以其正处节奏点又为平声，故引声曼吟之际，于吟基本吟法后，可行以下降吟法：

（阴平例）轻舟已过万重山："舟"之吟式 → ⌒

再如王翰《凉州词》首句之"萄"字：

（阳平例）葡萄美酒夜光杯："萄"之吟式 → ⋀

（2）递降式。此吟法前同单降式，而后仅再下降一次，从而形成递次下降之吟式，通常此递降吟式用于全诗最末之韵脚。而采此递降法，有使诗情幽怨、愁闷、忧思之感。如杜甫《江南逢李龟年》之最后韵脚"君"字：

---

❶ 基本吟法，是指吟诵时，于各该声调之出口发音与收音归韵等之吟音，其高低、抑扬须符合各该声调之调值特性，称之。

❷ 前此笔者亦已发表相关之吟式论文，所选用之吟诗诗言虽为闽南语之文读音，然其原理与普通话相通，两者虽有声调数量之差异，读者亦可参看。其中平声字之吟式参见：陈茂仁. 闽南语平声字之吟式研究［J］. 人文研究期刊，2008（5）：59-88；上声字之吟式，参见：陈茂仁. 台湾闽南语上声字之吟式研究［J］. 屏东教育大学学报，2009（33）：1-26；阴去声字之吟式，参见：陈茂仁. 闽南语阴去声字之吟式［J］. 中国诗歌研究，2011，8：62-84；阳去声字之吟式，参见：陈茂仁. 闽南语阳去声字之吟式研究［J］. 嘉大中文学报，2011（5）：155-180；入声字之吟式，参见：陈茂仁. 古典诗歌入声字之吟法［J］. 台北大学中文学报，2007（2）：187-207。

（阴平例）落花时节又逢君：“君”之吟式 → ⌐

再如张继《枫桥夜泊》之最后韵脚"船"字：

（阳平例）夜半钟声到客船：“船”之吟式 → ∧

2. 扬升式

此法为立基于该声调之基本吟法上，行扬升之吟法，唯此扬升之时值亦不宜过长。如王昌龄《春宫曲》第二句中之"央"字：

（阴平例）未央前殿月轮高：“央”之吟式 → —

再如贺知章《回乡偶书》末句之"从"字：

（阳平例）笑问客从何处来：“从”之吟式 → ⌠

3. 峰谷抖音式

此法为立基于该声调之基本吟法上，先行有如山峰、山谷、山峰、山谷等连续吟音，再接及抖音之吟法。此法之前峰谷其落差较大，越往后其落差越小，至末则以抖音方式为之，特多运用于韵脚。如王昌龄《出塞》首句韵脚"关"字：

（阴平例）秦时明月汉时关：“关”之吟式 → ——〜

再如李白《登金陵凤凰台》首句之韵脚"游"字：

（阳平例）凤凰台上凤凰游：“游”之吟式 → ∕〜

上述三式非为普通话吟诵之所有吟式，唯为免倒字及求得最佳节奏美感，就笔者多年吟诵经验，以上三式已可得其最佳之美听。而吟诵以传达诗意为上，因之必得字字得其本调，务使字音不失，否则虽具绕梁美听，诗意亦无由传，故依字谱行腔为吟者不可或变之原则。

综之，无论其吟式之变化为何，总以不产生倒字为主要之大原则，于此原则下，吟者自可依声调之特色及诗意之传显，自行求其可能之吟式变化，以达至映显诗歌辞情与声情两相映和之境。

三、一字多音之抉择

今人之吟诵，以吟近体诗为最。近体诗讲究平仄格律，为构成诗歌节奏音韵美之重要组成部分，因之明确读出该字之音，则为吟诵最基本之要求。而我中文字，自古及今，偶有一字多音者，因之于吟诵时，特须留意其明确之音为何，否则误用，恐失其义，再者亦恐失近体诗应有之平仄节奏性，因之皆特须留意。明王骥德《曲律·论须识字》云：

> 识字之法，须先习反切……。至于字义，尤须考究，作曲者往往误用，致为识者讪笑，如梁伯龙《浣纱记·金井水红花》，曲"波冷溅芹芽，湿裙衱"，衱字法用平声，然衱、箭袋也，若衣衱之衱属去声，唐李义山《无题》诗"八岁偷照镜，长眉已能画。十岁去踏青，芙蓉作裙衱"，足为明证。……近日汤海若《还魂记懒画眉》"睡荼蘼抓住裙衱线"，亦以衱字作平音，皆误……影响之误如此，则作曲与唱曲者，可不以考文为首务耶？❶

是知一字多音者，常因音异而义亦异，如上王氏所云。又如"雨"，可上可去；"妻""衣"两字，皆可平可去。凡此皆音异而义亦异，于吟诵时，若一字多音，则自当先辨其字音、字义，以求符合诗句之音义，由是以吟之，方能得其诗情。否则音误而义讹，诗意自失，以此纵然吟之入神美听，然诗意、声情亦必不显。明沈宠绥《度曲须知》（下卷）载《异声同字考》即云：

> 《中原韵》有一字几音者，如两声并收，则妻之叶平又叶去，载之叶

---

❶ 王骥德. 曲律 [M] // 中国戏曲研究院. 中国古典戏曲论著集成（四）. 北京：中国戏剧出版社，1980：119.

去又叶上是也；三声并收，则跪字去字之叶平叶上又叶去是也。两韵俱收，则复之叶甫、又房构切，车之叶居、又昌蛇切，那之叶娜、又奴嫁切是也；三韵并收，则涯之叶移、叶牙、又叶崖，大之叶惰、叶带、又堂那切是也。阴阳并收，则绊之叶扮、又叶办，华之叶花、又胡瓜切，在之叶再、又叶才去声是也。已上诸字，但从平上去三声中略略点出，不更详载，惟在入声尤为不少。今摘其概，分韵列左，唱者须审平仄阴阳，随宜参用，庶谐声律。❶

故于吟诵前亦应审明一字多音字之音义，及其应有之平仄配置，以确定该多音字于诗中之字音，如此于吟诵时，方能明确传达应有之字音，而字义亦方能因之而如实传达。而一字多音于音义之配置，又有"音异义异"及"音异义同"两项，音异义异之例，此众所熟习，只须依诗歌文字之平仄格律，即可依之而选用恰当平仄之字音，❷ 故此仅探较为特殊之"音异义同"例，以为以普通话吟诵时之参考，而"音异义同"大抵又有"声调不同之音异义同例"及"韵腹不同之音异义同例"，今示如下。

（一）声调不同之音异义同例

我国文字一旦改变其声调，多数字义亦因之而变，然亦有声调虽变，而字义不变者，如"望"字。《广韵》下平十阳："望，看望。又音妄。"❸ 反切为"武方切"，读作"wāng"；去声四十一漾："望，看望，……又音亡。"❹ 反切为"巫放切"，读作"wàng"。此两音，一为平声，一为仄声，故若于诗中出现"望"字，则须依格律，视其所处位置之平仄而读以该声调之字音，如王勃《秋江送别》（其二）云：

归舟归骑俨成行，江南江北互相望。
谁谓波澜才一水，已觉山川是两乡。

---

❶ 沈宠绥. 度曲须知 [M] //中国戏曲研究院. 中国古典戏曲论著集成（五）. 北京：中国戏剧出版社，1980：294.
❷ 陈茂仁. 台湾传统吟诗研究 [M]. 台北：博扬文化股份有限公司，2011：115-136.
❸ 林尹，校订. 新校正切宋本广韵 [M]. 台北：黎明文化事业股份有限公司，1990：176.
❹ 林尹，校订. 新校正切宋本广韵 [M]. 台北：黎明文化事业股份有限公司，1990：426.

此诗为平起首句入韵之七绝，第二句之韵脚为"望"字，必读平声"wāng"，以与"乡（xiāng）"押韵。又李益《夜上受降城闻笛》：

> 回乐峰前沙似雪，受降城下月如霜。
> 不知何处吹芦管，一夜征人尽望乡。

末句"一夜征人尽望乡"，其句中节奏点为"夜""人""望"，其中"夜""人"之平仄为"仄""平"，依近体诗句中节奏点平仄应交错递用之原则准之，则知"望"应读仄声"wàng"。

故此二诗中之"望"字，虽音异义同，然亦须视其所处位置之异而择其正确之字音。

（二）韵腹不同之音异义同例

杜甫《春望》：

> 国破山河在，城春草木深。
> 感时花溅泪，恨别鸟惊心。
> 烽火连三月，家书抵万金。
> 白头搔更短，浑欲不胜簪。

检《广韵》此诗韵脚之"簪"有二音，一作"侧吟切"，❶ 读作"zēn"；一作"作含切"，读作"zān"。❷ 此二字音之韵腹异，然二音之义皆同为"首笄也"。故于诗中出现此"簪"字时，特须留意其字音之协谐，以此诗而言，首句韵脚之"深"（式针切，读作shēn）、"心"（息林切，读作xīn）、"金"（居吟切，读作jīn），❸ 其韵"en"转为"in"，故同为韵脚之"簪"，为使字音更加协韵，是以选读用韵母相近之"侧吟切"之"zēn"为是，若选"zān"

---

❶ 林尹，校订．新校正切宋本广韵 [M]．"侧吟切"，见下平二十一侵韵．台北：黎明文化事业股份有限公司，1990：220．

❷ 林尹，校订．新校正切宋本广韵 [M]．"作含切"，见下平二十二覃韵．台北：黎明文化事业股份有限公司，1990：222．

❸ "深""心""金"之反切，分见于：林尹，校订．新校正切宋本广韵 [M]．下平二十一侵韵．台北：黎明文化事业股份有限公司，1990：218，220．

则韵腹与其他韵脚不同，于韵则不押矣。

而杜甫《楼上》：

> 天地空搔首，频抽白玉<u>簪</u>。
> 皇舆三极北，身事五湖南。
> 恋阙劳肝肺，论材愧杞楠。
> 乱离难自救，终是老湘潭。

此诗韵脚为"簪""南""楠""潭"。如上所述，于《广韵》之"簪"有"侧吟切""作含切"二音，于音虽有不同，然皆作"首笄也"。今视此诗其他韵脚"南"（那含切，读作 nán）、"楠"（那含切，读作 nán）、"潭"（徒含切，读作 tán），❶ 其反切下字皆为"含"，韵母为"an"，故"簪"以作"作含切"，读作"zān"为是，如此押韵方谐。

上引同为杜甫不同诗作中之韵脚"簪"字，若两首之读音"zēn""zān"彼此互易，则于诗之押韵必有不谐，如此则协韵之美即无法显现，而其声情韵律之音乐美感亦必减损。

一字多音之情况颇为普遍，而音异义同之例，于此未能全面探究述举，唯上举两项，已含摄用韵及平仄之例，实已含括出现音异义同之字时之抉择诀窍，因此若知诗中有一字多音者，则务须明辨一字异音之音、义及平仄关系，再视其于诗中之平仄格律及用韵，以求其最适之音读，如此则较能求得最佳之辞情与声情，亦方能显其最佳之音韵美感。

四、拟调示例

今依上述所言，举张继《枫桥夜泊》为例，试由字谱角度，以调符示普通话之吟调旋律如下：❷

---

❶ "南""楠""潭"之反切，同见于：林尹，校订. 新校正切宋本广韵 [M]. 下平二十二覃韵. 台北：黎明文化事业股份有限公司，1990：221.

❷ 此调符所示之吟法，非此诗唯一之吟法，又各字之节拍，亦因吟者不同所行之吟式变化亦异，故此处所演示者，仅为众多吟法之一，谨于此申明。

月　落　乌　啼　霜　满　天，
·　·　一　／　一　↙　〜❶

江　枫　渔　火　对　愁　眠。
一　一　／　╲　╲　／　❷

姑　苏　城　外　寒　山　寺，
一　一　／　╲　╲　／　／

夜　半　钟　声　到　客　船。
、　、　一　〜　╲　·　∧❸

由上之调符，即可见以普通话吟此诗之旋律，特别是音高、抑扬起伏及音长等，再加以吟者对此诗情感之融入而行之吟式变化，则其感染人心与兴发动人之力道显矣。

五、结　论

吟诵为呈显诗歌声情美之最佳方式，而欲如实传达吟诵语言所映显诗歌之声情美，则自以依诗歌文字之声、韵及调，确实地出口发音及收音归韵，如此才能依吟音传达字义，再进而依字义而体现诗意。现今所见之吟诵，使用之语言多样，然不论以何种语言吟诵，概皆可得其所致之声情美感，唯其基本之大原则为依字谱以吟，务必力求声、韵及调之明确无误。

本文略论由字谱角度探论普通话之吟诵，以明其方法，文中述及普通话声调之特性及各声调之基本吟法，并提出以普通话吟诵之吟式变化，诸如下降式（又分单降式及递降式）、扬升式及峰谷抖音式。再论及一字多音之抉择原则，以此力求所选之字音符合平仄及押韵时之声韵美感，最末则以张继《枫桥夜泊》为例，演示普通话之吟诵面相。

---

❶ 句中之"满"，连读变调后为前半上，故其调符以"↙"为之。
❷ 韵脚"眠"之字音宜引声长吟。
❸ 韵脚"船"之字音，于递降后宜持平音引声长吟，而长吟之音强采渐弱之方式处理之。

其实读者只须谨记，于诗歌各句之第二、第四及第七字若为平声字，❶ 此为声音最重之节奏点所在，故可引声曼吟之，并可适选恰当之吟式以求变化，除此，于吟诵时，亦须融入自身之情感，给予诗歌当下最自然之强弱、快慢及可能之吟式变化，得如此便可快速地感受以普通话吟诵之美感。相信只要掌握吟诵之大要，即能慢慢领受吟诵兴发动人之感染力道，于此平淡无奇之生活中，亦必有非常诗性及诗意之妆点。

（陈茂仁，博士，嘉义大学中国文学系教授、人文艺术学院院长）

---

❶ 吟诵首重声音之节奏，亦即以声音句法为主，就七言诗论之，其句法略可分为"二二三"等三节奏，此为吟诵之声音句法，与赏析诗歌由意义切入之意义句法略异，此为吟诵须留意处，是以吟诵时之声音节奏点有三处，即各句之第二字、第四字及第七字，于此三字，若为平声则可引声曼吟，并适度施以吟式之变化，以显诗歌内在之平仄节奏及其声韵之美听。

《拾遗记》所载三国政治预言探论
——兼与《三国志》同类预言对比

■ 李寅捷

《拾遗记》为前秦王嘉所著,《隋书·经籍志》著录于史部杂史类,宋陈振孙《直斋书录解题》、清《四库全书总目》等则归入子部小说家类。因其记述奇闻轶事兼有博物色彩,现代研究者一般将《拾遗记》纳入六朝志怪小说范畴研究。《拾遗记》记述从上古到西晋的轶事怪谈,除有宗教影响下的仙道传说、地理博物故事之外,另有正史未载录的历朝历代政治预言。所谓政治预言,是指在符谶、灾异思想影响下,形成的谣言、诗妖、志怪故事等预兆王朝兴替或涉政人物命运的文本。本文的研究对象,内容上不局限于一般的谣谶、诗妖,凡带有政治预兆性的谣言、故事,都在研究范畴之内。为方便行文,本文将其统称为政治预言。这些政治预言具有史料价值,研究其产生语境,对了解当时的思想文化风气也大有裨益。当代研究者王兴芬、[1] 吕宗力、[2] 李亚亚[3]等虽谈及《拾遗记》中的谶纬思想,但大多限于研究王嘉本人的谶纬思想,及《拾遗记》中与谶纬相关的文本读解,并未将其与同时代其他史学文献比较。故本文从《拾遗记》所载三国政治预言入手,与《三国志》同类政治预言对比分析,归纳其书写特征并探寻其成因。

一、政治预言文献价值及其流变

裴松之注《三国志》,曾引用大量当时可见的其他史传文献,如《汉晋春

---

[1] 王兴芬. 王嘉与《拾遗记》研究 [D]. 兰州:西北师范大学, 2007.
[2] 吕宗力. 王嘉的道教与谶纬思想 [J]. 南都学坛, 2016 (3):18-26.
[3] 李亚亚. 《拾遗记》文学研究 [D]. 开封:河南大学, 2018.

秋》《江表传》《搜神记》《神仙传》等，但唯独不曾引《拾遗记》。据《晋书·王嘉传》记载，王嘉因惹怒后秦主姚苌而被杀，姚苌卒于公元393年，故王嘉卒于此前。❶ 又据《宋书·裴松之传》记载，裴松之注《三国志》是宋文帝元嘉三年（426）之后的事情，❷ 因此，《拾遗记》成书必在裴松之注《三国志》前。裴松之注《三国志》未曾引《拾遗记》，最大的可能是当时由于地理阻隔，《拾遗记》未能及时流传到江左为裴松之所见。而我们现在则能超越裴松之的阅读局限，以《拾遗记》中所载三国政治预言作为《三国志》及裴注的补充。《拾遗记》所载三国政治预言，有大量属于祥瑞灾异类。自汉代董仲舒提出"天人感应"之说以来，谶纬之风盛行，所谓谶纬，本质上就是认为"万事万物皆可出现灾祥"，是"通过灾异、祥瑞推断未来的方法"。❸ 魏晋南北朝政治上看似不再如汉代一般强调"天人感应"，但祥瑞灾异思想已成为时代的思想风气，正如徐兴无所言，谶纬思想"不仅被人们当作深奥神秘的'章句内学'传承、研习，而且以权威知识的身份浸透到人们的宇宙观、意识形态以及思想文化的生产过程之中。人们不论是否真的信仰谶纬，都已经承袭了谶纬文献提供的知识，并运用这些知识解释一切可知与不可知的事物，运用于书写、修辞、藻绘等文学艺术实践"，❹ 可以说，谶纬思想与经术等学说类似，是汉魏六朝人知识结构的一部分。一些正史，如《汉书》中还设有"五行志"，专集大量关于祥瑞灾异的记载。《三国志》虽无《五行志》，但其正文及裴注亦记述了大量谣谶。《拾遗记》所载三国政治预言，多有可与《三国志》相参看之处，可作为正史的补充性文献。

《拾遗记》中有数条曹魏代汉的政治谣言，其中有若干可与正史记事互为补充。曹魏时期多条"黄龙见"的政治预言，❺ 在《拾遗记》中即有记载。《拾遗记》卷七载："沛国有黄麟见于戊己之地，皆土德之嘉瑞。乃修戊己之

---

❶ 房玄龄，等. 晋书 [M]. 北京：中华书局，1974：2496.
❷ 沈约. 宋书 [M]. 北京：中华书局，1974：1699-1701.
❸ 孙英刚. 神文时代：谶纬、数术与中古政治研究 [M]. 上海：上海古籍出版社，2015：19.
❹ 徐兴无.《文选》李善注引纬考论——兼及谶纬与汉魏六朝文学的关系 [J]. 西北师大学报（社会科学版），2013（4）：26.
❺ "黄龙见"不独为曹魏政权所使用，蜀汉、孙吴政权均曾用"黄龙见"作为其君主继承大统的政治预言。笔者统计（不重复计数），《三国志》记载具有政治祥瑞性质的"黄龙见"凡14次。其中，《魏书》7次，《蜀志》1次，《吴书》6次。

坛，黄星炳夜。又起昴毕之台，祭祀此星，魏之分野，岁时修祀焉。"❶ 这条政治预言亦见于《三国志·魏书·文帝纪》及裴注引《献帝传》。兹录两条文献如下：

> 初，汉熹平五年，黄龙见谯，光禄大夫桥玄问太史令单飏："此何祥也？"飏曰："其国后当有王者兴，不及五十年，亦当复见。天事恒象，此其应也。"内黄殿登默而记之。至四十五年，登尚在。三月，黄龙见谯，登闻之曰："单飏之言，其验兹乎！"（《魏书·文帝纪》）❷

> （延康元年）辛亥，太史丞许芝条魏代汉见谶纬于魏王曰："易传曰：'圣人受命而王，黄龙以戊己日见。'七月四日戊寅，黄龙见，此帝王受命之符瑞最著明者也。"（《献帝传》）❸

以上三则政治预言，其关键性内容都是一样的。先分析《文帝纪》所记政治预言，其关键是"黄龙见谯"预兆帝王兴起。《文帝纪》载曹丕"中平四年冬，生于谯"，这里显然是暗指曹丕将称帝。再看《献帝传》中，许芝上书劝魏王受禅的谶纬之说。许芝援引《易传》之说，将"黄龙见"与帝王受命联系，说明延康元年七月的"黄龙见"意味着圣人（魏王曹丕）理应受天命称帝。最后再回到《拾遗记》的预言。这则预言在"黄龙见"之外，又加入星象之说，起祭祀台、岁时修祀，与前两则预言中比附黄龙的行为一样，都是统治者人为创造符谶，以合天命的行为。《拾遗记》的材料作为《三国志》及裴注的补充，可见曹魏代汉之际统治者对制造符命的热衷。

《拾遗记》卷七记载魏明帝时期的灾异现象，主要与明帝时大修宫殿的背景有关。《拾遗记》记载，明帝时起凌云台，"洛、邺诸鼎，皆夜震自移"，❹ 鼎乃象征国家权力的宝器，鼎之动荡寓意国家不宁。又载明帝时为了薛灵芸入宫而大兴土木，"筑土为台，基高三十丈，列烛于台下，名曰'烛台'，远望如列星之坠地""为铜表志里数于道侧，是土上出金之义。以烛置台下，则

---

❶ 王嘉. 拾遗记校注 [M]. 齐治平，校注. 北京：中华书局，1981：163.
❷ 陈寿撰，裴松之注. 三国志 [M]. 北京：中华书局，2011：58.
❸ 陈寿撰，裴松之注. 三国志 [M]. 北京：中华书局，2011：63.
❹ 王嘉. 拾遗记校注 [M]. 齐治平，校注. 北京：中华书局，1981：162.

火在土下之义。汉火德王，魏土德王，火伏而土兴，土上出金，是魏灭而晋兴也"。❶ 根据《三国志·魏书·明帝纪》及裴注引《魏略》的记载，明帝时兴修宫殿、大选宫人，耗尽大量人力物力，致使"百姓失农时"，而杨阜、高堂隆等人劝谏亦无果。❷ 正史仅客观陈述了魏明帝兴修宫殿的事实，这几则谣言的表述，却直接将兴修宫殿与王朝覆灭的必然联系在一起。"魏灭而晋兴"的说法带有预判的性质，因而这则政治预言显然是晋代之人仿拟魏晋禅代时民众心理捏造的。

政治预言的形成，往往根植于当时的政治语境，而当政治形势发生变动后，政治预言的版本也随之发生变化。其中，《拾遗记》卷八所载孙坚母之梦兆，就是典型的例子，原文如下：

> 孙坚母妊坚之时，梦肠出绕腰，有一童女负之绕吴阊门外，又授以芳茅一茎。童女语曰："此善祥也，必生才雄之子。今赐母以土，王于翼、轸之地，鼎足于天下。百年中应于异宝授于人也。"语毕而觉，旦起筮之。筮者曰："所梦童女负母绕阊门，是太白之精，感化来梦。"夫帝王之兴，必有神迹自表，白气者，金色。及吴灭而践晋祚，梦之征焉。❸

孙坚母梦兆亦见于韦昭《吴书》。《三国志·吴书·孙破虏传》裴注引韦昭《吴书》曰："坚世仕吴，家于富春，葬于城东。冢上数有光怪，云气五色，上属于天，曼延数里。众皆往观视。父老相谓曰：'是非凡气，孙氏其兴矣！'及母怀妊坚，梦肠出绕吴昌门，寤而惧之，以告邻母。邻母曰：'安知非吉征也。'坚生，容貌不凡，性阔达，好奇节。"❹ 齐治平注这段，注意到《吴书》与《拾遗记》梦兆的细节差异。《吴书》记载为孙母之梦为"肠出绕吴昌门"，《拾遗记》记载的则是"梦肠出绕腰，有一童女负之，绕吴阊门外"。情节上，《拾遗记》显然更为丰富，增加了神女预言的环节，使这一梦兆成为吉兆。《吴书》中有先见之明的则是"邻母"。《拾遗记》里的神女显然充当了邻母的角色，并有所发挥。此外，《拾遗记》的预言增益了"吴灭而

---

❶ 王嘉. 拾遗记校注 [M]. 齐治平，校注. 北京：中华书局，1981：160.
❷ 陈寿撰，裴松之注. 三国志 [M]. 北京：中华书局，2011：104.
❸ 王嘉. 拾遗记校注 [M]. 齐治平，校注. 北京：中华书局，1981：176.
❹ 陈寿撰，裴松之注. 三国志 [M]. 北京：中华书局，2011：1093.

晋践阼"的情节。韦昭乃孙吴史官，死于凤凰二年（273），❶ 孙吴政权为西晋所灭之前，因此绝不可能写"百年终应于异宝授于人"这样的话。可见这一层预兆，实属后人所加。西晋灭吴之后，政治语境发生了变化，原有的谶语结构也随之而变动。

由上述例证可见，《拾遗记》中记载的三国政治预言，即使在正史中无迹可寻，也绝非无由而发。杂史记事，虽不能视为实录，但在反映民间社会思想文化信仰、帝王权臣政治意图方面，却未必不如正史真实，亦可作为研究正史的旁证资料。

二、三国政治预言的故事化、志怪化倾向

由谶纬而生的政治预言，其在史书中的叙述模式一般比较固定，即"符谶灾异—王朝（人物）兴衰"，本文将其简称为"符谶—预兆"模式。历史上，这类谣谶著名的如"黄旗紫盖而出天子""荧惑失位而生童谣"以及上文提到的"黄龙见而帝王兴"，等等。但《拾遗记》所载政治预言，虽大多可见谶纬思想的影子，却与一般的谶纬政治预言叙述方式有别，呈现出更类似后世所谓志怪小说的面貌。

《拾遗记》记载政治预言，与一般的比附谶纬方式不同，多有渲染铺陈的故事情节。比如记明帝强娶薛灵芸，本是为引出明帝大修宫殿、德运衰败的种种预兆，却不惜笔墨描写灵芸泣血的故事。❷ 又如卷八"吴"的部分，记载张承母遇白蛇、白鹄的故事，其情节亦生动曲折，现引如下：

> 张承之母孙氏，怀承之时，乘轻舟游于江浦之际。忽有白蛇长三尺，腾入舟中。母祝曰："若为吉祥，勿毒噬我！"萦而将还，置诸房内，一宿视之，不复见蛇，嗟而惜之。邻中相谓曰："昨见张家有一白鹄耸翅入云。"以告承母，母使筮之。筮者曰："此吉祥也。……今出于世，当使子孙位超臣极，擅名江表。若生子，可以名曰白鹄。"及承生，位至丞

---

❶ 陈寿撰，裴松之注. 三国志 [M]. 北京：中华书局，2011：1462-1464.
❷ 王嘉. 拾遗记校注 [M]. 齐治平，校注. 北京：中华书局，1981：159.

相、辅吴将军，年逾九十，蛇、鹄之祥也。"❶

张承是孙权时重臣张昭之子，其生平附于《三国志·吴书·张昭传》，孙权时曾任骠骑将军、西曹掾，后"出为长沙西部都尉。讨平山寇，得精兵万五千人"。❷《吴书》及裴注均未记载张承的神异故事，《拾遗记》所记可能采自民间传说。此预言以蛇、鹄预兆张承后来为官显贵，情节生动有故事性，与普通的符谶性预言不同。

《拾遗记》中记载的政治预言，与《三国志》存录的同源政治预言对比，更能见其志怪故事化的特征。《拾遗记》卷七载："太山下有连理文石，高十二丈，状如死柏树，其文彪发，似人雕镂，自下及上皆合，而中开广六尺，望若真树也。父老云：'当秦末，二石相去百余步，芜没无有蹊径。及魏帝之始，稍觉相近，如双阙。'土石阴类，魏为土德，斯为灵征。"❸齐治平注此条，援引《献帝传》。《三国志·魏书·文帝纪》裴注所引《献帝传》原文如下：

> 《春秋佐助期》曰："汉以许昌失天下。"故白马令李云上事曰："许昌气见于当涂高，当涂高者当昌于许。"当涂高者，魏也；象魏者，两观阙是也；当道而高大者魏。魏当代汉。今魏基昌于许，汉征绝于许，乃今效见，如李云之言，许昌相应也。❹

齐治平发现二者之间的关系，是很可贵的，但囿于注释体例，未曾继续讨论二者的差异。事实上，这两则政治预言的书写模式完全不同，前者属于我们今天说的志怪故事范畴，后者是根据纬书而来的谣谶。《献帝传》所载预言，其核心为纬书《春秋佐助期》的预言"汉以许昌失天下"，及"许昌气见于当涂高，当涂高者当昌于许"。而时人以为，谶言中的"当涂高"是指魏。因为"魏"原指"两观阙"，其形状"当道而高大"，故"当涂高"指

---

❶ 王嘉. 拾遗记校注［M］. 齐治平，校注. 北京：中华书局，1981：185.
❷ 陈寿撰，裴松之注. 三国志［M］. 北京：中华书局，2011：1224.
❸ 今本《拾遗记》中，此则政治谣言与上引"黄龙见"一则，均误归为魏明帝时事，齐治平注已指明其误。王嘉. 拾遗记校注［M］. 齐治平，校注. 北京：中华书局，1981：163.
❹ 陈寿撰，裴松之注. 三国志［M］. 北京：中华书局，2011：64.

"魏"。《拾遗记》所载故事,由"象魏者,两观阙"衍生而来,取"魏"之"双阙"的寓意。这一故事的比附原本很简单,即"双阙"喻指"魏",二石相近,双阙起,则预兆曹魏之兴,又兼曹魏为土德,土石兴盛亦预示曹魏继承正统。但这则预言颇具志怪故事形态。故事中对怪石的描述非常生动有文学意味,从高度、花纹、形状等方面强调这块连理文石的异状,正是志怪笔法,与其他"当涂高"谶言不同。

此外,《拾遗记》的政治预言还记载了各类怪兽出现造成的祥瑞或灾异,带有志怪故事的博物色彩。卷八记载了与东吴兴亡相关的一则故事:

> 黄龙元年,始都武昌。时越嶲之南,献背明鸟,形如鹤,止不向明,巢常对北,多肉少毛,声音百变,闻钟磬笙竽之声,则奋翅摇头。时人以为吉祥。是岁迁都建业,殊方多贡珍奇。吴人语讹,呼背明为背亡鸟。国中以为大妖,不及百年,当有丧乱背叛灭亡之事,散逸奔逃,墟无烟火。果如斯言。后此鸟不知所在。❶

黄龙元年(前49),正是孙权宣告三分天下之时,东吴政治实力强大,童谣称"黄金车,班兰耳,闿昌门,出天子"。❷ 以当时的政治语境,几乎不可能产生孙吴政权覆灭的谣言。这则故事明显又是后人根据历史事实的比附。在这则故事中,"背明鸟"成为孙吴政权国运的喻指。从"背明鸟"到"背亡鸟"的呼名转换,竟致使国运兴衰。"背明鸟"故事对鸟的描写非常详细,刻画出形貌、声音、举止与众不同的神鸟形象。而同样是记神兽祥瑞灾异,《三国志》正文部分往往笔法较简。❸ 如《吴书》记载黄龙、赤乌年间的神兽事件,仅仅一笔带过:"(黄龙元年)夏四月,夏口、武昌并言黄龙、凤凰见""(赤乌)六年春正月,新都言白虎见""十一年夏四月,雨雹,云阳言黄龙见"。❹ 比照《拾遗记》中的记载,可见《拾遗记》中政治预言书写情节丰满,带有故事性。

---

❶ 王嘉. 拾遗记校注 [M]. 齐治平, 校注. 北京: 中华书局, 1981: 184.
❷ 陈寿撰, 裴松之注. 三国志 [M]. 北京: 中华书局, 2011: 1134.
❸ 这里应区分裴注所引文献与《三国志》的正文。因为裴注所引"史料",有相当一部分性质类似《拾遗记》,是杂史杂传。
❹ 陈寿撰, 裴松之注. 三国志 [M]. 北京: 中华书局, 2011: 1134, 1145, 1147.

《拾遗记》的三国政治预言中，涉政女性的形象也与《三国志》中的女性形象不同。《三国志》记载了明帝时期女性自称能通神，而被纳入后宫为帝王辟邪祈福的事件：

> 青龙三年中，寿春农民妻自言为天神所下，命为登女，当营卫帝室，蠲邪纳福。饮人以水，及以洗疮，或多愈者。于是立馆后宫，下诏称扬，甚见优宠。及帝疾，饮水无验，于是杀焉。❶

这则故事中，农民妻虽为主人公，但史家对她并未有正面的形象记载。故事中农民妻的所有境遇，都是以是否有利于统治者政权稳固为导向，叙述中弱化女性的主体意识。以往的史传叙事，还有妖化涉政女性的书写模式，比如以褒姒、飞燕为妖异，将其视为天降灾异，致使王朝覆亡。以女性为灾异表征的主体，将她们可以等同于异兽、奇木、天象、地震等各种具有表征灾异符谶的事物，本质上是男权社会物化女性的表现。《拾遗记》中亦不乏女子妖惑而至王朝覆灭的叙述，但亦有不落窠臼之处。《拾遗记》卷八记载了孙吴政权两位聪慧有远见的女性——赵夫人和潘夫人。赵夫人工织绣，"能于指间以彩丝织云霞龙蛇之锦，大则盈尺，小则方寸"，但这样的灵秀女子，却因谗言而被退黜。谗言造谣的方式就是污蔑赵夫人"幻耀于人主"，而《拾遗记》叙述此事，并未对此观点表示认同，反而对赵夫人表示惋惜。同样，潘夫人受宠时，宫中亦有灵异之事，但《拾遗记》亦未将其归咎于女子妖媚君主，致使灾异发生，反而将潘夫人塑造为有远见的女性，写她在盛宠之际便预料到色衰爱弛的命运。❷ 类似的还有刘备之甘夫人，《拾遗记》描写其外貌"玉质柔肌，态媚容冶""于户外望者如月下聚雪"。刘备还将甘夫人塑成玉人，整日把玩。但受宠的甘夫人对此认识清醒，劝诫刘备不要沉迷于玩物。❸ 她们和一般政治预言中物化的女性形象并不相同。此外，《拾遗记》对赵夫人、潘夫人、甘后等人的描写，与当时神女赋、情赋这一类赋作描写女性有契合之处，萧绮《录》即称赵、潘二夫人"妍明伎艺，婉娈通神，抑亦汉游

---

❶ 陈寿撰，裴松之注.三国志[M].北京：中华书局，2011：114.
❷ 王嘉.拾遗记校注[M].齐治平，校注.北京：中华书局，1981：179-182.
❸ 王嘉.拾遗记校注[M].齐治平，校注.北京：中华书局，1981：191-192.

洛妃之俦，荆巫云雨之类"，❶《拾遗记》中这类女性形象，或许正是受到赋作的启发。

综上，《拾遗记》的三国政治寓言，在结构形态及内容选择上呈现出与正史不同的面貌，主要表现在三个方面：预言的故事性增强、预言带有博物色彩和预言中涉政女性的个性化。这些特质即是今天所谓志怪小说的部分特征。

三、谶纬到志怪的发展脉络探因

要阐明上述政治预言特征形成的原因，还需先从《拾遗记》的文体性质入手。《隋书·经籍志》将《拾遗记》著录于史部杂史类，《旧唐书·经籍志》与《新唐书·艺文志》延续了《隋书·经籍志》这一著录体例。《隋书·经籍志》是现存距《拾遗记》成书年代最近的一部官修目录著作，其分类所反映的文体观，亦当与《拾遗记》成书年代的文体观最为接近。因而，尽管《拾遗记》在后代目录书分类中经历了"由史入子"的演变，❷但考察《拾遗记》的书写特征之形成，应当还原文本产生的历史语境及其时代的文体观，《拾遗记》曾为"杂史"，是不应忽略的。

杂史性质使《拾遗记》多录帝王政治相关内容，尤其是具有怪异性质的政治预言。《隋书·经籍志》解释"杂史"云："自后汉以来，学者多抄撮旧史，自为一书……委巷之说，迂怪妄诞，真虚莫测。然大抵皆帝王之事，通人君子，必博采广览，以酌其要，故备而存之，谓之杂史。"❸考《隋书·经籍志》杂史类所收其他书目，其内容亦多与帝王政治相关，如《战国策》《燕丹子》《吴越春秋》《越绝书》等，都是在历史实情上衍生出的帝王政治故事。此外，"杂史"还具有琐语的性质，大多记录政治人物的传闻逸事，区别于有规范编撰体例和统一意识形态的正史。比如同在《隋书·经籍志》"杂史"类著录的《宋拾遗》一书，根据现有辑佚材料，可知其记载了桓温、颜延之等政治人物的传闻。❹因此说，杂史文献更多保存了当时政治流言传说的

---

❶ 王嘉. 拾遗记校注 [M]. 齐治平，校注. 北京：中华书局，1981：183.
❷ 张千帆.《拾遗记》由史入子考 [J]. 图书馆理论与实践，2018（1）：68-73.
❸ 姚振宗. 隋书经籍志考证 [M] // 王承略，刘心明. 二十五史艺文经籍志考补粹编 [M]. 北京：清华大学出版社，2012：647.
❹ 李剑锋. 唐前小说史料研究 [M]. 济南：山东教育出版社，2016：239-244.

各类侧面，其内容比主流意识形态下官方认可的谣谶更丰富。

另外，《拾遗记》这类杂史，其历史观和世界观受多重思想影响，非常复杂，导致其政治预言书写与《三国志》不同，重情节、重志怪，突破了谣谶型政治预言。《三国志》正文中的政治预言，以谣谶、诗妖形式居多，结构模式都很固定，即"符谶—预兆"的模式，所有预兆都能根据纬书、图谶找到解释，所有政治预言都直接与谶纬学说挂钩，从那里找到直接的理论依据，这是谶纬学说影响的直接产物，本质还是汉儒世界观、历史观的体现。然而，南北朝杂史的思想十分复杂，既有佛道二教的影响，又掺杂民间流传的远古神巫思维，其收录或编写的政治预言自然面貌不同，博物志怪色彩浓厚。

考察《拾遗记》所载三国政治预言，及其与《三国志》的渊源、差异，可窥见从谶言到志怪的演变脉络。任何文本的生成都绝非偶然，而是与产生文本的土壤有千丝万缕的联系。《拾遗记》的三国政治预言，都有其产生的历史背景。这些政治预言却能突破《三国志》所载谣谶的单一模式，或构造具有复杂情节的故事，或染上博物色彩，或描写更具文学性。随着时代因革，人们的文学观念发生变化，《拾遗记》的志怪色彩越来越为读者看重，《拾遗记》也由此完成目录分类中"由史入子"的转变。

（李寅捷，山东大学文学院 2020 级硕士研究生）

宇文所安《文心雕龙·通变》中"变"的翻译与对之的理解

■ 张 宇

宇文所安（Stephen Owen）是美国著名汉学家，在翻译介绍中国古典文学与古代文论方面具有重要贡献。1992年出版的《中国文论读本》（*Readings in Chinese Literary Thought*）一书将中国文学批评介绍给西方学者。由王柏华、陶庆梅翻译的《中国文论：英译与评论》于2003年出版，极大地促进了中西文论的互动，"在互动中通过'双向阐发'而产生新思想、新建构的门径"。[1]

宇文所安对《诗大序》《典论》《文赋》《二十四诗品》《沧浪诗话》等重要的中国古代文论文集进行了翻译与评论。在他看来，《文心雕龙》是中国文学思想史上的一部反常之作，但是他也肯定了《文心雕龙》作为系统的文学论著的重要地位。宇文所安有选择地翻译了《原道》《宗经》《神思》《体性》《风骨》《通变》《定势》《情采》《熔裁》《章句》《丽辞》《比兴》《隐秀》《附会》《总术》《物色》《知音》《序志》18篇文本，他认为这些题目有一些是他们眼下正激烈讨论的，有一些是中国文学思想中最古老的关注中心。笔者选择《通变》作为中西文论文本对比的突破口，是因为"通变"这一范畴，在中国古代文论中主要涉及文学创作的继承与革新，在西方文论中还会涉及文学创新与发展等重要话题，文学的继承与发展是中西方文论中共同的议题。通过研读《通变》的英译，在一定程度上可以帮助我们理解西方文论与古代文论范畴与思维方式的差异，与此同时，也可以针对翻译与理解不恰当之处进行讨论与商榷。

---

[1] 宇文所安. 中国文论：英译与评论[M]. 王柏华，陶庆梅，译. 上海：上海社会科学院出版社，2003：3.

一

"通变"一词,最早见于《易·系辞上》:"通变之谓事"。❶《周易正义》孔颖达注云:"物穷则变,变而通之,事之所由生也。"❷ 从注疏中,我们可以看到"通变"侧重通晓事物的矛盾之处而求变化发展之道。除了将"通变"组合成词使用外,还时常分而言之。在《说文解字》中,"通,达也。"❸"变,更也。"❹"通"常常表示通行,畅通。❺"变"表示变化,改变。❻"通变"自产生以后,大体有两种使用情况:"一种是把'通变'作为事物发展变化的概念使用,另一种是把'通变'作为继承与革新的对立统一。"❼ 在《易经》中,"通变"已成为一个哲学范畴,刘勰在《文心雕龙》中首次将"通变"由哲学范畴引向美学范畴。

二

《文心雕龙》体大虑周,内容丰富且复杂,术语模糊且神秘。对于《通变》的主旨,国内学者仍旧存在分歧,但是,总体来说,大致可分为三种,即复古说、继承与革新说、革新说。

纪昀在《文心雕龙·通变》篇的评语中写道:"齐梁间风气绮靡,转相神圣,文士所作,如出一手,故彦和以'通变'立论。然求新于俗尚之中,则小智师心,转成纤仄,明之竟陵、公安,是其明征,故挽其返而求之古。盖当代之新声,既无非滥调,则古人之旧式,转属新声,复古而名以'通变',

---

❶ 曾凡朝,注译.易经[M].武汉:崇文书局,2007:329.
❷ 孔颖达.影印南宋官版周易正义[M].北京:北京大学出版社,2017:251.
❸ 许慎.说文解字[M].徐铉,校订.北京:中华书局.2013:137.
❹ 许慎.说文解字[M].徐铉,校订.北京:中华书局.2013:248.
❺ 王力,岑麒祥,林焘原,编;蒋绍愚,唐作藩,张万起,修订.古汉语常用字字典[M].北京:商务印书馆,2016:414.
❻ 王力,岑麒祥,林焘原,编;蒋绍愚,唐作藩,张万起,修订.古汉语常用字字典[M].北京:商务印书馆,2016:22.
❼ 刘文忠.正变·通变·新变[M].南昌:百花洲文艺出版社,2005:141.

盖以此尔。"❶ 同样持"复古说"观点的学者还有黄侃、范文澜、郭绍虞等。

刘永济的《文心雕龙校释》首先对纪昀、黄侃的复古说提出不同看法，他说："盖此篇本旨，在明穷变通久之理。所谓变者，非一切舍旧，亦非一切从古之谓也，其中必有可变与不可变者焉；变其可变者，而后不可变者得通。可变者何？舍人所谓文辞气力无方者是也。不可变者何？舍人所谓诗赋书记有常者是也。"❷ 赞成"继承与革新说"的学者还有马茂元、陆侃如、牟世金以及詹锳等。

寇效信在《〈通变〉释疑》一文中写道："仔细推求，就可以明确地看出，'通变'就是变化发展的意思。刘勰并没有把'通'与'变'对举，而是把'通变'与'相因'作为两个对立的方面对举的。"❸ 他认为"通变"表示变化发展，主张"革新说"。

"通变"一词在《文心雕龙》中往往是组合成词出现，文中共有五处"通变"连用："文辞气力，通变则久，此无方之数也""通变无方，数必酌于新声""然绠短者衔渴，足疲者辍途，非文理之数尽，乃通变之术疏耳""斯斟酌乎质文之间，而隐括乎雅俗之际，可与言通变矣""诸如此类，莫不相循，参伍因革，通变之数也"。文中有一处"通变"连用与骈文的对置法相悖需特别注意，即"凡诗赋书记，名理相因，此有常之体也；文辞气力，通变则久，此无方之数也。"此处"通变"与"相因"对应，于是有学者表示"通变"为变化发展之意，寇效信就持这种观点，上文已展开详细论述，此处不再赘述。但是"通"与"变"也有分别论述之处。刘勰在赞曰中写道："变则堪久，通则不乏。"作为最后总结性的话语，刘勰强调只有求变才能持久，贯通才能不竭。由此可见，《通变》并非只讲做文章需要变化、革新，也同样强调继承、贯通的重要性。"在诗文创作中，'通'是一种不变的美学精神，'变'是一种生生不息的审美追求，只有'通'中求'变'，常中有变，以古为今，以故为新，日新其业，才能创构出'高古'之境。"❹

---

❶ 刘勰, 著. 黄叔琳, 注. 纪昀, 评. 戚良德, 辑校. 刘咸炘, 阐说. 文心雕龙 [M]. 上海：上海古籍出版社, 2015：187.
❷ 刘永济. 文心雕龙校释附征引文录 [M]. 武汉：武汉大学出版社, 2013：89.
❸ 寇效信. 《通变》释疑 [J]. 陕西师大学报（哲学社会科学版）, 1985（4）：39.
❹ 李天道. 《周易》与中国美学"常""变"生化观 [J]. 西南民族大学学报（人文社科版）, 2008, 29（12）：217.

三

宇文所安把"通变"翻译为"Continuity and Mutation",将其视为一个合成词,采用分别翻译的策略,既包含贯通的内涵,也包含变化的内涵,与刘永济、詹锳等学者一同采取"继承与革新说"。

接下来再让我们看看,宇文所安是如何翻译"通"与"变"的。他将"通"翻译为"continuity",它的含义是"the unbroken and consistent existence or operation of something over a period of time"。(*The new Oxford dictionary of English*)这与我们古代汉语的"通"相似性很高,包含持续性、连贯性的内涵。他将"变"翻译为"mutation",这个词来自拉丁语"mūtātus",《柯林斯英语词典》将其解释为"a change in the chromosomes or genes of a cell which may affect the structure and development of the resultant offspring"(*Collins English Dictionary*)。《牛津英语词典》除此之外还将其解释为"a change in the form or structure"(*The new Oxford dictionary of English*)。前者主要用于表示生物学概念上的"突变",这种突变会对后代造成重要影响,往往表现为向好或向坏的方向发展;后者则是语言学概念上的形式或结构的改变,多指称语音的变化。"mutation"在西方通常使用于生物学领域,用来表示基因的突变。无论是前者还是后者的释义似乎都无法与古代汉语的"变"相通。那么为什么宇文所安会将"变"翻译为"mutation"呢?他对此的解释是:"尽管用'mutation'一词译'变'比较笨拙,有时甚至愚蠢可笑,但我在翻译时仍采用这个词,希望读者时刻记住,该词指的是那种特殊变化,尤其当它在文学理论里作为一个技术概念出现的时候。"❶ 宇文所安所说的这种特殊变化是参照规范或基本状况进行的变化,他将"变"理解为"暗示那种逐渐远离规范或基本状况的阶段性变化"。❷ 他把"通"视为"变"的前提条件,把不变的"体"视为参考规范。"通"与"变"在他看来是一个统一体,通中求变,通不离变,变不离通,"恰当的变化应当一方面确保不损失,另一方面允许无穷的转化,

---

❶ 宇文所安. 中国文论:英译与评论 [M]. 王柏华, 陶庆梅, 译. 上海: 上海社会科学院出版社, 2003: 660.
❷ 宇文所安. 中国文论:英译与评论 [M]. 王柏华, 陶庆梅, 译. 上海: 上海社会科学院出版社, 2003: 660.

它应该是原初特指基础上的特殊变化（X+A，然后 X+B，然后 X+C 等等）"。❶ 对于"变"的理解，宇文所安看到了变与不变两个方面的内涵，这是值得肯定的。但是，使用一个生物学领域的"突变"概念解释《文心雕龙》中"变"的内涵不可避免地会产生诸多歧义。突变的概念往往强调变化的偶然性与突发性，以及突变所产生的结果往往具有延续性，会对后代产生或好或坏的影响。然而"变"的概念往往是指经过深思熟虑后产生的结果，并且不曾带有任何的感情色彩。宇文所安在序言中也曾明确指出，《中国文论读本》首先是为了把中国文学批评介绍给学习西方文学和理论的美国学生，而这些学生渴望看到原汁原味的中国文论。所以，笔者认同宇文所安教授将"变"理解为一种具有参照的特殊变化，但是，对于他将"变"翻译为"mutation"，笔者认为还需要进一步斟酌。

另一点需要商榷的是宇文所安认为"变"有时还带有否定意味，即"衰变"。他在《刘勰与话语机器》一文中将骈文语体称为"话语机器"，认为《通变》篇呈现的文本面貌正是刘勰和话语机器二者互动的产物，透过"话语机器"这面镜子可以发现通变观中蕴含着衰变观。首先，他认为刘勰叙述历代文学发展的句法形式上的一致"暗示了一个稳定的直线发展"，却掩饰了相通之中包含的差异和危机，即"向颓废发展的轨迹"。❷ 其次，他对通变方法及汉赋五家诗句进行翻译后，解释道："请注意，虽然在有些例子里，作家使用或改造了前人的语句，但总体看来，这些例子是同一类景物的不同版本，而不是层层递进。"❸ 由这两处，我们大致可以看出宇文所安对于"变"有两个方面的理解：一方面承自《周易》，是没有规定变化趋向的"通变"之"变"，是无穷的新变；另一方面则是具有衰变倾向的"正变"之"变"，暗示了一种秩序性与前进性的文学发展走向。"正变"之"变"在他的阐释中表现得格外突出。

笔者对此并不认同，学者王晓玉也曾否定宇文所安的"衰变观"，她认为："仔细辨析'变'意义的转化，刘勰《通变》篇中的'颓废'的叙事轨

---

❶ 宇文所安. 中国文论：英译与评论 [M]. 王柏华，陶庆梅，译. 上海：上海社会科学院出版社，2003：234.

❷ 宇文所安. 他山的石头记 [M]. 田晓菲，译. 南京：江苏人民出版社，2003：133.

❸ 宇文所安. 中国文论：英译与评论 [M]. 王柏华，陶庆梅，译. 上海：上海社会科学院出版社，2003：236.

迹无疑意在解决宋齐文风之弊，意图在'古今'、'质文'、'雅俗'之间寻找平衡，不仅仅是具有衰变趋向的'正变'之'变'。"❶ 宇文所安在"变"的理解上一定程度地遮蔽了通变观与中国传统文化间的相通性，并且他对于《通变》的创作环境了解非常有限。刘勰在《序志》篇写道，他所处的时代"去圣久远，文体解散，辞人爱奇，言贵浮诡，饰羽尚画，文绣鞶帨，离本弥甚，将遂讹滥"。刘勰创作《通变》是希望同时代的诗人文人可以共同改变奢靡的文风，但是，这只是刘勰写作《通变》的目的之一。除此之外，《通变》还在方法论层面提出如何进行文学的继承与革新，并且提出了"望今制奇，参古定法"的要求，其意义要远远高于"正变"，而是为文学的创作指明了一条道路。正如我们所看到的，《通变》对后代的文学创作产生了深远影响。

（张宇，北京外国语大学中国语言文学学院 2021 级硕士研究生）

---

❶ 王晓玉. 论多元系统中的"对话"——以宇文所安《文心雕龙·通变》篇研究为例 [J]. 美育学刊，2014，5（2）：95.

李白作品所见名字诂解*

■ 胡 琼 胡俊俊

一、引 论

国内外有关李白作品本体的研究成果丰硕,主要集中在作品的解读、作品的接受与比较、作品的版本、作品的辨伪、作品的教学、作品的译介、作品的语文认知、作品的艺术应用等方面。如:罗宗强《李杜论略》(中华书局2019年),Sexton Tom "*Li Bai Rides a Celestial Dolphin Home*"(University of Alaska Press 2018),陈宣谕《李白诗歌龙意象析论》(万卷楼2015年7月),肖悦《李白文对先秦文学的继承与接受》(广西师范大学硕士学位论文2021),冉驰、王红霞《韩国诗话中李白诗歌异文辨析》(《中华文化论坛》2018年第11期),王卫星《李白为词祖当非虚誉——〈菩萨蛮〉〈忆秦娥〉真伪考论》(《长江学术》2020年第4期),庞慧萍《中学语文教材中李白诗歌教学研究》(曲阜师范大学硕士学位论文2020),JIANG Xiaohua "*Bring the Author to the Reader: Poetic Awareness in Zhao's Translation of Li Bai's Poems*"(*Translating China*,2020),李炜《李白诗歌中的转喻:认知语言学视角》(西南大学博士学位论文2021)等。我们从李白作品切入,运用训诂研究方法,对其中所见名字作全面梳理,或有小补于李白研究之阙,抑或引起古籍整理者重视注解古诗文集所见之名与字。

李白作品所见名字有15条❶已收于吉常宏、吉发涵之《古人名字解诂》,

---

* 本文为四川省社会科学重点研究基地李白文化研究中心课题"李白作品中所见名与字关系研究"(LB22-B12)阶段性成果之一。

❶ 杜甫,字子美。高适,字达夫。孔巢父,字弱翁。李华,字遐叔。李邕,字泰和。裴光庭,字连城。司马承祯,字子微。苏颋,字廷硕。王昌龄,字少伯。吴筠,字贞节。颜真卿,字清臣。杨炎,字公南。张说,字道济。张镐,字从周。赵蕤,字太宾。

读者可翻检参考。此外,尚有 51 条未收入。现奉解如次,就正于方家。

二、名字诂解

(1) 程昂,字千里。按:《楚辞·卜居》:"宁昂昂若千里之驹乎?"❶

(2) 崔翰,字叔清。按:《诗经·大雅·常武》:"如飞如翰,如江如汉。"❷

(3) 范传正,字西老。按:《礼记·曲礼上》:"七十曰老,而传。……大夫七十而致事。若不得谢,……适四方,乘安车,自称曰老夫。"❸《礼记·经解》:"礼之于正国也,犹衡之于轻重也,绳墨之于曲直也,规矩之于方圜也。"❹

(4) 韩朝宗。按:《诗经·小雅·沔水》:"沔彼流水,朝宗于海。……嗟我兄弟,邦人诸友。莫肯念乱,谁无父母?"❺

(5) 韩少卿,字维汉。

(6) 韩云卿,字文渊。

(7) 韩仲卿,字静渊。按:汉代辞赋文学大家有司马相如(字长卿)、扬雄(字子云)、王褒(字子渊)。《诗经·小雅·大东》:"维天有汉,监亦有光。"❻《庄子·在宥》:"其居也渊而静。"❼

(8) 贺知章,一字维摩。按:佛教有《维摩诘经》。王维,字摩诘,号称"诗佛"。贺氏崇尚道教,兼研佛理,曾协助翻译佛经《大宝积经》。贺氏另有一字季真,《古人名字解诂》有解。

(9) 贺知止,字季实。按:《礼记·大学》:"大学之道,在明明德,在亲民,在止于至善。知止而后有定,……虑而后能得。"❽ 所得为实。

---

❶ 洪兴祖. 楚辞补注 [M]. 北京:中华书局,1983:177.
❷ 阮元. 十三经注疏:附校勘记 [M]. 北京:中华书局,1980:309 上.
❸ 阮元. 十三经注疏:附校勘记 [M]. 北京:中华书局,1980:1232 上、中.
❹ 阮元. 十三经注疏:附校勘记 [M]. 北京:中华书局,1980:1610 中.
❺ 阮元. 十三经注疏:附校勘记 [M]. 北京:中华书局,1980:432 中、下.
❻ 阮元. 十三经注疏:附校勘记 [M]. 北京:中华书局,1980:461 中.
❼ 陈鼓应,注译. 庄子今注今译 [M]. 北京:中华书局,中华书局,1983:298-299.
❽ 阮元. 十三经注疏:附校勘记 [M]. 北京:中华书局,1980:1673 上.

(10) 怀素，字藏真。按：《老子》："见素抱朴，少私寡欲。"❶ 《战国策·齐策四》："归（真）反撲（璞），则终身不辱也。"❷ 《庄子·秋水》："兼怀万物。"❸

(11) 纪春，字东轩。按：《礼记·月令》："以迎春于东郊。"❹

(12) 贾至，字幼邻。按：《论语·雍也》："中庸之为德也，其至矣乎。"❺ 又《里仁》："德不孤，必有邻。"❻

(13) 李藏用。按：《论语·述而》："子谓颜渊曰：'用之则行，舍之则藏，唯我与尔有是夫！'"❼

(14) 李光弼。按：《书经·毕命》："惟公懋德，克勤小物，弼亮四世，正色率下。"❽ 又《周官》："寅亮天地，弼予一人。"❾ 又《大禹谟》："汝作士，明于五刑，以弼五教。期于予治，刑期于无刑，民协于中，时乃功，懋哉。"❿ 又《皋陶谟》："允迪厥德，谟明弼谐。"⓫

(15) 李京之。按：《左传·庄公二十二年》："五世其昌，并于正卿，八世之后，莫之与京。"孔颖达疏："莫之与京，谓无与之比大。"⓬

(16) 李令望。

(17) 李令问。按：《诗经·大雅·卷阿》："如圭如璋，令闻令望。"陆德明释文："闻音问，本亦作问。"⓭

(18) 李叔卿，字万。按：《世说新语·德行》："（黄）叔度汪汪如万顷之陂，澄之不清，扰之不浊，其器深广，难测量也。"⓮

---

❶ 王弼，注．楼宇烈，校释．老子道德经注校释［M］．北京：中华书局，2008：45．
❷ 刘向，集录．范祥雍，笺证．范邦瑾，协校．战国策笺证［M］．上海：上海古籍出版社，2006：641．
❸ 陈鼓应，注译．庄子今注今译［M］．北京：中华书局，1983：456．
❹ 阮元．十三经注疏：附校勘记［M］．北京：中华书局，1980：1355 下．
❺ 阮元．十三经注疏：附校勘记［M］．北京：中华书局，1980：2479 下．
❻ 阮元．十三经注疏：附校勘记［M］．北京：中华书局，1980：2472 上．
❼ 阮元．十三经注疏：附校勘记［M］．北京：中华书局，1980：2482 上．
❽ 阮元．十三经注疏：附校勘记［M］．北京：中华书局，1980：245 上．
❾ 阮元．十三经注疏：附校勘记［M］．北京：中华书局，1980：235 中．
❿ 阮元．十三经注疏：附校勘记［M］．北京：中华书局，1980：135 下．
⓫ 阮元．十三经注疏：附校勘记［M］．北京：中华书局，1980：138 上．
⓬ 阮元．十三经注疏：附校勘记［M］．北京：中华书局，1980：1775 上．
⓭ 阮元．十三经注疏：附校勘记［M］．北京：中华书局，1980：546 下．
⓮ 刘义庆，著．张万起，刘尚慈，译注．世说新语译注［M］．北京：中华书局，1998：4．

（19）李思正。按：《易经·艮》："君子以思不出其位。……艮其趾，无咎，利永贞。象曰：艮其趾，未失正也。"❶

（20）李锡，字元勋。按：《书经·禹贡》："禹锡玄圭，告厥成功。"❷

（21）李阳冰，字少温。按：木华《海赋》："阳冰不冶，阴火潜然。"❸

（22）卢鸿，字浩然。按：鸿鹄之志（《史记·陈涉世家》）与浩然之气（《孟子·公孙丑上》），皆大丈夫君子所求。

（23）卢象，字纬卿。按：《拾遗记·殷汤》："至师延，精述阴阳，晓明象纬，莫测其为人。"❹ 象纬，即象数经纬。

（24）卢虚舟，字幼真。按：《庄子·山木》："方舟而济于河，有虚船来触舟，虽有偏心之人不怒。"❺ 又《秋水》："谨守而勿失，是谓反其真。"❻ 道家学派崇尚冲虚，返璞归真。

（25）陆调，字牧臣。按：《韩诗外传》卷七："伊尹，故有莘氏僮也，负鼎操俎调五味，而立为相，其遇汤也。"❼《史记·五帝本纪》："举风后、力牧、常先、大鸿以治民。"裴骃集解引班固曰："力牧，黄帝相也。"❽《书经·立政》："任人，准夫，牧，作三事。"孔传："常任、准人及牧治为天地人之三事。"❾

（26）裴敦复。按：《易经·复》："敦复。无悔。"注："居厚而履中，居厚则无怨，履中则可以自考，虽不足以及休复之吉，守厚以复，悔可免也。"❿

（27）裴图南。按：《庄子·逍遥游》："（鹏）背负青天而莫之夭阏者，而后乃今将图南。"⓫

（28）裴隐，字逸人。按：《论语·微子》："逸民：伯夷、叔齐、虞仲、夷逸、朱张、柳下惠、少连。子曰：'不降其志，不辱其身，伯夷、叔齐与！'

---

❶ 阮元．十三经注疏：附校勘记［M］．北京：中华书局，1980：62下、63上．
❷ 阮元．十三经注疏：附校勘记［M］．北京：中华书局，1980：153下．
❸ 萧统，编．李善，注．文选［M］．上海：上海古籍出版社，1986：549．
❹ 王嘉，撰．萧绮，录．齐治平，校注．拾遗记校注［M］．北京：中华书局，1981：44．
❺ 陈鼓应，注译．庄子今注今译［M］．北京：中华书局，中华书局，1983：539．
❻ 陈鼓应，注译．庄子今注今译［M］．北京：中华书局，中华书局，1983：461．
❼ 屈守元，笺疏．韩诗外传笺疏［M］．成都：巴蜀书社，1996：600．
❽ 前四史：全四册［M］．北京：中华书局，1997：6下左．
❾ 阮元．十三经注疏：附校勘记［M］．北京：中华书局，1980：231中．
❿ 阮元．十三经注疏：附校勘记［M］．北京：中华书局，1980：39中．
⓫ 陈鼓应，注译．庄子今注今译［M］．北京：中华书局，中华书局，1983：8．

谓：'柳下惠、少连，降志辱身矣。言中伦，行中虑，其斯而已矣。'谓：'虞仲、夷逸，隐居放言。身中清，废中权。''我则异於是，无可无不可。'"❶又《尧曰》："兴灭国，继绝世，举逸民，天下之民归心焉。"❷唐代避太宗李世民名讳。隐逸为高士所推扬。史书多有隐逸传。

（29）裴仲堪。按：《左传·文公十八年》："高辛氏有才子八人：伯奋、仲堪、叔献、季仲、伯虎、仲熊、叔豹、季狸。忠肃共懿，宣慈惠和。天下之民谓之八元。"❸

（30）勤思齐。按：《论语·里仁》："见贤思齐焉，见不贤而内自省也。"❹

（31）宋若思。按：《礼记·曲礼上》："毋不敬，俨若思，安定辞。"❺《千字文》："容止若思，言辞安定。"❻

（32）宋陟，字齐邱。按：《说文解字》："陟，登也。"❼陟意为登高，即与邱山齐平之谓。

（33）汪伦，字文焕。按：《论语·泰伯》："子曰：'大哉，尧之为君也！巍巍乎！唯天为大，唯尧则之。荡荡乎！民无能名焉。巍巍乎！其有成功也；焕乎，其有文章！'"❽又《微子》："言中伦，行中虑。"❾

（34）王利贞。按：《易经·乾》："元亨利贞。……利者，义之和也；贞者，事之干也。君子体仁，足以长人，嘉会足以合礼，利物足以和义，贞固足以干事。君子行此四德者，故曰乾元亨利贞。"孔颖达疏："利，和也。贞，正也。"❿

（35）韦渠牟，字元均。按：历代农民皆牟求合理分配田渠（井），因而不同历史时期有井田制、均田制、平均地权、耕者有其田、平均分配土地等。

（36）韦黄裳。按：《易经·坤》："黄裳元吉。"注："坤为臣道，美尽於

---

❶ 阮元．十三经注疏：附校勘记 [M]．北京：中华书局，1980：2529下、2530上．
❷ 阮元．十三经注疏：附校勘记 [M]．北京：中华书局，1980：2535上．
❸ 阮元．十三经注疏：附校勘记 [M]．北京：中华书局，1980：1862上．
❹ 阮元．十三经注疏：附校勘记 [M]．北京：中华书局，1980：2471下．
❺ 阮元．十三经注疏：附校勘记 [M]．北京：中华书局，1980：1229下．
❻ 徐梓，王雪梅．蒙学辑要 [M]．太原：山西教育出版社，1992：25。
❼ 许慎，撰．徐铉，校定．说文解字 [M]．北京：中华书局，1963：305上．
❽ 阮元．十三经注疏：附校勘记 [M]．北京：中华书局，1980：2487中．
❾ 阮元．十三经注疏：附校勘记 [M]．北京：中华书局，1980：2529下．
❿ 阮元．十三经注疏：附校勘记 [M]．北京：中华书局，1980：13上．

下。夫体无刚健而能极物之情，通理者也。以柔顺之德，处于盛位，任夫文理者也。垂黄裳以获元吉，非用武者也。极阴之盛，不至疑阳，以文在中，美之至也。"❶

（37）韦权舆，字仲堪。按：《史记·日者列传》："孝武帝时，聚会占家问之，某日可取妇乎？五行家曰可，堪舆家曰不可。"❷《汉书·艺文志》中有堪舆家专著"《堪舆金匮》十四卷"。颜师古注："许慎云：'堪，天道；舆，地道也'。"❸ 中国有堪舆之学，有仰观天象，俯察地理之意。民间亦称为风水学。

（38）武谔。按：《韩诗外传》卷七："众人（之）唯唯，不若一（直）士之谔谔。"❹《史记·商君列传》："千人之诺诺，不如一士之谔谔。武王谔谔以昌，殷纣墨墨以亡。"❺

（39）郗昂，字高卿。按：昂与高为同义。

（40）谢良辅，字水木。按：《诗经·鲁颂·閟宫》："建尔元子，俾侯于鲁。大启尔宇，为周室辅。乃命鲁公，俾侯于东，锡之山川，土田附庸。"❻

（41）许圉师。按：《周礼·夏官司马·圉师》："圉师：掌教圉人养马。春除，蓐厩，始牧；夏庌马；冬献马。射则充椹质，茨墙则翦阖。"❼

（42）杨利物，字子云。按：《易经·乾》："大哉乾元！万物资始，乃统天。云行雨施，品物流形，大明终始，六位时成，时乘六龙，以御天。乾道变化，各正性命。……君子体仁，足以长人，嘉会足以合礼，利物足以和义，贞固足以干事。……云行雨施，天下平也。"❽

（43）殷佐明。按：《三国志·魏书·荀彧传》："彧年少时，南阳何颙异之，曰：'王佐才也。'"❾ 又《蜀书·诸葛亮传》裴注引《默记》："亦一国之宗臣，霸王之贤佐也。"❿

---

❶ 阮元．十三经注疏：附校勘记［M］．北京：中华书局，1980：18下．
❷ 前四史：全四册［M］．北京：中华书局，1997：815上左．
❸ 前四史：全四册［M］．北京：中华书局，1997：454上左．
❹ 屈守元，笺疏．韩诗外传笺疏［M］．成都：巴蜀书社，1996：612．
❺ 前四史：全四册［M］．北京：中华书局，1997：566下左．
❻ 阮元．十三经注疏：附校勘记［M］．北京：中华书局，1980：615下．
❼ 阮元．十三经注疏：附校勘记［M］．北京：中华书局，1980：861下．
❽ 阮元．十三经注疏：附校勘记［M］．北京：中华书局，1980：14上、15上、17上．
❾ 前四史：全四册［M］．北京：中华书局，1997：87下右．
❿ 前四史：全四册［M］．北京：中华书局，1997：245下右．

（44）于逖。按：祖逖，字士稚，东晋杰出军事家、民族英雄。其事迹形成闻鸡起舞、中流击楫、先吾着鞭等典故。

（45）元丹丘，字林宗。按：《楚辞·远游》："仍羽人于丹丘兮，留不死之旧乡。"❶丹丘为神话中仙人所居之地。羽人为神话中飞仙。道家学仙，因称道士为羽人。郭泰，字林宗，号隐君，东汉名士，严拒仕进，与李膺等交游，名震洛阳，被太学生推为领袖。

（46）张承祖。按：《诗经·大雅·下武》："昭兹来许，绳其祖武。於万斯年，受天之祜。受天之祜，四方来贺。"❷

（47）张孟熊。按：《诗经·小雅·斯干》："兄及弟矣，式相好矣。……吉梦维何？维熊维罴。……大人占之，维熊维罴，男子之祥。"❸

（48）张璲。按：《诗经·小雅·大东》："鞙鞙佩璲，不以其长。维天有汉，监亦有光。"毛传："璲，瑞也。"郑玄笺："佩璲者，以瑞玉为佩。"❹

（49）张谓，字正言。按：《孟子·万章下》："王问臣，臣不敢不以正对。"❺《韩诗外传》卷七："众人（之）唯唯，不若一（直）士之谔谔。"❻《史记·商君列传》："千人之诺诺，不如一士之谔谔。武王谔谔以昌，殷纣墨墨以亡。君若不非武王乎，则仆请终日正言而无诛，可乎？"❼

（50）赵骅，字云卿。按：骅骝，骏马。周穆王八骏之一。《拾遗记·周穆王》："王驭八龙之骏：一名绝地，足不践土；二名翻羽，行越飞禽；三名奔霄，夜行万里；四名越影，逐日而行；五名踰辉，毛色炳耀；六名超光，一形十影；七名腾雾，乘云而奔；八名挟翼，身有肉翅。递而驾焉，按辔徐行，以匝天地之域。"❽

（51）赵悦，字子豫。按：《尔雅·释诂》："豫，乐也。"❾《易经·豫》："豫，利建侯行师。"陆德明释文："豫，悦豫也。"❿《孟子·离娄上》："舜

---

❶ 洪兴祖. 楚辞补注 [M]. 北京：中华书局，1983：167.
❷ 阮元. 十三经注疏：附校勘记 [M]. 北京：中华书局，1980：526 上.
❸ 阮元. 十三经注疏：附校勘记 [M]. 北京：中华书局，1980：436 中、437 中、437 下.
❹ 阮元. 十三经注疏：附校勘记 [M]. 北京：中华书局，1980：461 中.
❺ 阮元. 十三经注疏：附校勘记 [M]. 北京：中华书局，1980：2746 中.
❻ 屈守元. 笺疏. 韩诗外传笺疏 [M]. 成都：巴蜀书社，1996：612.
❼ 前四史：全四册 [M]. 北京：中华书局，1997：566 下左.
❽ 王嘉，撰. 萧绮，录. 齐治平，校注. 拾遗记校注 [M]. 北京：中华书局，1981：60.
❾ 阮元. 十三经注疏：附校勘记 [M]. 北京：中华书局，1980：2569 上.
❿ 阮元. 十三经注疏：附校勘记 [M]. 北京：中华书局，1980：31 中.

尽事亲之道而瞽瞍厎豫。"朱熹集注："豫，悦乐也。"❶

三、名字关系、特点、规律

（一）名字出自前代典籍
1. 名字用一部典籍

此类应用以《诗经》《易经》《论语》《礼记》《书经》《孟子》等儒学经典为多。如：谢良辅，字水木（《诗经》）；杨利物，字子云（《易经》）；汪伦，字文焕（《论语》）；范传正，字西老（《礼记》）；李锡，字元勋（《书经》）；张谓，字正言（《孟子》）。

也有用其他典籍。如：程昂，字千里（《楚辞》）；韦权舆，字仲堪（《史记》）；卢虚舟，字幼真（《庄子》）；怀素，字藏真（《老子》）；贺知章，一字维摩（《维摩诘经》）；李叔卿，字万（《世说新语》）；赵骅，字云卿（《拾遗记》）。

2. 名字用两部典籍

此类应用以儒学经典以及与其他典籍合用为多。如：贾至，字幼邻（《论语》《礼记》）；卢鸿，字浩然（《孟子》《史记》）；陆调，字牧臣（《书经》《韩诗外传》）。

（二）名字意义相同、相近

如：郗昂，字高卿。赵悦，字子豫。裴隐，字逸人。

（三）名字意义相反

如：李阳冰，字少温。

（四）名字意义相关

如：宋陟，字齐邱。卢象，字纬卿。元丹丘，字林宗。

（五）名字取自前人姓名字

如：李叔卿，字万（黄宪，字叔度）。

---

❶ 朱熹. 四书章句集注［M］. 北京：中华书局，2012：293.

四、结　　论

　　虽然有关李白作品的解读、接受与比较、版本、辨伪、教学、译介、语文认知及艺术应用等方面的研究成果颇丰，但是在名与字及其关系研究方面成果较少。吉常宏、吉发涵的《古人名字解诂》一书只有15个条目涉及李白作品所见名字。本文运用训诂研究方法，将《古人名字解诂》漏收的51个条目进行了深入的梳理与分析，并对名与字的关系、特点和规律做了归纳与分析。这些对李白作品本体的研究及李白作品集的整理具有一定的应用价值，或有小补于李白研究之阙。

　　（胡琼，四川幼儿师范高等专科学校讲师；胡俊俊，四川幼儿师范高等专科学校副研究员）

金元之际作家的豪杰景慕与文学影响

■ 张勇耀

近年关于明清之际的文学学术研究中,"豪杰"渐成显性话题,一批具有豪杰精神的作家学者凸显于研究领域,令人瞩目,可以看出学者对于易代之际社会思潮中这一高频关键词的敏锐关注。而在金元易代之际,"豪杰"同样是高频关键词。在出版于2000年的《金代文学研究》中,胡传志就曾指出金代文学的一个重要特征是"金末豪杰作家大量涌现",这些作家都个性鲜明,有雄侠磊落、狂放豪宕之气,振起末代文学,在衰微的政局下造就"诗学为盛"这种极其罕见的不平衡现象,使金末文学避免了末代文学习见的狭小枯窘,与南宋末代文学的衰靡之风形成强烈对比,对元代文学走向形成重要影响。❶ 这一观点可谓振聋发聩,揭示了金元之际一个重要的文学现象。

这一时期豪杰作家并起应该有多方面的原因,比如北方地域特点对作家气质禀赋的影响、蒙古入侵后社会动乱的时代背景、金代的儒学根柢所形成的弘毅人格、长期民族融合对士人精神习气的影响等,但还有一个原因不可忽视,即他们对历史豪杰人物的景慕。见贤思齐,人各有慕,作家所仰慕对象的人格特征往往折射出主体的人格理想与努力方向。如金元之际文人李庭《景陶轩记》中所说:"君子尚友古人者多矣。如太史公之慕晏婴,司马相如之慕蔺相如,惟志愿所同,则遐想其人于百世之上,恨不与之并时而生也。"❷ 金元之际,长期受儒家文化熏陶并对中国历史精读深研的作家们,也多在作品中表达他们对历史人物的景慕;而所景慕人物弘毅博大的人格特征和豪迈俊朗的言行事迹又增加了作家们的豪杰特质,使他们在现实的困顿中感受到前贤人格的烛照,获得超越现实困境的精神力量。他们对历史豪杰的书写同

---

❶ 胡传志. 金代文学研究 [M]. 合肥:安徽大学出版社,2000:33-38.
❷ 全元文:第2册 [M]. 南京:江苏古籍出版社,1999:135.

时也是自我书写,所形成的文学文本也在张扬着古今相望的豪杰气象。

一、豪杰将帅景慕与作家的用世之志

金末有用世之志的士人所景慕的历史人物,首先就是那些以功名传扬后世的豪杰将帅。如明昌二年(1191)进士韩玉,在章宗时期以善写应制诗著称,"应制一日百篇,文不加点",还曾写过一部《元勋传》得到章宗称赞。大安三年(1211)中都(今北京)被围期间,西夏趁机进攻陕西邠州、泾州一带,陕西安抚司檄韩玉以凤翔总管判官为都统府募军,韩玉"旬月得万人",大破西夏军队,却也因功受忌,军队受到监控。❶ 贞祐元年(1213)蒙古军队再次围困中都,韩玉卷入"勤王案"被囚,死于狱中,去世前所作《临终二诗》其二云:

天下无双士,军中有一韩。才名两相累,世道一何艰。旅次穷冬暮,囚孤永夜寒。身亡家亦破,巢覆卵宁完。矍铄鞍仍在,惊呼铗屡弹。丈夫忠义耳,无惜感歌还。(《中州集校注》第2185页)

韩琦是北宋名相,曾于庆历二年(1042)与范仲淹同充陕西四路沿边总管经略招讨安抚等使驻泾州,边地有谣曰:"军中有一韩,西贼闻之心骨寒;军中有一范,西贼闻之惊破胆。"❷ 韩玉以韩琦自比,对守卫国家的责任担当和自我人格评定丝毫不打折扣。诗歌虽对自己怀才不遇、含冤赴死并累及家人无比惭痛,但仍不失壮士豪情,在典故运用中透出悲壮慷慨的豪杰气象。尤其诗末四句,刚直浩荡,悲愤而不悲哀,呈现出豪杰气象的内外一致性。也正因此,《金史》将韩玉与冯璧、李献甫、雷渊并举,称他们"皆金季豪杰之士也"。❸

对两晋之际的刘琨、祖逖的景慕则在元好问"三知己"之一,太原人李汾的诗歌中有突出体现,他也因此获得"并州少年"的美誉。刘琨少年时期

---

❶ 韩内翰玉 [M] // 张静. 中州集校注:卷八. 北京:中华书局,2018:2181. 下均为此版本,径直标注页码。

❷ 王称. 东都事略:卷五十九范仲淹传 [M]. 济南:齐鲁书社,2000:46.

❸ 金史:卷一百一赞 [M]. 北京:中华书局,2020:2578.

即与好友祖逖有"闻鸡起舞""枕戈待旦"之志,西晋末任并州牧,苦守并州十二年。李汾《陕州》诗中有"并州豪杰未凋零"(《中州集校注》第2487页)之句,元好问《雪后招邻舍王赞子襄饮》也称李汾"并州少年作轩昂,鸡鸣起舞望八荒",❶ 陈赓《送李长源》诗中则有"月下孤鸿枕上鸡"❷之句。在诗人的自期与友人的推许中,刘琨、祖逖随时准备奔赴前线、保家卫国的壮志豪情,与李汾的自我人格融为一体。

对韩信的景慕是李汾的另一种精神向度。韩信困顿时曾受胯下之辱,得一饭于漂母,但能忍辱负重,终成辅佐刘邦开国的名将,封侯称王。韩信特殊的人生经历常常给予李汾以精神激励。他的《避乱陈仓南山回望三秦,追怀淮阴侯信,漫赋长句》诗云:

凭高四顾战尘昏,鹑野山川自吐吞。渭水波涛喧陇坂,散关形势轧兴元。旌旗日落黄云戍,弓剑霜寒白草原。一饭悠悠从漂母,谁怜国士未酬恩。(《中州集校注》第2508页)

李汾在逃难中想起了同样处于逃难中的韩信,似乎是一样的战尘笼罩,一样的渭水雄关,一样的黄云白草;而韩信有幸遇到给他一饭的漂母,自己却连这样的漂母都难以遇到。如果真有人能在这时候给他一点帮助,谁说他将来成为国士后会不报恩呢?李汾渴望用世却屡试不第,入仕无门,但他始终自信自负,这正是金末豪杰文人的典型人格。正大七年(1230)李汾再次落第,作《感遇述史杂诗》五十首,元好问编《中州集》选取了五首,其中《韩淮阴信》一首云:"仗剑淮阴去复还,举头西望识龙颜。堂堂竟握真王印,未害男儿辱胯间。"(《中州集校注》第2517页)韩信的一生跌宕起伏,刘邦的敏感多疑常常使他一边建功一边受到猜忌。汉高祖四年(前203),韩信平定齐国,上书奏请封为代理齐王(假齐王),刘邦怒他不来荥阳救驾却想自立为王,张良、陈平提醒说,不封恐会激起韩信反叛,刘邦于是派张良到齐国册立韩信为齐王(真齐王)。李汾在往来奔波中与家人失散,生计无着,但并未陷入悲哀自怜,而是始终保持着高昂的精神气度,相信自己只是暂受胯下

---

❶ 狄宝心. 元好问诗编年校注 [M]. 北京:中华书局,2011:128. 下文径注页码。
❷ 张静. 河汾诸老诗集校注 [M]. 太原:三晋出版社,2017:79.

之辱的韩信，终有一天会成就一番事业。

　　对李克用、李存勖的景慕同样折射着李汾的用世之志。他自称是唐末沙陀李克用后裔，这一身份使他自豪自壮，却也成为他沉重的精神负担。在《远祖雁门武皇》诗中他写道："死心唐室正诸侯，铁马南来隘九州。当日三垂冈上意，诸孙空抱腐儒羞。"（《中州集校注》第2520页）李克用曾于中和二年（882）以步骑兵一万七千余人南下救难，将黄巢军队追击至蓝田关，收复长安。出逃的唐僖宗还朝，以李克用军功居首，授为河东节度使，后进封晋王。朱温篡唐建梁（史称后梁），李克用多次征讨，双方激战多年。天祐五年（后梁开平二年，908）正月，李克用病死于太原，其子李存勖继位，率军疾行六日，抵达位于今山西长治地区的三垂冈，于凌晨大雾中直捣后梁军，斩首万余级。连朱温都赞叹："生子当如是，李氏不亡矣。吾家诸子乃豚犬尔。"❶ 三垂冈之战使李存勖据有上党，进而兵行太行，逐鹿中原。李汾回顾远祖李克用护唐救难的丰功伟绩和李存勖智勇双全的战略传奇，深感羞惭自己身为后裔却是一介"腐儒"，面临蒙古军队屠戮中原，自己却不能策马救难。正是这一心理动因，使他在金亡前夕以一介布衣为国事奔走，前往恒山公武仙处求援，由于武仙与完颜思烈不和，"颇谋自安，惧长源言论，欲除之"，李汾得知后出逃，"遁之泌阳，竟为所害"（《中州集校注》第2488页），终将生命殉于他的用世之志和救亡理想。

　　汉末三国之际的孔融、田畴、陈登是豪杰作家雷渊的景慕对象。元好问在《希颜墓铭》中说雷渊"平生慕孔融、田畴、陈元龙之为人，而人亦以古人期之"（《元好问诗编年校注》第215页），揭示了雷渊心目中所景慕的精神高标。汉末之乱，一代才俊孔融在北海收合士民，起兵讲武，驰檄飞翰，引谋州郡，又置城邑，立学校，表彰儒术，荐举贤良，积极作为；雷渊以孔融为高标，正与他在金末政坛、文坛的豪杰作为相表里。雷渊《读孔北海传》诗云："汉室风流绝建安，老瞒父子力排山。可怜鲁国真男子，也着区区七子间。"（《中州集校注》第1702页）雷渊为孔融位列"建安七子"称屈，认为他的"真男子"气概远在曹氏父子和其他作家之上。陈登在汉末掎角吕布有

---

❶ 旧五代史·唐书三·庄宗纪［M］. 北京：中华书局，2000：254.

功,时人许汜称"陈元龙,淮海之士,豪气不除";❶陈登还在扬州、淮阴地区兴修水利,以"陈公塘"最为著名。雷渊与其豪杰人格也有着内在精神上的契合。陈登"元龙百尺楼"也是金元之际诗歌中反复出现的典故,元好问《横波亭为青口帅赋》《论诗三十首》《刘氏明远庵三首》等诗中都有"气压元龙百尺楼"之句。另如元初作家杨果,在金末即有文名,李治之父李遹《赠中山杨果正卿》诗中有句云:"中山公子文章雄,雅随童稚为雕虫。祢衡不遇孔文举,坡老懒事陈元龙。"(《中州集校注》第1310页)以孔融、陈登典故对其人其文的雄豪之气予以称扬。三国豪杰作为金末文人的精神高标,给予了他们极大的精神力量,也成为他们互相激励的重要典故。对田畴的景慕也延伸到了元初,元好问弟子郝经作《汉义士田畴碑》为田畴详补传记。郝经以田畴与荆轲、豫让相比较,认为豫让、荆轲虽然也是"燕赵之豪",但终不免为一刺客;而田畴却卓荦数千里,间关寇敌,不陨君命;后归隐民间,抚和民夷,约法立制,不仕曹魏,"其义烈矫矫,非豫让诸人所能及也"。❷

　　文学反映的是作家的心灵世界,作家对历史豪杰的景慕与书写是他们审美理想的高度概括,同时折射着他们对自我人格的期许,并影响到他们的文学风格。通过师友渊源传递,金末作家的豪杰景慕也对下一时段的文坛产生影响。

二、豪杰侠士景慕与作家的救亡理想

　　历史上能够挺身救世又抱有一份精神高蹈的豪杰之士,无疑以战国鲁仲连最为突出,正因如此,鲁仲连在金元之际受到独特而广泛的关注。鲁仲连的传奇事迹有三则被后世广为传诵:一是"义不帝秦",秦军围困赵都邯郸,鲁仲连以利害进说魏使辛垣衍,劝阻魏国尊秦为帝,说如果秦昭王肆然称帝,他宁愿蹈东海而死。一番劝说,辛垣衍称其为"天下士",秦军为退五十里。二是"义不受赏",鲁仲连帮助赵国解了围,却不受平原君加官晋爵的赏赐,飘然而去。三是"射箭入城",齐将田单攻打聊城岁余,士卒多死而聊城不

---

❶ 三国志:卷七 魏书·陈登传[M].北京:中华书局,2000:172.
❷ 张进德,田同旭.郝经集编年校笺[M].北京:人民文学出版社,2018:882-883.下文径注页码。

下，鲁仲连作书绑在箭上射入城中，不久城中内乱，聊城遂平。❶ 金代以前，将鲁仲连奉为精神高标的当以李白为最。检李白诗集，"鲁连""鲁仲连"字样共出现十余处。一方面，鲁仲连的"倜傥""高妙""善谈笑"、潇洒飘逸成为李白景慕的人格典范；另一方面，鲁连射书救世的行为和誓不帝秦的"蹈海"之节，也成为李白想要有所为于世的人格理想。李白致敬鲁仲连的代表性诗作如《古风五十九》其十："齐有倜傥生，鲁连特高妙。明月出海底，一朝开光曜。却秦振英声，后世仰末照。意轻千金赠，顾向平原笑。吾亦澹荡人，拂衣可同调。"❷ 表达了愿与鲁仲连为侪的人生理想。又《别鲁颂》诗："谁道泰山高，下却鲁连节。谁云秦军众，摧却鲁连舌。"（《李白集校注》第896页）《闻李太尉举兵》："恨无左车略，多愧鲁连生。"（《李白集校注》第943页）在李白既想实现报国之志又无径可达的人生矛盾中，"蹈海思仲连，游山慕康乐"（《越中秋怀》，《李白集校注》第1369页），鲁仲连式的直路前行，既成就功名又保持高节，无疑是李白最高的人格理想；另一方面，他又向往着如南朝谢灵运一样的山水之乐，这也是他进退路上两种截然相反的精神出口。

但在易代之际，对鲁仲连这样豪杰义士的书写与期待有着更为丰富的内涵。金末时乱国危，对鲁仲连的书写表达的更多是作家们的救世愿望。元好问《箕山》："干戈几蛮触，宇宙日流血。鲁连蹈东海，夷齐采薇蕨。"（《元好问诗编年校注》第26页）战争使文人无法在正常的秩序下实现修齐治平的理想，无论如鲁仲连一样蹈东海还是如伯夷、叔齐一样不食周禄采薇而死，都是极端时代的非正常出处。刘祁记载天兴二年（1233）汴京被围期间，城中诸人愤恨守城二相无良策无作为，"思有一豪杰出而为之救士民"，❸ 这样的豪杰若能出现，无疑是鲁仲连式的英雄；遗憾的是此类豪杰始终没有出现，正如元好问在《赠答赵仁甫》中所说，"世无鲁连子，黑头万蚁徒纷纷"（《元好问诗编年校注》第1109页），金朝还是在蒙古军队的进攻下灭亡了。金亡第二年（1235）羁管聊城期间，元好问在送友人李天翼出任蒙元官职时所作的《送李辅之之官济南序》中写道："鲁连之一箭空飞，季子之百金行

---

❶ 史记：卷八十三鲁仲连邹阳列传［M］．北京：中华书局，2000：1920．
❷ 瞿悦园，朱金城．李白集校注［M］．上海：上海古籍出版社，1980：111. 下文径注页码．
❸ 归潜志：卷十一录大梁事［M］．崔文印，点校．北京：中华书局，1983：127. 下文径注页码．

尽。释射钩之怨，虽当三沐而三薰；动去国之魂，徒有九招而九散。"（《元好问诗编年校注》第1351页）"季子百金"典出《史记·苏秦列传》，是说苏秦显贵后回到家，曾经看不起他的嫂子对他无比恭敬，问其原因，嫂子说："见季子位高金多也。"元好问的这段送别之语充满纠葛，我们甚至能读到他的心痛：无论如何努力，金朝灭亡的结局都已无法改写，士人所能做的，只能如齐桓公那样"释射钩之怨"，重新看待天下格局与士人出处；就算如屈原那样去国离乡，写下《九招》那样凄婉伤情的诗歌又有什么用呢？

这一时期，鲁仲连形象也作为文人互相砥砺的精神高标出现在文学作品中。王元粹写给李汾的《寿李长源》诗云："匹马短衣看此行，看君谁信是书生。听诗未觉秦川远，倚剑长怀晋水清。一饭见哀韩信耻，千金为寿鲁连轻。壮年休洒新亭泪，且为江山灌巨觥。"（《中州集校注》第2040页）引韩信事是说李汾在《避乱陈仓南山回望三秦，追怀淮阴侯信，漫赋长句》诗中有"一饭悠悠从漂母，谁怜国士未酬恩"句。王元粹称赞李汾有韩信、鲁仲连一样的天下之志。王郁同样胸怀大志而处境落魄，李献能《赠王飞伯杂言一首》结句云："丈夫穷达果在天，安用儿女得志相歆羡，失志相悲怜。仰天大笑出门去，四海今谁鲁仲连。"（《中州集校注》第1735页）李献能是以穷达在天的天命论劝慰王郁不以得志失志而或喜或悲，而应以李白、鲁仲连的精神自期，以高蹈潇洒的形象实现天下之志。当然这也是李献能的自我写照，元好问说李献能"与人交不立崖岸，杯酒相然诺，赴难解纷，不自顾惜"（《中州集校注》第1731页），就颇有鲁仲连风范。

李白与鲁仲连形象的叠合，也是金元之际豪杰书写中一个较为凸显的特征。宋人黄彻曾批评李白不当以鲁仲连自比，认为李白"心术事业"不能"施之廊庙"，❶ 元好问对此说颇不认同，在《论诗三十首》中说："世间东抹西涂手，枉着书生待鲁连。"（《元好问诗编年校注》第59页）世上那些随意评论的人们，枉把以鲁仲连自比的李白视为书生。这"并非仅仅是书生的李白"，正是金元之际士人的自我期许。元好问"三知己"之一辛愿，也与李汾一样景慕鲁仲连，元好问说辛愿佳句极多，最先称引的是其"自怜心似鲁连子，人道面如裴晋公"（《中州集校注》第2460页）之句。辛愿对自己的人格定位，也是如鲁仲连一样能为天下排解纷乱；而别人说他如唐代宰相裴度，

---

❶ 黄彻. 䂬溪诗话［M］//丛书集成初编. 北京：中华书局，1991：7.

是对他能够进入庙堂体制更好地实现天下之志的期许。但身为布衣且金朝后期重吏轻士，无论是鲁仲连之志还是通过科举进入朝廷，都显得遥不可及，成为裴度一样位高权重的宰执更是痴人说梦。辛愿诗中颇有几分自嘲，却也正可以看出他处于穷困落魄之际而以高标自期的人格理想。

  鲁仲连在元初文学中依然是一个非常凸显的精神象征，但在不同作家的书写中又折射着不同的人格理想，表达着文人不同的现实期许。刘秉忠《鲁连不受赏》诗云："鲁连谈笑却三军，玉璧冰壶不受尘。一叶扁舟沧海阔，千金留与市廛人。"❶ 刘秉忠主持修建燕京城并较多参与了元初政治制度的建设，鲁仲连的功成身退正是他人格理想的投射。而在刘因的书写中，鲁仲连是比荆轲、陶渊明更具高格的理想形象。他在《登荆轲山》诗中对司马迁彰扬荆轲的"尚侠"史观和陶渊明的愤世情绪委婉提出了批评，认为"马迁尚侠非史才，渊明愤世伤幽怀"，易代之际，逞气尚侠、愤世伤怀都不能解决实际问题，因而他更希望"安得鲁连同一杯"，❷ 积极排解世间纷乱而且怀着一份高蹈飘逸的精神趋向。元初由于制度不健全，社会矛盾比较突出，鲁仲连依然是文人景慕的精神高标。胡祗遹《无题》："万里清江一叶舟，月华西去水东流。伤心不见鲁连子，何物人间万户侯。"❸ 世人多以功名而不是真正以解天下纷乱为务，矛盾依然处处存在，去哪里寻找鲁仲连这样能排解纷乱的高士？当然对鲁仲连关注和书写最多的还是郝经，他在多首诗中写到鲁仲连：

  落落田子春，不负刘幽州。竟辞万户侯，鲁连真其俦。（《咏贫士七首》其七）
  赖有鲁连子，亦在东海湄。举手谢浮世，共欲寻安期。（《赠青社诸公》）
  真松本自如鲁连，泰山岂不如林放。（《封松行》）
  临风怅望有所忆，鲁连安期安在哉。（《灵岩道中》）
  管仲霸图无谓小，鲁连高义孰能攀。（《过临淄》）❹

---

❶ 杨镰. 全元诗：第4册 [M]. 北京：中华书局，2013：188.
❷ 商聚德，点校. 刘因集 [M]. 北京：人民出版社，2017：47.
❸ 魏崇武，等校点. 胡祗遹集 [M]. 长春：吉林文史出版社，2008：164.
❹ 郝经集编年校笺 [M]. 北京：人民文学出版社，2018：152, 68, 208, 321, 322.

郝经将田畴与鲁仲连作比，正是看到了二人既"豪"且"义"的共同之处。与鲁仲连同列的还有安期和林放。安期一作安其、安期生，曾与蒯通以计策谒见项羽，项羽欲对二人赏金封官，二人不受而去。林放则是儒家贤人的典范，《论语·八佾》："林放问礼之本，子曰：'大哉问。'"林放的"问礼"，郝经认为高于泰山。郝经将鲁仲连与此三人同列，所表达的是实现用世之志、重建礼乐文明的愿望。

尤其值得注意的是，在元初"豪杰"论的相关文本中，孟子名言"待文王而后兴者，凡民也；若夫豪杰之士，虽无文王犹兴"被文人们郑重提出。在中国传统价值观中，士人高尚其事，不事王侯，邦有道则仕，邦无道则隐，几乎成为士人出处的"定律"；而到金元之际，这一传统认知被重新思考：如果人人都要等到有文王这样的贤明君主出现后再出来用世，那么面对"斯文将坠吾道亡"（郝经《楷木杖笏行》，《郝经集编年校笺》第674页）的社会现实，谁来救世？这实际上正是金末救亡思潮的积淀和发展。郝经在《送柴梓材序》中对世上的"假豪杰"提出质疑："彼徇流俗、合污世，黄金横带驰骛于天下者，自以为豪杰也。由是观之，果真豪杰也哉？"（《郝经集编年校笺》第775页）《辨微论·厉志》一文中他还揭示了"豪杰"的内涵："士结发立志，挺身天地间，禀天地之正性，属天地之正气，备五行之秀，孕万物之灵，岂偶然也哉！"（《郝经集编年校笺》第521—522页）他认为"士"生于天地之间，得天地之正性与正气，自当立志奋发，这正是郝经对豪杰人格的准确描述，是他的前辈文人所没有明确说出的。也正是在豪杰精神的激励下，为使两国生民免遭涂炭，中统元年（1260），郝经肩负着和平解决南北问题的使命，率团使宋。他认识到使臣的作用胜过千军万马，"万众七奔命，何如一行李"（郝经《冬至后在仪真馆赋诗以赠三伴使》，《郝经集编年校笺》第90页），豪杰精神成为他用世之志和实践行动的标尺。

由于贾似道担心自己私自求和之事败露，将郝经拘于真州十六年。被扣留期间，郝经的诗、赋中都出现了鲁仲连形象。《烈士吟赠总领宋琚》："几回惜鲁连，重为叹朱亥。襟期何洒落，高义冠千载。"（《郝经集编年校笺》第102页）宋琚应该是使团护卫中的总领，在与宋廷的交锋中，义勇双全，实现了战术上的胜利。郝经此诗既是对宋琚的赞扬，也是激励。这首诗中，鲁仲连形象之外又增加了徒手搏虎的战国勇士朱亥。鲁连之义和朱亥之勇，都是现实处境中需要的人格精神。又《秋风赋》："乘此风以成行，俾照耀于万世。何乃作楚囚对泣，竟不为鲁连、毛遂，而漫为宋玉之悲耶？"《幽怼赋》："会衣裳而衷甲兮，执鲁连为钟仪。荐棘而重围兮，隔天日兮江之湄。"（《郝经集编年校笺》第32页、第38页）郝经当时面临的是进退不得的艰难处境，鲁仲连的形象也因此成为一种精神激励，使他对此行的目的、此时的困顿赋予了崇高的意义，支持他始终没有放弃努力。

三、豪杰作家景慕与易代之际的文学风貌

具有豪杰人格的前代作家同样是金末士人的景慕对象。动荡的社会现实使他们对于那些曾处于历史夹缝，经历常人难以想象的心灵困顿而抵达文学至高境界的豪杰作家寄予了深切体认。在与这些豪杰作家的精神对话中，他们获得了来自偶像知己的力量。

据张伯伟《金代诗歌与王若虚诗论》一文统计，金代诗人师法的前代诗家，排在前六位的是苏轼（11人）、李白（8人）、陶渊明（5人）、杜甫（4人）、李贺（2人）、黄庭坚（2人）。❶ 这六人的人格与诗风都具有鲜明的豪杰特质。以李白为例，据统计，金代学李白者有王庭筠、赵秉文、李纯甫、李遹、李经、王郁、李汾、尹无忌8人，当然还可以加上元好问、李治等人，如金末庞铸诗云："仁卿不是人间物，太白精神义山骨。"（《中州集校注》第1308页）。有学者论及金源诗人对李白的接受效仿多在南渡以后，南渡后的衰敝国势、文士遭际、萎弱文风，使部分诗人效法太白诗风的豪放飘逸，又在含蓄浑厚、清丽委婉的风格上做了有效尝试，"李白豪放汗漫的诗风一定程度上契合了文士们的心理状态，成为他们诗歌创作效法的对象"，❷ 揭示了金末李白接受的核心要素。但由上述金末文人与李白相同的鲁仲连情结，也可以看出金末文人景慕李白的精神向度，不仅仅在于文学层面，同样在于人格层面。当金末文人想要以诗文表达他们心中郁勃之气时，更多是在他们熟悉的文学领域寻找可以进行精神对话的异代知己。

统计显示，金代诗人学阮籍者并不多（1人，赵秉文），在金末诗坛，试图与阮籍进行精神对话的诗人却不在少数。阮籍身处魏晋之际，早年志在用

---

❶ 张伯伟. 中国诗学研究［M］. 沈阳：辽海出版社，1998：279-280.
❷ 贾晓峰. 论金源诗人对李白的接受［J］. 民族文学研究，2021（1）：167-176.

世,政治的动乱使他深感生命无常,隐逸避世,并以82首《咏怀诗》表达了易代之际无能为力的痛苦、抗争、苦闷、绝望的心路历程。而他在乱世中的"怪异"行为也多被后人阐释题咏,《晋书》本传记载他"时率意独驾,不由径路,车迹所穷,辄恸哭而返",又说他"尝登广武,观楚汉战处,叹曰:'时无英雄,使竖子成名'"。❶ 阮籍曾经登临过的广武山就在今河南荥阳境内,山上的"广武涧"是楚汉相争的古战场。汉高祖四年(前203),汉军趁项羽东击各地之机出兵夺取成皋,后屯兵广武,阻楚西进;项羽也率军屯兵广武,两军隔涧对垒,相持数月。终因楚军缺粮,军心涣散,加上韩信出兵击楚,项羽被迫与汉约和,以广武涧("鸿沟")为界中分天下。阮籍穷途之哭和"时无英雄"之叹,都在金末文人心中产生了极大的会心之感,何况是他们往来奔波中经常路过的地方,于是他们常常试图与阮籍展开精神对话。刘从益《过尉氏怀阮籍》:"有怀阮步兵,豪气无检束",确认阮籍之"豪",但认为豪得不加约束;他在诗末劝慰阮籍:"途穷道不穷,先生安用哭。"(《中州集校注》第1617页)路途可穷而"道"不会穷,先生又何必痛哭?诗歌貌似写得豁达,但他对阮籍的劝慰也正是对自己的劝慰,相信道不穷人,人总会走出困境。但文人们更多是在以自己的命运体会阮籍的"哭"与"叹"。如南渡后不作科举计的刘勋《答仲和》:"望远真成广武叹,得诗空作洛生吟。"(《中州集校注》第1906页)赵秉文《寄陈正叔》:"凭高一掬英雄泪,寄与穷途阮步兵。"❷ 李汾《汴梁杂诗四首》其四:"谁知广武英雄叹,老却穷途阮步兵。"(《中州集校注》第2501页)文人们体认到的更多是阮籍在面对黑暗沉闷的现实时痛哭的豪迈和长叹的无奈,而这也是金末文人在面临蒙古入侵、金宋战争以及金末"奖用胥吏,抑士大夫之气不得伸"(《归潜志》第137页)的社会现实时,内心深处最想要表达的情绪。通过对阮籍之"豪"的书写,金末文人表达了"世无英雄"、救国无路的慨叹,并在精神深处完成了长啸痛哭的仪式,也与古人形成了深层的精神交会。

陶渊明接受在金元之际是个颇有意味的文学现象。虽然金中期蔡珪、党怀英等人也推崇陶渊明,但陶渊明受到更多关注是在金朝南渡之后。南渡后的赵秉文、刘从益、李夷、王若虚、元好问等人都在诗歌中表达出追慕情绪,

---

❶ 房玄龄. 晋书:卷四十九 阮籍传[M]. 北京:中华书局,2000:901.
❷ 马振君,整理. 赵秉文集[M]. 哈尔滨:黑龙江大学出版社,2014:188.

如赵秉文有《东篱采菊图》《和渊明饮酒九首》《和陶渊明拟古》等，李夷有《书渊明传后》，刘从益有《和渊明杂诗》，元好问有《题渊明归去来图》组诗，等等。有学者撰文指出陶渊明"不仕刘宋朝的思想精神与当时生活在动荡中的南渡诗人的心理状态相契合"，"在时代忧患意识的感召之下，南渡诗人对陶诗中所具有的悲愤豪壮之风格也表现出推崇之意"。❶"不仕刘宋朝"应该不是金末文人看重的内容，他们对陶渊明的景慕更多是对其豪杰人格的向往，即那种想仕便仕、想隐便隐、追求生命本真的自由状态。其实揭橥陶渊明之"豪"的是南宋朱熹，他说："陶渊明诗，人说是平淡，据某看，他自豪放，但豪放得来不觉。其露出本相者，是《咏荆轲》一篇，平淡底人，如何说得那样言语出来。"❷也就是说陶渊明的平淡是隐藏在他的豪放之下的，他的平淡是在经历易代之际的极度痛苦之后超脱升华而成。金末文人更多是在自我体认中走近陶渊明，并试图达到他的超脱与升华。另外，金末和陶诗也多以陶诗体式抒写豪杰情怀，如赵秉文《和渊明拟古九首》其二："停杯且勿饮，剑歌已三终。男儿重意气，结发早从戎。生当为世豪，死当为鬼雄。惊沙射人面，日暮来悲风。空拳冒强敌，力向阴山穷。仍闻霍嫖姚，万骑出云中。"（《赵秉文集》第66页）已经将个人的豪杰情怀和对历史豪杰的景慕融入诗中，并非陶渊明原诗的意境了。

  对陶渊明的景慕在元初也得到了延续。杨奂编有《陶渊明年谱》，李庭为之作序，郝经、刘因都有和陶诗。郝经《和陶诗》118首作于羁留真州期间，进退不得的境遇使他对陶渊明有了更多体味。在他看来，陶渊明"当晋宋革命之际"退归田里，"思致清逸，任真委命，与物无竞，故其诗跌宕于性情之表，直与造物者游"（郝经《和陶诗序》，《郝经集编年校笺》第118页），正是豪杰气象。苏轼也是郝经景慕的豪杰作家，郝经作有《东坡先生画像赞》，不但称赞苏轼"颠倒六合江河倾，澜翻奔注汹四溟。闳肆捭阖掀鲲鲸，纡余曲折重关扃"的纵横奔放的诗文风格，而且认为，"大儒不使为大臣，豪杰竟作文章伯。区区小技皆游戏，举是先王等闲事"（《郝经集编年校笺》第226页），诗文书法于苏轼来说都是小技游戏，有用于世的经济名臣才是苏轼

---

❶ 刘福燕，延保全. 金代南渡诗人对陶渊明接受摭析 [J]. 西北农林科技大学学报，2013（1）：176，180.

❷ 王兴贤，点校. 朱子语类：卷一百四十 论文下 [M]. 北京：中华书局，1986：3325.

本色。对苏轼的定位,同样折射出郝经自己的经世之志。明人归有光即看出了郝经与苏轼的内在关联,说:"伯常文章节义,当时比之东坡。"❶ 郝经在《和陶诗序》中也揭示了苏轼与陶渊明精神理路的相通,提出苏轼迁谪海南之后,和陶诗既能和意又能和韵,境遇的相似成为理解陶诗的重要通道。应该说,苏轼贬谪海南发现了陶渊明,郝经羁留真州通过苏轼切入了陶渊明。李庭《景陶轩序》也将苏轼与陶渊明连通,写到在金朝童子试中擢甲科的河南人解仲杰,中统四年(1263)被辟为陕西大行台掌书记,在长安城外居室外筑"景陶轩",李庭序中借"豪杰之士"苏轼对陶渊明的爱仰及其《和陶诗》,表达了"合于道"的见解:"东坡先生亦一代豪杰之士,平生爱仰不足,至欲尽和其诗。呜呼!果何术以致然耶?岂非以其体真任运,舒卷无心,庐蓬茅而不忧,屣轩冕其如脱,雍容荡坦,诚有合于道也欤?"(《全元文》第2册第135页)这种"庐蓬茅而不忧,屣轩冕其如脱"的人生态度原本就是豪杰特质的一种,而"合于道"也正是儒家弘毅人格的精神底色。

豪杰崇尚是金元之际显见的社会思潮,而对历史豪杰的景慕是豪杰情结生成的重要原因。金亡之后,这一情结得到了有效传承,并渐由现象化向理论化发展。两代人前后相继的精神气度与豪杰景慕,使元初文坛依然保持着"豪杰"之音,并进而对各体文学都产生了影响。

(张勇耀,博士,编审,安徽师范大学中国诗学研究中心研究员)

---

❶ 归有光. 跋帝尧碑[M]//归有光全集:第5册. 上海:上海人民出版社,2015:118.

"傲世也因同气味"
——史湘云诗词生命美学的构建与意义*

■ 肖 锋 杜 莹

20世纪80年代始，以潘知常为代表的一批学者开始关注中国的生命美学研究。潘知常认为"美学必须以人类自身的生命活动作为自己的现代视界"，❶这是因为美与人类生命具有内在统一性，它源于生命，同于生命，为了生命，所谓生命美学就是"基于生命""因生命"的美学。❷

《红楼梦》是一部关于生命美学的经典，其灿若繁星的诗词是《红楼梦》的生命形态之一，然以其为对象的生命美学研究相对沉寂，其中最具有代表性的是王庆杰在《宿孽总因情 红楼梦生命美学引论》中认为"诗是燃烧型生命的亮光"。❸古人云："欲不死，生于诗"（《陶然诗集序》），诗词是诗人生命的感召，其蕴藏着超越故事情节并得以保留的、永恒的、具有历史意义的生命美学。

在书中众多"诗人"中，史湘云作为大观园中"独特的'这一个'"，❹有着"是真名士自风流"❺的内心，虽然其诗词数量寥寥可数，但走近史湘云我们会发现，诗词是她向世人展现绝美生命力的一种方式，折射出史湘云用个体生命抵抗封建社会的坚强意志，表现出其生命的存在与超越性。本文试图以曹雪芹笔下史湘云的诗词为研究对象，从生命美学角度研究其内在的

---

* 本文为国家社会科学基金一般项目"贺复征《文章辨体汇选》研究"（21BZW054）阶段性成果之一。

❶ 潘知常. 生命美学[M]. 郑州：河南人民出版社，1991：2.
❷ 潘知常. "生命"视界与生命美学[J]. 南京社会科学，2019（2）：141.
❸ 王庆杰. 宿孽总因情 红楼梦生命美学引论[M]. 北京：光明日报出版社，2010：20.
❹ 李希凡. 红楼梦艺术世界[M]. 北京：文化艺术出版社，1997：245.
❺ 曹雪芹著，无名氏续，程伟元、高鹗整理，中国艺术研究院红楼梦研究所校注. 红楼梦（上、下）[M]. 北京：人民文学出版社，1996：665. 本文所引文字皆出自该版本，下不赘注。

生命体验与生命之思。

一、生命美学的概念及其内涵

文学作品的阐发与接受离不开生命个体的感知，在星罗棋布的世界文艺作品中，中西方的文学都流淌着生命力的泉水，鲜活的生命个体无一不参与其中，因此生命美学早早酝酿于中西方深厚的生命哲学和美学观念当中。在西方哲学美学中，不论是叔本华"生命意志论"，还是柏格森"生命哲学论"，抑或尼采的"悲剧哲学"，都为生命美学的建构奠定了理论基础。中国古典美学，从《周易》之生生哲学，《诗经》之言志说，到近代王国维的《〈红楼梦〉评论》与鲁迅的《摩罗诗力说》，更是直接揭开了生命美学思潮的面纱，可以说"生命"贯穿中国古典美学的每一个发展阶段。因此，基于对传统美学的反思，中国当代学者利用中西方丰富的美学资源构建了中国的生命美学。

尽管20世纪的中国美学研究形式多样，但生命美学已然成为其中不容忽视的部分。生命美学是基于人类生命活动的美学，是关于人类生命自身的审美观照，其关注点在于：美学研究应该是对人类生命的阐释，它起于生命，终于生命。潘知常认为："生命美学就是生命的自由表达，就是研究进入审美关系的人类生命活动的意义与价值之学、研究人类的审美活动的意义与价值之学"。❶并进一步指出，审美活动是人类的意义活动。封孝伦认为："生命美学的核心理念就是：人类的审美活动是由人类生命需要决定的，人的生命是人类审美活动和美学理论构建的逻辑起点。"❷

关于生命美学的内涵，首先要明确什么是生命。世界上有形形色色的生命，对于生命的解释，在不同的学科领域有不同的关注点。生物学认为，生命是"生物体所具有的活动能力"，❸作为生物学个体上的人类更是"宇宙的

---

❶ 潘知常. 生命美学：从"本质"到"意义"——关于生命美学的思考 [J]. 贵州大学学报（社会科学版），2015（1）：10-11.

❷ 封孝伦. 生命美学的边界 [J]. 美与时代（下旬刊），2018（9）：5.

❸ 中国社会科学院语言研究所词典编辑室. 现代汉语词典 [M]. 7版. 北京：商务印书馆，2016：1168.

精华！万物的灵长！"❶ 在哲学层面，"生命超越生命""生命比生命更多"，❷ 生命是超越现实生命而具有意义与哲思的精神生命。由此可见，生命涵盖的范围很大，它既是人的生命，也可以是动物的生命，也可以是花草的生命；它既可以是物质性的，也可以是精神性的。

　　生命美学以"生命"为逻辑起点，那何为"生命美学"之"生命"呢？就生命美学中"生命"的边界问题，封孝伦以为："要覆盖人类所有审美活动及其审美对象的概念只能是'人的生命'。"❸ 人具有主观能动性，区别于动物的生命、草木的生命，人的生命是生物学、社会学与哲学生命的合一，即物质性、社会性、精神性生命的合一。马克思说："思维和存在虽有区别，但同时彼此又处于统一中。"❹ 换言之，生命美学之生命是俗性生命与诗性生命的统一。俗性的生命活动融于生活轨迹当中，诗性生命活动又是对生存、生活的意义凝练，是对俗性生命的超越。所谓超越，是指个体生命置身于现实存在以外，以更高的生命视野观照生命世界。恰如臧克家在《有的人——纪念鲁迅有感》中写道："有的人活着/他已经死了/有的人死了/他还活着。"❺ 在这段诗歌中生与死不再被简单地理解为生命活力的存在，而是超越物质生命而存在的具有灵魂、信仰、自由、崇高的生命。

　　其次，与传统本体论中世界为先的观点相反，生命美学从人类本体论出发，倡导对生命个体的终极关怀，在"人与意义"维度展现人与世界的关系。在潘知常看来，传统本体论具有一个共同特征，即"从世界的角度看待人，世界的本质优先于人的本质，人只是世界的一部分，人的本质最终可以还原为世界的本质"，❻ 而生命美学的出发点则是以人的角度看世界，前者是现实关怀，后者才是终极关怀。恰如"命运"一词与"生命"的对比，我们善用命运概括一个人的一生，往往将生命置之其后，甚至将命运与生命等同，不可不谓之遗憾。命运一词来源于中国古代早期的占卜活动，在传统中国文化

---

❶ 威廉·莎士比亚. 莎士比亚全集·悲剧卷·上 [M]. 增订本. 南京：译林出版社，1998：317.
❷ 亨利·柏格森. 生命的意义 [M]. 刘霞，译. 北京：台海出版社，2018：250-251.
❸ 封孝伦. 生命美学的边界 [J]. 美与时代（下旬刊），2018（9）：6.
❹ 马克思. 1844年经济学哲学手稿 [M]. 中共中央马克思恩格斯列宁斯大林著作编译局，编译. 北京：人民出版社，2014：81.
❺ 臧克家. 臧克家全集：第2卷 [M]. 长春：时代文艺出版社，2002：241.
❻ 潘知常. 诗与思的对话：审美活动的本体论内涵及其现代阐释 [M]. 上海：上海三联书店，1997：20.

中，命运是定数与变数的组合，主要指天命定数与事物发展变化的趋向，正如孟子所说"莫之为而为者，天也；莫之致而至者，命也"（《孟子·万章上》），从这一点而言，命运是世界给予人的判定，更多执着于外在事物对人的影响：现实中，繁复的条例与准则约束了人的生存与生活活动，世界冷漠地审判其中的一切事物，在此约束之下，人类得到的可能是公正、同情或高尚，生命就此存在于所谓"现实关怀"之中。而在生命美学的讨论中，生命的出发点是对生命本真状态的追问。不确定的生命状态给予人类生命无限追问与意义生成的可能，这才是"终极关怀"。由此可见，命运不能与生命等同，它只是俗性生命的一部分，不具有生命的超越性与无限可能性。

最后，人的生命活动多种多样，可以是政治活动、经济活动、军事活动，但只有进入审美关系的生命活动才是审美活动。潘知常将生命美学纳入"意义－价值"的框架之下，实际上强调了生命美学的意义所在，即探索审美活动的意义与价值。什么是人类的审美活动？在现实生活中，人类会与世界产生各种各样的联系，并会产生对现实物质的实际需求，这时，审美活动并没有产生，只有当人类以充盈的超功利感性精神观照这些现实物质时，审美才得以产生，人的生命才处于审美体验当中。而生命活动进入审美关系之中时，个体生命的存在超越了时间与空间，生命的自由表达得以实现，审美的价值和意义就此而生。通过生命，审美活动中洋溢着诗性的光辉，人类也得到对自身的救赎，在审美体验中，人类所感受到的或是崇高，或是优美，或是丑恶，或是低俗等。

人的生命得到自由表达也同样意味着在"物"的世界当中，人类可以通过审美活动实现人与自然、人与社会关系的升华。尽管生命形式具有多样性，但在以人的生命为核心的审美关系领域，这些生命的内在精神内涵都具有同一性。比如自然界中的草木虫鱼、飞禽走兽，一旦经过了"审美活动"，就都具有"人化"特点，人的生命精神便贯注于其中。而诸多的文学作品中，也存在这样的审美活动，诗词、小说、戏曲无一不被生命贯注，并透露了生命美学所具有的普适性特点。

二、史湘云诗词生命美学的构建

《红楼梦》"文备众体"，其大量的诗词引人注目，小说人物建诗社，切磋诗艺更成为作品中的经典情节，除了两位主角林黛玉、薛宝钗所作之诗被众人称赞外，史湘云创作的诗词也不容小觑。她之所以能在诗社之中屡夺诗魁，不外乎其诗意"清新""新巧"而又意境深远。蔡义江认为红楼梦诗词具有"按头制帽"的特点，并强调了诗词对人物形象的塑造作用，❶但我们也应通过对诗词的再阐释，探索诗词世界所遮蔽的生命美学。正如朱良志所总结，中国艺术生命创造精神的特点之一即是"在生生中求新"，❷诗词也同样如此，中国古典诗词的标志性特点便是以生命论诗，生生相续。不论是现实主义作品《诗经》，还是浪漫主义作品《楚辞》；不论是李白的《蜀道难》《将进酒》，还是杜甫的《登高》《春望》，都蕴藏着个体生命的自由表达。那么，《红楼梦》中史湘云诗词的个体生命自由表达又是如何呈现的呢？

纵观全书，相较于林黛玉与薛宝钗创作的数量可观的诗词，史湘云的诗词确实寥寥可数，但就创作质量而言，其诗词可在大观园众诗人中名列前茅。据统计，史湘云所创作的完整诗词凡五首，余下有部分联句，不到《红楼梦》诗词230首的3%，根据这些诗词的内容，可将其分成两类。

（1）咏物诗：《白海棠和韵二首》（第三十七回）；《对菊》《供菊》《菊影》（第三十八回）；《如梦令》（第七十回）。

（2）游戏诗：庐雪庵即景联句（第五十九回）；中秋即景联句（第七十六回）。

第一类诗是咏物诗。《白海棠和韵》创作于第三十七回，这一回主要讲探春等人结社成诗，众人借两盆白海棠寄兴寓情，限韵作诗。珠玉在前，史湘云作为后来者，却以两首一气呵成的《白海棠和韵》成功通过诗社的考核，并获得众人称赞，所以脂砚斋才会在回前批注："海棠名诗社，林史傲秋闺。纵有才八斗，不如富贵儿。"❸

其一：神仙昨日降都门，种得蓝田玉一盆。自是霜娥偏爱冷，非关倩女亦离魂。秋阴捧出何方雪，雨渍添来隔宿痕。却喜诗人吟不倦，岂令寂寞度朝昏。

---

❶ 蔡义江．红楼梦诗词曲赋评注［M］．北京：团结出版社，1991：9-10．
❷ 朱良志．中国艺术的生命精神［M］．修订版．合肥：安徽教育出版社，2006：353．
❸ 俞平伯，辑．脂砚斋红楼梦辑评［M］．上海：古典文学出版社，1957：480．

其二：蘅芷阶通萝薜门，也宜墙角也宜盆。花因喜洁难寻偶，人为悲秋易断魂。玉烛滴干风里泪，晶帘隔破月中痕。幽情欲向嫦娥诉，无奈虚廊夜色昏。

这两首诗的共同特点是都以"门""盆""魂""痕""昏"为韵脚，但限韵并没有影响史湘云个体生命的自由表达。第一首诗极具浪漫主义色彩，用"神仙""霜娥""倩女""离魂"等词，既仙气飘飘又神秘诡谲，营造出"清冷"的基调。但她并未就此沉寂，"人化"的语言，使不具有生命的"秋阴""雨渍"能有"捧"与"添"的动作；表达情感态度的用语如"自是""非关""却喜""岂令"等又脱离出悲戚的现实场景，表明史湘云以独立的"诗人"个体表达自己强烈追求自由的生命态度。第二首诗则具有浓烈的悲剧美感。史湘云的生存环境艰难，即使作为史家的千金，她也做不得主，但她仍然具有洒脱的性格、名士的自得。因此，她借"蘅芷"倾诉，其生命正如这"蘅芷"一般，随遇而安又纯洁高雅。"尚洁"之下难寻偶，人因秋景而断魂，人生之难事莫过于此，看似男儿性格的湘云也有柔情一面。两首诗分别展现了史湘云生命的两个方面，她的生命既是洒脱俊逸的，也是无奈悲戚的。

菊花诗三首作于第三十八回。继咏海棠后，众诗人还沉浸在结社作诗的氛围中，又以菊花为对象作诗。众人以"菊花为宾，以人为主"为标准拟十二个题目，史湘云选择《对菊》《供菊》《菊影》进行创作。

《对菊》：别圃移来贵比金，一丛浅淡一丛深。萧疏篱畔科头坐，清冷香中抱膝吟。数去更无君傲世，看来惟有我知音。秋光荏苒休辜负，相对原宜惜寸阴。

《供菊》：弹琴酌酒喜堪俦，几案婷婷点缀幽。隔座香分三径露，抛书人对一枝秋。霜清纸帐来新梦，圃冷斜阳忆旧游。傲世也因同气味，春风桃李未淹留。

《菊影》：秋光叠叠复重重，潜度偷移三径中。窗隔疏灯描远近，篱筛破月锁玲珑。寒芳留照魂应驻，霜印传神梦也空。珍重暗香休踏碎，凭谁醉眼认朦胧。

从这三首诗歌整体来看，似乎只有《对菊》与《供菊》是按照"菊花为宾，以人为主"的要求来创作的。《对菊》《供菊》明确吟咏出史湘云的心声，"数去更无君傲世，看来惟有我知音"与"傲世也因同气味"，人与作为知音的菊花产生了生命的对话，她的生命正如这菊花一样凌霜飘逸、高洁傲世。《菊影》则与前二首不同，这首诗以菊为主，描绘了秋日菊花之景。秋日光影斑驳，忽远忽近的灯光与天上的冷月将菊花的影子映射到地面，摇摇晃晃、朦朦胧胧，淡淡的花香飘散在周围，虚静空灵、如梦如幻之景如巨幅山水画一般在众人面前铺开，由此呈现出恬静淡然的生命感性。此诗虽不似前两首热烈，但个体以欣赏者的视角进入诗歌，表现的是个体的审美体验。

《如梦令》创作于第七十回，湘云因偶见柳絮飘飞，便做成一首小词：

岂是绣绒残吐，卷起半帘香雾，纤手自拈来，空使鹃啼燕妒。且住，且住！莫使春光别去。

这首词与《对菊》《供菊》一样，直接抒发了史湘云的情感，委婉而又热烈。"绣绒"本指刺绣的绒线，诗人将其比作柳絮，是以外观之象作比，把柳絮的绵密、柔软、轻柔展现出来。随着珠帘半卷，香雾流入，女子轻轻拈来一撮柳絮，好似抓住了什么，足以让杜鹃与燕子嫉妒，杜鹃和燕子哪里会嫉妒呢，不过是满足人的想象罢了。其次"且住，且住！莫使春光别去"一句，化用自"春且住！见说道、天涯芳草迷归路"（辛弃疾《摸鱼儿》）。进一步将"妒"化"无"，于暮春柳飞之际，寄托诗人对春光的惋惜和对生命力量的追寻。

第二类诗是游戏诗。史湘云参与的游戏诗创作主要表现在两次即景联句创作中。联句是古代诗社常有的诗歌创作活动，其主要特点是集体创作，风格要一以贯之，因此要求诗人减弱自己的创作特色，迎合诗词整体感，正如徐师曾所说："必其人意气相投，笔力相称，然后能为之。"❶ 故而诗人们要避免"一枝独秀"以促成诗歌的整体连贯性。由于联句的特殊性，诗人个体的生命意志受限，故此段不多做赘述。

---

❶ 吴纳，徐师曾，著；于北山，罗根泽，校点. 文章辨体序说 文体明辨序说 [M]. 北京：人民文学出版社，1962：111.

在构建史湘云诗词的生命美学过程中，曹雪芹选取了不同的自然物。那么，不具人的生命特征的自然物又是如何超越有限的生命实践，实现生命的超越与终极关怀的呢？其关键在于"生命的共感"。❶ 物有物之特性，自然物也有自身的生命特点，当人的生命的力量与物的生命特性产生共鸣时，就形成了"心物交感"，有限的现实生命才得以超越。刘勰道："人禀七情，应物斯感。感物吟志，莫非自然。"（《明诗》）这主要表明两点：一是物对诗人的情感有生发作用；二是诗人对物有主观创造作用。但"物"有虚实，诗人可以通过实在之物生发情感，也可以通过虚构之物产生感动，前者如《如梦令》，后者如《白海棠和韵二首》。《如梦令》是湘云偶见柳絮纷飞，突生时光易去，珍惜时光之感，她感于眼前之实物而作"莫使春光别去"之语；《白海棠和韵二首》则是诗人未见其物，诗人通过感性想象虚构了时空意境：神仙霜娥之浪漫与景物之清冷融于一境，严羽在《沧浪诗话》中谈道："夫诗有别材，非关书也；诗有别趣，非关理也"（《诗辨》），湘云的这种非理性想象强化了自身的生命主体意识，构建了她认知中的白海棠。贾宝玉在第七十七回说道："你们那里知道，不但是草木，凡天下之物，皆是有情有理的，也和人一样，得了知己，便极有灵验的。"以自然之物生发的生命力纯粹而又朴素，在没有被诗人生命意识贯注之前，自然之物只是自然之物，仅仅属于物之形式、物之质料，一旦被诗人进行审美观照，这些自然之物也就被赋予了诗人的生命意识，其隐藏的生命力可以感发诗人的情感，也可以感发读者的情感。

王国维曾说："非物然无以见我。"（《人间词话》）如果没有对物的感发，也就没有诗人个体生命最本真的探寻与反诘。《红楼梦》第七十回："时值暮春之际，史湘云无聊，因见柳花飘舞，便偶成一小令，调寄《如梦令》……"史湘云偶然见到柳絮飘飞而作《如梦令》，并将她最本真的想法置于其中，正如嵇康所言："顾兹梧而兴虑，思假物以托心"（《琴赋》）。"假物"就是一个寄托的过程，也是一个释放生命的过程。《白海棠和韵二首》《对菊》《供菊》三首均是借花寄寓诗人高洁傲世之风骨，《如梦令》借纷飞柳絮寄托诗人把握时光之情，主体对自然之物的观照，唤醒了自然物以新的生命，并使人的生命激情得以延展，在诗歌中寻找到信仰。

---

❶ 叶嘉莹. 迦陵文集：第9卷［M］. 石家庄：河北教育出版社，1997：49.

三、史湘云诗词生命美学的意义

史湘云是卫道者还是叛逆者？对于这个颇有争论的话题，我们或许可以从史湘云诗词的生命美学中寻找到一条破题之路。毋庸置疑，"贾史王薛"四大家族是封建社会上层阶级的一个缩影，在此身份背景下，属于四大家族或与四大家族有关联的人物在权力、物质层面皆超越了普通百姓，如《红楼梦》第四十回，刘姥姥参观大观园时，直说这是画中才有的风景，反观四大家族中的成员，他们对此则是司空见惯。既然史湘云来自四大家族中"阿房宫，三百里，容不下金陵一个史"的史家，至少说明史湘云的愁不是源于物质需求，那么她真正的生存底色到底如何呢？从其女扮男装，醉卧芍药裀等行为来看，史湘云似乎真有名士之风，打破了人们对封建社会女子的固有看法，但正册判词却早早预示："富贵又何为？襁褓之间父母违。展眼吊斜晖，湘江水逝楚云飞。"表明史湘云人生的两大困境：原生家庭的束缚与婚姻的悲哀，因而有学者提出"史湘云的悲剧是命运的悲剧"[1]的说法。又因史湘云在第三十二回劝说宝玉走仕途，引发了读者关于史湘云是卫道者还是叛逆者的讨论。

在生命美学层面，命运终究与生命不同，我们不能忽视生命个体脱离命运所展现的对自身生命的超越性与延展性，史湘云的诗词就为其展现生命意志提供了机会，并脱离卫道者与叛逆者的桎梏，成为"傲世者"。对史湘云而言，虽然其诗词主要围绕"白海棠""菊花""柳絮"展开，但唯有"菊花"最能表明其生命意志，因为她曾两度在创作中表明唯有菊花与其是知音，是同气相求。"气"是中国古代哲学的元范畴之一。古人认为，气是生命的本源，与生命的精神力量息息相关，如《庄子·知北游》云："人之生，气之聚也；聚则为生，散则为死。"此处的气并非物质之气，而是生命之源，如果一个人没有了气，生命也就随之消逝。菊花的特点是孤傲、高洁，独立于世俗之外，史湘云和菊花的契合点就在于她将自己的生命与菊花之生命等同，表明她既不属于卫道者也不属于叛逆者，反而是自在的"傲世者"。诗词不受时间的限制，并为个体生命提供精神家园，史湘云通过与物的生命共感，借助

---

[1] 薛瑞生. 是真名士自风流——史湘云论 [J]. 红楼梦学刊, 1996（3）：137.

"气"之同一，将命运的曲折性与生命的延展性渗入诗词，借诗歌释放出自己内心深处的呐喊，形成隐曲的美感。

但诗词只是史湘云生命之美的体现之一，在曹雪芹的创作中，还蕴含着更为庞大的生命美学，品味史湘云诗词的生命美学有助于我们进入《红楼梦》的生命美学大厦。曹雪芹的创作观包含着他"基于生命"产生的对世界的审视与反思。《红楼梦》第一回说道："虽其中大旨谈情，亦不过实录其事，又非假拟妄称，一味淫邀艳约、私订偷盟之可比。"大旨谈情虽是反讽之语，但这部呕心沥血十载而成的作品贯注了充盈的情感，曹雪芹基于对生命的感性观照及体察，从微毫处书写自然生命，从宏观上构造生命世界，努力寻找封建社会背景下个体的生命自由。王庆杰指出："《红楼梦》看待生命的视角，是以自然为宏大背景，从生命的诞生、生命的体验（下界尝欲）、生命的回归（归彼大荒）到生命的升华、生命的感悟、生命的交流，我们处处可看到与'花柳繁华地，温柔富贵乡'相对应的无欲无性的自然界是生命永远安妥灵魂的地方。"❶ 曹雪芹深谙"生命之喻"的创作手法，即以自然之物的生命隐喻小说人物的生命，从木石前盟、宝钗扑蝶到黛玉葬花，自然不仅成为现实生命的起点，也成为生命的终点。在以人物为叙事关键的《红楼梦》中，这也就促成了"现实的世界"和"乌托邦的世界"的构建。❷

此外，由于史湘云诗词的生命美学蕴藏着对人的终极关怀，故而更容易触发读者的生命体验与感动。人是感性动物，读者是具有审美意识的接受主体，他们会以美的评判标准阅读文学作品，了解小说人物、了解作者。诗词为读者提供了一个可以敞开阅读与品味生命力的世界，在这个独立的领域之中涌流出源源不断的生命力。一方面，它不断向读者传输史湘云的生命意识与精神力量，如《如梦令·柳絮词》一首为读者提供的无限想象，史湘云笔下生动的柳絮，唤醒了她迫切想要抓住时光的心，温柔又兼具力量的语言怎能不让读者有触及生命灵魂之感呢？同时，读者对其诗词的生命美学感悟，也有助于帮助读者完整理解史湘云的内心世界，更加强烈地感受到她作为个体生命在逃离封建枷锁过程中所释放的追寻自由与洒脱的信号。另一方面，它也向读者揭示了曹雪芹不断唤醒对生命关怀的目的。"曹雪芹是抱着一腔同

---

❶ 王庆杰. 宿孽总因情 红楼梦生命美学引论［M］. 北京：光明日报出版社，2010：8.
❷ 余英时. 红楼梦的两个世界：中英文本［M］. 上海：上海社会科学院出版社，2002：36.

情与赞赏的态度来写她的,又将这同情与赞赏留给了一代又一代的读者。"❶艺术创作的动力之一即是对人灵魂的净化,曹雪芹始终将读者的关注点聚焦于"人"身上,因此读者解读《红楼梦》必然会在诗词中找到蛛丝马迹,感受到曹雪芹对生命的终极关怀,潜移默化中得到人格的升华。

四、结　语

"追问作为人类最高生命存在方式的审美活动如何成为可能",❷为我们研究《红楼梦》提供了又一思路。史湘云的诗词是中国式"生命美学"的独特彰显,其创作中运用寄兴寓物的手法,与"白海棠""菊花""柳絮"等自然之物产生的"生命共感",一方面表现了史湘云现实生活所遭遇的苦难,另一方面又透露了她对命运的抗争及脱离世俗的傲气。同时,史湘云的诗词也以微观的视角展现了曹雪芹创作思想中对命运及生命的反诘。但史湘云的诗词只是《红楼梦》生命美学版图中的一小块,在探寻《红楼梦》生命美学的道路上,还需不断追问人的本质,在不确定性间寻求更多解读《红楼梦》的可能性,延续曹雪芹对生命的终极关怀。

(肖锋,博士,中国传媒大学人文学院文学系教授、博士生导师;杜莹,中国传媒大学人文学院文学系2020级硕士研究生)

---

❶ 薛瑞生. 是真名士自风流——史湘云论 [J]. 红楼梦学刊, 1996 (3): 122.
❷ 潘知常. 生命美学 [M]. 郑州: 河南人民出版社, 1991: 6.

少数民族预科《大学语文》课程思政实践探索*
——以中国传媒大学为例

■ 王克家

少数民族预科《大学语文》是少数民族预科教育的主干课程之一,属于人文教育的基础课。课程衔接中学语文教育,重视语文基本功的培养。通过补、预结合的方式,提高少数民族学生的汉语言应用能力,传承文学经典,增强文化修养,培养人文精神,达到本科各专业对语文能力及素质的要求。

一、少数民族预科《大学语文》实施课程思政的意义

教育部 2020 年 5 月发布《高等学校课程思政建设指导纲要》(以下简称《纲要》)。《纲要》对课程思政建设的主要内容、如何优化课程思政供给都提出了明确要求。《纲要》指出,全面推进课程思政建设是落实立德树人根本任务的战略举措;课程思政建设是全面提高人才培养质量的重要任务。❶

预科《大学语文》是少数民族预科教育中的人文基础课,也是核心课。课程以经典文学作品为主要内容,同时涉及语言、文化等多方面的知识。课程旨在使学生传承文学经典,增强文化修养,培养人文精神。这些特征决定了少数民族预科《大学语文》必定成为课程思政教学实践的有效载体。

在这门课程中开展课程思政具有重要意义。首先,可以教育引导学生坚定民族文化自信;其次,可以帮助学生树立正确的价值观、人生观和历史观;

---

* 本文为中国传媒大学 2022 年教学改革创新项目"少数民族预科《大学语文》课程思政教学实践研究"(JG22135)阶段性成果之一。

❶ 中华人民共和国教育部. 教育部关于印发《高等学校课程思政建设指导纲要》的通知 [EB/OL]. [2022-06-01]. http://www.moe.gov.cn/srcsite/A08/s7056/202006/t20200603_462437.html.

最后，有助于培养具有良好人文素养的新时代人才。

从课程内容来看，中国经典文献浩如烟海，是中华民族宝贵文化遗产之一，它们承载了先民的智慧，也凝聚了中华民族基本的道德规范、理想信念和思想观念。这其中蕴含了丰富的课程思政教学资源。《大学语文》课程的教学目标与课程思政目标高度契合，容易形成同频共振。课程内容涉及文化、语言、历史、民俗等，这些丰富的内容也比较容易激发学生的学习兴趣。

二、少数民族预科《大学语文》课程思政教学的实施

《大学语文》属于高等教育体系中的传统课程，有深厚的历史积淀，课程旨在引导学生发展个体内在品格，形成高尚健康的人格，增强民族团结意识，树立爱国主义精神。同时，作为少数民族预科课程，教学实践必须结合少数民族预科生的特点。

1. 中国传媒大学预科《大学语文》课程基本情况

2018年6月，教育部办公厅印发《关于切实做好高校少数民族预科学生自主培养工作的通知》（以下简称《通知》），《通知》表示，"为贯彻落实党的十九大精神，促进高校少数民族预科教育和本科教育的有机融合、有效衔接，进一步提高少数民族预科学生（以下简称预科学生）的培养质量。经深入调研并广泛征求意见，我部决定从2018年秋季学期开始，中央部门所属高校招收的预科学生实施自主培养"。❶ 按照《通知》要求，中国传媒大学自2018级开始，少数民族预科生由学校自主培养。《大学语文》自2018年秋季学期开始在校内开设，至今已经开设4轮次，运行良好。目前，中国传媒大学校内《大学语文》授课对象是普通高等院校少数民族预科一年制学生和新疆协作计划两类学生。

高校预科语文教学使用的教材是教育部普通高等学校少数民族预科教材编写组编写的普通高等学校少数民族预科教材《大学语文》（人民出版社）。教材分上、下两册，分别供预科班学生上、下学期使用。教材内容分为古代

---

❶ 教育部办公厅. 关于切实做好高校少数民族预科学生自主培养工作的通知［EB/OL］.（2018-03-30）［2022-03-30］. http://www.moe.gov.cn/srcsite/A09/moe_751/201804/t20180411_332868.html.

文学、现代文学、当代文学和外国文学四部分；每部分又分为诗歌、小说、戏剧和散文四种不同体裁的文学作品。按照学生培养方案，《大学语文》课程分为一、二、三、四，分别讲授课程的古代部分、现代部分、当代部分和外国部分。在具体教学实践中，这相当于四门课程，分别由四位教师承担相关部分的教学任务，讲授两个学期，共计192课时。本文主要依托《大学语文（古代）》开展课程思政教学实践的研究。

2. 学情分析

以中国传媒大学为例，笔者执教班级为少数民族预科一年制学生（全国班），讲授内容以"古代部分"为主。学生民族有包括蒙古族、壮族、土家族、羌族、藏族、苗族、白族、回族等多个民族。学生在基础教育阶段，主要使用汉语接受教育，有比较好的汉语言和文化基础，课堂参与度比较理想。学生不仅用汉语学习了不少经典的汉语言作品，也对本民族的优秀文学作品和文化现象有切身的体会和深入的了解。这些对预科《大学语文》的课程思政实践开展都是有利条件。

3. 课程思政要素分析

预科《大学语文》作为少数民族预科课程，既是高等教育体系中的传统课程，也是少数民族预科教育的核心课程。教学实践必须结合少数民族预科生的特点，因此课程思政要素可以从"铸牢中华民族共同体意识"和中华优秀传统文化两方面进行挖掘，发挥好课程思政的作用。

第一，将中华优秀传统文化与课程思政有效融合。习近平总书记在党的十九大报告中指出，"文化是一个国家、一个民族的灵魂。文化兴国运兴，文化强民族强"。文化对于国家的兴旺、民族的发展具有重大作用。习近平总书记深刻认识到中华优秀传统文化的价值与意义，并将其作为治国理政的重要思想文化资源，深刻阐释了中华优秀传统文化是中华民族的根与魂，是最深厚的国家文化软实力，是中国特色社会主义根植的沃土，是我们坚定文化自信的力量源泉。❶ 高校的文学、历史学类课程是对大学生课程思政教学和对大学生进行优秀传统文化教育的重要渠道。传承弘扬中华优秀传统文化，是推进社会主义文化强国建设、提高国家文化软实力的重要内容。结合古代文学

---

❶ 储峰. 继承和弘扬中华优秀传统文化 [EB/OL]. [2022-10-18]. https：//baijiahao. baidu. com/s？id=1646963073876297517&wfr=spider&for=pc.

优秀作品，提炼传统文化精髓，加强课程思政内容建设。深入挖掘课程知识体系中的思政元素，合理拓展深化教学内容。

第二，将"铸牢中华民族共同体意识"与课程内容有机结合。在2021年8月的中央民族工作会议上，习近平总书记强调，做好新时代党的民族工作，要把"铸牢中华民族共同体意识"作为党的民族工作的主线。中国自古以来就是一个多民族融合发展的国家，一部中国史，就是一部各民族交融汇聚成多元一体中华民族的历史。教材中选取的经典文学作品中不乏对中华民族文化圈内各民族历史活动的记载，也保留相当数量的各民族作家、学者的著名作品。这些都是"铸牢中华民族共同体意识"与课程内容融入课程思政的重要资源和有力突破点。

4. 中国传媒大学民族预科《大学语文》课程思政实施路径

第一，用好课堂教学主渠道，科学设计课程思政的教学单元。

课程所使用的教材由教育部普通高等学校少数民族预科教材编写组编写，专门面向少数民族预科（一年制）的学生使用，内容以汉语传统经典文献为主。笔者所教授的古代文学部分，更是以古代汉语创作的优秀传世作品。

为实现教学目标，教师讲授时，打破教材原有的作品顺序，选取重点篇目，按照不同主题重新整合教学内容，设计多个教学单元，分析中国优秀传统文化中的价值理念对当代中国社会的深入影响。为便于说明，笔者列简表1如下。

表1 传统文化重要命题与社会主义核心价值观对应关系

优秀传统文化的重要命题	在当今社会的反映	学习篇目
大同	和谐	《礼记·礼运》
惟明克允	法治	《尚书·吕刑》等
敬慎威仪	敬业	《诗经·大雅·抑》
君子	友善	《礼记·曲礼》

篇幅所限，笔者仅列出部分内容，还可以从价值观塑造角度切入发掘文学作品中的爱国主义内容，也可以从品格培养和人格塑造角度讲解"仁者爱人""君子德风"等内容。再如，可以引导学生深刻理解"尚和合""求大同"等内容对于当下构建人类命运同体的启发意义等。

第二，以学生为中心，优化教学手段，潜移默化地使学生树立铸牢中华民族共同体意识。

"铸牢中华民族共同体意识文化路径不仅是一个主观意识范畴，而且也是一个客观实践范畴"，文化认知、文化认同、文化自信、文化传承四个阶段是铸牢大学生中华民族共同体意识文化路径的四个维度。❶

在课程思政实践中，教师应积极主动探索创新教学方式。课堂教学根据教学内容的特点，不断丰富教学方式方法。例如，教师安排学生分组进行课堂展示。展示内容为本民族的物质或非物质文化遗产，或本民族主要聚居地的重要考古发现等。为更好地进行课堂展示，有的学生进行了严谨的田野调查，有的同学将自己生活中的照片、视频等拿出来分享，还有的同学甚至身着本民族服装来到课堂。通过课堂展示、汇报及同学们的提问交流，不同民族的学生之间增强了彼此的感性认识，同时也增强了民族自信和自豪感。此外，教师组织安排一次博物馆教学实践，主要参观古代中国历史文物的展览，并进行课堂汇报。这样的实践教学，让同学们更深刻地体会到中华民族大群体之间的"文化认同"。习近平总书记指出："文化是一个民族的魂魄，文化认同是民族团结的根脉。"❷ 文化认同正是"铸牢中华民族共同体意识"的关键所在。

通过设计翻转课堂，开展专题讨论、小组研讨、主题演讲乃至田野调查等方式，课程打破主讲的旧模式，激发学生主动发现问题、提出问题和解决问题，从而对古代优秀文学作品有深入把握。引导学生深入了解和系统表达各自民族特有的文化遗产，潜移默化地使学生增强"铸牢中华民族共同体意识"的自觉性。

三、结　语

《高等学校课程思政建设指导纲要》指出，课程思政建设工作要围绕全面提高人才培养能力这个核心点。目前，课程正在按照教学计划和实施方案展

---

❶ 程志杰，黄泰博. 民族高校大学生铸牢中华民族共同体意识的文化路径 [J]. 民族教育研究，2021（5）：37.

❷ 习近平. 在全国民族团结进步表彰大会上的讲话 [N]. 人民日报，2019-09-28（2）.

开教学实践,能够实现预期效果。具体来说包括,第一,使学生明白,中华文化是各民族文化的集大成,中华民族精神是各族人民共同培育、继承、发展起来的。文化认同是最深层次的认同,是增进各民族对祖国、对中华民族、对中国特色社会主义认同的支撑。第二,引导学生深刻理解和领悟中国古代优秀经典文学作品包含的道德规范和价值观念,明白优秀传统文化中"仁爱""民本""诚信""正义""尚和""大同"等理念的历史价值和现实意义。

通过开展课程思政教学实践,该课程以润物无声、春风化雨的形式,让学生对"铸牢中华民族共同体意识"的重要性有深刻理解,能够传承中华优秀传统文化中的思想精华,将其与时代精神相结合,真正落实立德树人的根本任务。

(王克家,博士,中国传媒大学人文学院文学系助理研究员)

艺文天地

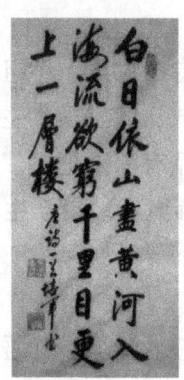

《登鹳雀楼》

(马培军,会计师,原河北省津隆纺织有限公司董事长)

鲁迅与"五四"的相遇
——兼及回顾"五四"的当下意义*

■ 汪卫东

一、周树人与《新青年》的历史时差

鲁迅被视为"五四"新文化运动的旗手和主将，在长时段的历史中，这一判断自然具有历史的深刻性，但拉近镜头，回到历史现场，我们又无法忽视鲁迅与"五四"之间曾有的历史时差与心理距离。

1922年年底，鲁迅正面临《新青年》解体后的新的精神危机，借为《呐喊》自序，首次回顾了与《新青年》的交集："金心异"（钱玄同）的拉稿，"铁屋子"的拒绝，以及被钱氏的一句话"急将"而答应也做文章。在其描述中，他是颇为被动地加入《新青年》的。

《〈呐喊〉自序》写于"第二次绝望"❶的前夜，"自序"中对彼时走出第一次绝望而加入《新青年》的描述，难免叠加了此时的绝望心境，颇有悔不当初的意思。然而，鲁迅加入《新青年》之前的隐默态度和加入之后的边缘姿态，无疑是客观存在的。

当《新青年》在北大沙滩红楼方兴未艾时，中年周树人还蛰伏于宣武门的绍兴县馆。据周作人回忆，在与"金心异"争论前，"鲁迅早知道了《新

---

* 本文为国家社会科学基金重大项目"域外鲁迅传播和研究文献的搜集、整理与研究（1909—2019）"（20&ZD339）阶段性成果之一。

❶ 1923年，鲁迅又一次陷入沉默，《新青年》的解体和周氏兄弟的失和，再一次勾销了其行动的意义。笔者认为，以1923年的沉默为标志，鲁迅陷入第二次绝望，而冲决这一绝望的过程，就在《彷徨》尤其是《野草》中，经过第二次绝望与《野草》的冲决，后期的鲁迅在人生与文学上都进行了新的抉择。相关论述参阅拙著：《鲁迅前期文本中的"个人"观念》（人民文学出版社2006年版）和《探寻"诗心"：〈野草〉整体研究》（北京大学出版社2014年版）。

青年》的了，可是他并不怎么看得它起"。"对于《新青年》总是态度很冷淡的"，❶ 态度非常隐默。

其隐默姿态，与《新青年》的时代氛围究竟有隔。

他本来以为"铁屋子"中已无"呐喊"的必要，因为经验已经证明，希望"必无"，但好辩的钱玄同"你不能说决没有毁坏这铁屋的希望"的一句话，使他又认识到"希望是在于将来，决不能以我之必无的证明，来折服了他之所谓可有"。❷ 将再次行动的意义，仅仅维系于希望的"可有"上，不再将希望放在行动之前，而是放到了行动之后。

同时又申明：

在我自己，本以为现在是已经并非一个切迫而不能已于言的人了，但或者也还未能忘怀于当日自己的寂寞的悲哀罢，所以有时候仍不免呐喊几声，聊以慰藉那在寂寞里奔驰的猛士，使他不惮于前驱。❸

这段话说明：第一，"我"已经是"过来人"，本来无话可说了；第二，"我"之加入《新青年》，不是为了自己，而是为了"新青年"。

在说到小说中的"曲笔"时，鲁迅指出有两个原因，一是"须听将令"，❹ 二是"至于自己，却也并不愿将自以为苦的寂寞，再来传染给也如我那年青时候似的正做着好梦的青年"，❺ 都是为了他人。所谓"曲笔"，意思是不如实去写，也就是说，"寂寞"是真实的，"好梦"是虚幻的，掩藏真实，是为了不将他们从"好梦"中惊醒，免得再遭受"寂寞"之苦。这似乎又回到当初"铁屋子"比喻中的立场，同是不唤醒，"铁屋子"比喻不把民

---

❶ 周遐寿. 鲁迅的故家 [M] //北京鲁迅博物馆鲁迅研究室. 鲁迅回忆录（专著中册）. 北京：北京出版社，1999：1067.

❷ 鲁迅. 呐喊·《呐喊》自序 [M] //鲁迅全集（第1卷）. 北京：人民文学出版社，1981：419.

❸ 鲁迅. 呐喊·《呐喊》自序 [M] //鲁迅全集（第1卷）. 北京：人民文学出版社，1981：419.

❹ 鲁迅. 呐喊·《呐喊》自序 [M] //鲁迅全集（第1卷）. 北京：人民文学出版社，1981：419.

❺ 鲁迅. 呐喊·《呐喊》自序 [M] //鲁迅全集（第1卷）. 北京：人民文学出版社，1981：419-420.

众从"昏睡"中唤醒,而这里指的是不把"新青年"从"好梦"中唤醒。

"呐喊",原来不是冲锋陷阵的摇旗呐喊,而是站在边缘的加油与喝彩,而且藏着掖着。

周树人与《新青年》的心理距离,中间究竟隔着什么?

《〈呐喊〉自序》一开始,就反复强调《呐喊》的起因,是未能忘怀曾经的"寂寞"。这"寂寞",就是十年前日本时期遭遇的第一次绝望。

1906年,青年周树人从仙台退学,决定弃医从文。虽然文学杂志的计划流产,但在《河南》杂志发表了系列论文并与周作人共同翻译出版了《域外小说集》,五篇文言论文系统展现了青年鲁迅面对近代危机的救亡思路,通过对进化、科学、19世纪西方文明等现代性的系统梳理,对洋务派与维新派的"兴业振兵""黄金黑铁""制造商估""国会立宪"思路展开批判,将中国救亡的出路诉诸"立人",并抓住"精神-个性"与"诗"两个契机,两册《域外小说集》,苦心孤诣,另辟蹊径,译介时人所不熟悉的东欧、北欧和俄国被压迫民族的短篇小说,意在引入"异域文术新宗",❶ 展现另类的心灵世界和反抗精神。"精神"与"诗",可以说是十年后"五四"思想革命与文学革命的先声。

但是,继《新生》杂志计划流产后,深思遐瞩的救亡思路没有得到任何反响,《域外小说集》上、下两册也不过各卖出二十本。

《〈呐喊〉自序》回忆到这段经历时说:"叫喊于生人中,而生人并无反应,既非赞同,也无反对,如置身毫无边际的荒原,无可措手的了,这是怎样的悲哀呵,我于是以我所感到者为寂寞"。并终于醒悟到:"我决不是一个振臂一呼应者云集的英雄"。❷

由这一青年时期的绝望感,到后来 S 会馆中年人的绝望,其间经历十年,无疑有一个逐渐加深的过程,伴随着的是回国后对现状及其危机的深入洞察,渐渐演变成长达十年的"隐默"。为了忘却绝望带来的"痛苦",S 会馆时期的鲁迅不得不扼杀产生绝望感的自我意识,沉入"国民"与"古代"中,通

---

❶ 鲁迅. 译文序跋集·《域外小说集》序言 [M] //鲁迅全集(第 10 卷). 北京:人民文学出版社,1981:155.

❷ 鲁迅. 呐喊·《呐喊》自序 [M] //鲁迅全集(第 1 卷). 北京:人民文学出版社,1981:417-418.

过"钞古碑"等方法"麻醉"自己,"再没有青年时候的慷慨激昂的意思了"。❶

当周树人与《新青年》相遇时,正处于这一绝望中。

二、鲁迅与"五四":内在理路的承续

鲁迅与"五四"虽存在历史时差与心理距离,但加入"五四"后,就给"五四"带来了实绩,并终于成为新文学与新文化的代表。

为何被动的鲁迅加入"五四"就成为举足轻重的角色?

"五四"新文化运动是自晚清以来思想运动、文学运动和语言运动的合流,正是三者的历史会合与相互借力,遂使"五四"迅速蔚为声势。无论是陈独秀的思想借由文学,还是胡适由思想到语言再到文学,"五四"那代人,都不约而同地抓住了思想与文学这两个变革契机。同是经由思想到文学的路径,然对文学内涵的具体考量,其实未必相同。确切地说,陈、胡虽垂青于文学的路径,但对"新文学"是什么,可能尚未遐思。

鲁迅的第一篇白话小说在《新青年》发表时,虽然一般读者未必意识到它的分量,但主编陈独秀马上意识到,自己引颈呼吁的"新文学",就在鲁迅小说里诞生了,激动莫名,也只能托周作人代为催促。❷ 鲁迅的每篇小说,都以"格式的特别"与"表现的深切"引起同人击节称赞。

确实,《狂人日记》在白话语言与语体上的惊人成熟,一下子跃升了"五四"白话文的水平;常人未必意识到的革新意义还在于,其在小说观念与格式上的全新意识,尤其是从绝望中生成的达到"赎罪意识"的文化批判的深度。

---

❶ 鲁迅. 呐喊·《呐喊》自序 [M] //鲁迅全集(第1卷). 北京:人民文学出版社, 1981:418.

❷ 陈独秀常给周作人写信向鲁迅催稿, 1920年8月22日陈独秀致信周作人:"鲁迅兄做的小说, 我实在五体投地的佩服。"(鲁迅博物馆供稿、陆品晶注释:《陈独秀书信》之二, 载《历史研究》1979年第5期。又收入《中国现代文艺资料丛刊》第5辑, 第309页) 9月4日再次表示"玄同兄何以如此无兴致, 我真不解。请先生要时常鼓动他的兴致才好。请先生代我问候他"。(《陈独秀致周作人》, 收入《中国现代文艺资料丛刊》第5辑, 第310页) 又参见鲁迅自述:"但是《新青年》的编辑者, 却一回一回的来催, 催几回, 我就做一篇, 这里我必得记念陈独秀先生, 他是催促我做小说最着力的一个。"(《南腔北调集·我怎么做起小说来》, 收入1981年版《鲁迅全集》第4卷, 第512页)

《狂人日记》并非"天外来客",如果我们了解十年前青年周树人的思考及之后长达十年的隐默,就知道对于"五四",鲁迅具有别人难以企及的背景。

前文已经揭示,十年前鲁迅在日本的思考,就在中、西文明比较的全球性视野中,将中国摆脱近代危机的出路,诉诸"精神"与"诗"的契机,换言之,在洋务派的器物层面、维新派的制度层面与当时方兴未艾的革命派的意向之外,青年鲁迅的思路已经延伸到中国现代转型的精神基础问题。《文化偏至论》指出:"是故将生存两间,角逐列国是务,其首在立人,人立而后凡事举;若其道术,乃必尊个性而张精神。"❶《摩罗诗力说》则将精神与个性的激活诉诸"诗"—文学—之"力",明确宣告:"吾人所待,则有介绍新文化之士人","而第二维新之声,亦将再举"。❷ 所谓"第二维新",有别于此前革新派聚焦于器物与制度的变革理路,借助新文学之力,将现代转型深入"精神"与"个性"层面。可以说,"五四"所举张的思想革命与文学革命,在十年前的青年鲁迅那里已经有了先声。

带着十年前的思想背景,鲁迅文学的汇入,无疑使内蕴不清的陈、胡文学革命方案,加入了深度精神内涵。

在鲁迅这里,对近代危机的精神症结——国民性——的洞察,对中国现代转型之精神基础的关注,与现代"文学"的精神功能结合起来。文学,不是传统的"官的帮闲"和游戏工具,不是近代伴随市场的"商的帮忙",甚至也不是西方传来的具有审美规定性的"纯文学",鲁迅文学与原发性的"神思"相关,被放到精神发生地的高度,代替业已衰微的宗教、道德、伦理、政治,成为重新激活沉溺于一己私欲的国人灵魂的首要选择。无论是《文化偏至论》推崇的"新神思宗",《摩罗诗力说》推举的"摩罗诗力",还是《域外小说集》所引介的"文术新宗",皆为精神深异、具有强烈的反抗、超越精神和行动指向的思想与文学。鲁迅自己的创作,通过对社会与自我的深刻灵魂省视,召唤个人精神主体的出现。鲁迅揭示出:中国近代危机的本质是精神危机,现代转型的基础是人的精神转型。鲁迅文学就是召唤精神主体的文学。

---

❶ 鲁迅. 坟·文化偏至论 [M] //鲁迅全集(第1卷). 北京:人民文学出版社,1981:57.
❷ 鲁迅. 坟·摩罗诗力说 [M] //鲁迅全集(第1卷). 北京:人民文学出版社,1981:100.

"精神"——"个性"与"诗"——"文学",留日时期青年鲁迅苦心孤诣抓住的变革契机,在十年后《新青年》的"思想革命"与"文学革命"中找到了共鸣,鲁迅与"五四"的历史汇合,其实势在必然。

虽然鲁迅在面对"五四"时并不怎样主动,深深的绝望感使他并不看好"新青年"们的前途,但他应该知道,十年前中断的思路在这里得到了延续。鲁迅有点超前的思考,在"五四"终于获得了历史的契机。

三、"五四"与鲁迅白话意识的形成

正是因为加入"五四",鲁迅才成为"鲁迅"(至少在笔名意义上),从此"一发而不可收",成为中国新文学和新文化的代表。

无论鲁迅态度怎样,"五四"为其提供了第二次行动的契机和平台,从历史因缘看,没有"五四",也许就没有《狂人日记》,也就没有后来"一发而不可收"的鲁迅。

"五四"给鲁迅提供的契机,可以从"白话文"角度加以探讨。鲁迅被世人所认识,始于白话小说《狂人日记》,没有白话,就没有《狂人日记》。不容否定,"五四"给鲁迅带来了白话意识,他从此一生站在捍卫白话的立场。

在"五四"之前,鲁迅已开始新文学的实践,但还没有白话意识,换言之,"文言"还是"白话",对于他还不是一个问题。其时鲁迅所致力的,是对异域文学现代精神的发现,现代与非现代之分,不在文言与白话之分,而在其所承载的精神含量。鲁迅试图用文言承载在异域文学中发现的现代精神,《域外小说集》用语古雅,甚至意在与林琴南之桐城文章一比高下,是用文言传译现代精神的一次极致的实验。

有意思的是,在《域外小说集》之前,鲁迅译述凡尔纳科幻小说《月界旅行》《地底旅行》用的是白话章回体。从事科学小说翻译,目的是宣传科学知识与思想,《月界旅行·辨言》说:"苟欲弥今日译界之缺点,导中国人群以进行,必自科学小说始",❶思路尚处在梁启超式的借小说之力启发民智的思路中,在某种意义上,《月界旅行》与《地底旅行》对于译者鲁迅,与其

---

❶ 鲁迅.月界旅行·辨言[M]//鲁迅全集(第10卷).北京:人民文学出版社,1981:152.

说是文学文本，不如说是知识文本，意在"假小说之能力，被优孟之衣冠"，"掇取学理，去庄而谐，使读者触目会心，不劳思索，则必能于不知不觉间，获一斑之智识，破遗传之迷信，改良思想，补助文明"。❶

可见鲁迅翻译用语选择文言还是白话，有明确的目的之分，事关科学，启迪民智，运用白话；反映社会，传达精神，则用文言。

对于留日时期的鲁迅，文言与白话，尚非传统与现代之分，而是雅言与俗语之别。文言作为中国传统士大夫书面语，历来是正统和高雅思想交汇的场所，白话则是大众语，在宋以后的话本小说中，白话作为说话的记录成为半书写语言，话本小说的白话语体，充斥着已经固化的民间意识形态，也许对于鲁迅而言，白话相较于文言，更难承载"精理微言"——具有精神深度的文本。

鲁迅在固有语言体系中植入新的精神，选择的是作为传统书写语言的文言，而非白话，其留日时期的语言努力，是在固有的文言书面语系统中尝试进行突破，在从唐宋八大家到桐城派的古文统系之外，另辟魏晋文章为取法对象，在五篇文言论文尤其是《域外小说集》中，似乎可以看到一种以新文言嫁接新精神的努力。有学者认为："在周氏兄弟手里，对汉语书写语言的改造在文言时期就已经进行，因而进入白话时期，这种改造被照搬过来，或者可以说，改造过了的文言被'转写'成白话。"❷ 这说明鲁迅寻找新的文学语言的努力，是在书写语言层面上展开的。

直到 1914 年，在谈到小说革新时，周作人还说："若在方来，当别辟道涂，以雅正为归，易俗语而为文言"。❸

周氏兄弟的不愿降低身段而就现成的白话，固然或一方面可能受乃师章太炎的影响，更重要的内因可能在于：第一，如前所述，在传达新精神方面，承载太多民间传统思想的白话无法容纳新精神的植入，且长期处于言语层面的白话，也难具有传达深度精神的精密语法。相对而言，虽然文言也长期是"载道"的工具，但作为书写语言，其工具性反而有助于人工的改造。第二，

---

❶ 鲁迅. 月界旅行·辨言 [M] //鲁迅全集（第 10 卷）. 北京：人民文学出版社，1981：152.
❷ 王风. 周氏兄弟的早期著译与汉语现代书写语言（下）[J]. 鲁迅研究月刊，2010（2）：4-14.
❸ 启明. 小说与社会 [J]. 绍兴县教育会月刊，1914（5）；张铁荣，陈子善. 周作人集外文 [M]. 海口：海南国际新闻出版中心，1995：157.

对于周氏兄弟尤其是鲁迅来说，当时言说新思想的对象，还不是一般的民众，而是"英哲""明哲之士""独具我见之士""硕士""精神界战士"等精英知识者，鲁迅明确说："惟此亦不大众之祈，而属望止一二士"，❶ 在此期待视野中，文言，自然是唯一可以交流的渠道。

《域外小说集》的语言，本来是以更为古雅的文言与林纾一比高下，但在"迻徙具足"❷的努力下，域外小说的新语体反向地影响改造了周氏兄弟尤其是鲁迅的译用文言语体，可以说，经由"直译"，《域外小说集》的文言语体已然传染了某些现代质素。在文言小说《怀旧》中，文言的外表下，已经差不多是一篇现代小说，只差将文言换成白话。

日本时期以固有文言承载新精神的试验，既获得一定的可能性，同时也遇到了自己的瓶颈，不得不重新寻找出路。"弃医从文"计划的挫败，同时也终结了鲁迅在固有文言系统中孕育新文学的试验。加入《新青年》后，鲁迅开始坚定地站到白话立场，而且自此终其一生捍卫白话。无可否认，鲁迅的白话文立场，最终是在"五四"确立的，"五四"给鲁迅带来了白话意识，并由此成为现代中国白话文学的大师，没有"五四"，也就没有后来的"鲁迅"。

鲁迅意识中的白话，与"五四"白话文运动的旗手胡适所想象的白话，应该有所不同。胡适为"白话文学"作史，试图替作为"文学的国语"的白话，建构历史的延续性，宋、明以来的白话小说，是其"白话"所取法的对象。然则鲁迅的白话取法何方？如果说胡适的"白话"强调延续性，则鲁迅基于对固有白话的失望，其"白话"想象几乎是着意于从头再造，这从他一直坚持的"直译"甚至是"硬译"试验可以找到倪端，"直译"和"硬译"的目的，除"求诚之志"❸ 和"以期于信"❹ 之外，是为语法不够精密的汉语注入"欧化文法"，在新的世界语境下再造新的现代汉语规范语言。在与梁实秋、赵景深甚至瞿秋白的有关翻译的争论中，鲁迅最后坚持的还是"宁信而

---

❶ 鲁迅. 集外集拾遗补编·破恶声论 [M] //鲁迅全集（第 8 卷）. 北京：人民文学出版社，1981：23.

❷ 鲁迅. 域外小说集·略例 [M] //鲁迅全集（第 10 卷）. 北京：人民文学出版社，1981：157.

❸ 鲁迅.《劲草》译本序（残稿）·集外集拾遗补编 [M] //鲁迅全集（第 8 卷）. 北京：人民文学出版社，1981：405.

❹ 原载《时报》宣统元年（1909 年）闰二月二十七日，转引自：郭长海. 新发现的鲁迅逸文《域外小说集》（第一册）广告 [J]. 鲁迅研究月刊，1992（1）：4.

不顺",或谓鲁迅在严复的"信、达、雅"之中,执"信、达"而弃"雅",殊不知,在为现代汉语植入欧化文法的"直译"中,正有创建新的"雅"——世界语境下新的现代汉语规范语言的努力。

四、回顾"五四"的当下意义

无论我们如何分析鲁迅与《新青年》、胡适与鲁迅等之间的差异,今天,拉远时空,《新青年》、胡适、鲁迅等历史存在已回缩至上两个世纪的交点,像渐渐遥远的星光,呈现给当下的是一致的色彩。

在时代的转型期,"五四"和《新青年》通过前所未有的鼓动性,推进了中华民族自我反省的进程,将自晚清以来的革新探索,深入精神和思想层面,并辅之以话语体系的全面革新。中国现代文化、思想、政治和文学,都可以在这里找到萌芽。

正是在这一脉络中,鲁迅以其深刻性和复杂性成为现代中国文学与文化的代表性人物。

今天,那一代先驱者所揪心的国族存亡危机已经过去,中国已经是世界第二大经济体,吾人面临的时代问题,不再是救亡,而是中华民族的伟大复兴。毫无疑问,今天理解"五四"的语境,已大大不同。

"五四"掀起的彻底的文化自我批判,在今天听来已有点不合时宜,"五四"展开的激进语言改造试验,今天也不时成为论者反思的对象。

理性的历史过程固然是在不断反思中进行的,但是,我们在今天的语境下,切忌陷入惯性的平面化二元对立思维中,从一个极端,走向另一个极端。

今天,在各种力量的共同推动下,国学热已经成为一种普遍的大众文化意识形态。当代国学热的兴起,有着经济崛起后文化软实力与全球化时代自我认同的需要,但是,当下的国学热形成普遍性的文化本位意识,遗失了应该具有的文化开放心态。今天,说到传统,必然是具有光彩的,而以传统批判与文化自我反省为特质的"五四"、《新青年》和鲁迅,似乎已经成为不合时宜的文化角色。

而今,文学又在游戏化,小说又在类型化。在中国传统中不登大雅之堂的小说,在晚清结合新兴的市场成为类型化的文化商品,以市场和消费为指向的类型化的小说曾经是"五四"新文学批判的对象,今天,结合市场和新媒体，网络类型化小说兴盛未艾。文学，甚至大多数精神文化产品，成为面对消费者的文化商品，受制于权力与资本。鲁迅与"五四"所开创的20世纪新文学传统，正在被人们遗忘，鲁迅文章陆续被移出教科书，成为人们乐于炒作的新闻。

今天，我们有必要重新追问"鲁迅文学"的意义。

在晚清崇尚实学的潮流中，鲁迅逆潮流而动"弃医从文"，背后有全新的文学想象，文学不是"官的帮闲"，不是"商的帮忙"，也不是个人游戏消遣的工具，而有其独立而严肃的存在价值。面对沉沦于物欲的国人精神现状，在传统价值已经衰微的背景下，文学对于鲁迅，是重新激活国人精神的原创的精神行动，"鲁迅文学"，是召唤精神主体的文学。

同时，鲁迅又将文学放在"致人性于全"❶ 的全新高度上来勘察其价值，他指出："近世文明，无不以科学为术，合理为神，功利为鹄"，❷ "诸凡事物，无不质化，灵明日以亏蚀，旨趣流于平庸，人惟客观之物质世界是趋，而主观之内面精神，乃舍置不之一省。重其外，放其内，取其质，遗其神，林林众生，物欲来蔽，社会憔悴，进步以停，于是一切诈伪罪恶，蔑弗乘之而萌，使性灵之光，愈益就于黯淡"。❸ 在这一文明论背景下，文学，以其善于涵养吾人之"神思"，在"当防社会入于偏，日趋而之一极"❹ 的意义上，具有其不可或缺的价值。

（汪卫东，博士，苏州大学文学院教授、博士生导师）

---

❶ 鲁迅.坟·科学史教篇[M]//鲁迅全集（第1卷）.北京：人民文学出版社，1981：35.
❷ 鲁迅.坟·摩罗诗力说[M]//鲁迅全集（第1卷）.北京：人民文学出版社，1981：71.
❸ 鲁迅.坟·文化偏至论[M]//鲁迅全集（第1卷）.北京：人民文学出版社，1981：53.
❹ 鲁迅.坟·科学史教篇[M]//鲁迅全集（第1卷）.北京：人民文学出版社，1981：35.

论鲁迅小说《离婚》中的看客形象

■ 燕世超　余勇亮

看客是鲁迅小说中经常出现的人物形象，主要表现为愚昧、麻木、冷酷。然而《离婚》中的看客主要性格却是圆滑，其表现形式多种多样。鲁迅通过对这些人物形象的塑造，丰富了看客形象的内涵，表达了自己无言的愤懑和对改造国民性的深远思考。

《离婚》是鲁迅小说集《彷徨》的最后一篇小说，作者称道它"脱离了外国作家的影响，技巧稍为圆熟，刻划也稍为深切"。[1] 其圆熟的技巧表现在零度叙事、空间叙事、视角转换和身体语言等很多方面。运用这些技巧，作者成功地塑造了众多看客形象。表面上看，作品的主角是爱姑，对于爱姑离婚起决定作用的是七大人，另外一些形形色色的看客却是促进情节发展不可缺少的外因。《离婚》中的看客不光是看，还以各种方式表达自己的观点，大致可分为支持者和反对者两类。但无论前者还是后者都言不由衷或不愿明确表达自己的观点，构成其性格的最根本特征是圆滑。学界过去对这篇小说的研究大多把爱姑视为反封建形象，把慰老爷、七大人视为封建礼教的维护者，笔者以为这是由于作品采用零度叙事和研究者的惯性思维所致。其实，爱姑明知她和"小畜生"的婚姻已经破裂无可挽回，只是想闹得对方家败人亡，这与反封建毫无关系。她所谓的反封建行为只是研究者的先入之见而已。

一、支　持　者

在《离婚》中，看客既出现在作品的第一空间——船上，也出现在第二

---

[1] 鲁迅.《中国新文学大系》小说二集序 [M] //鲁迅全集（第4卷）.北京：人民日报出版社，2012：1095.

空间——慰老爷客厅里,他们中的很多人不论观念新旧和文化程度高低,分别包围着、支持着他们身边的猛人庄木三和七大人。具体说来,又可分为以下几类:

(1) 口是心非者:汪得贵。小说开头,庄木三与女儿爱姑上船。当听到庄木三是为了爱姑离婚一事去慰老爷家时,一个叫汪得贵的胖子帮腔说:"施家的儿子姘上了寡妇,我们也早知道。去年木叔带了六位儿子去拆平了他家的灶,谁不说应该?……你老人家是高门大户都走得进的,脚步开阔,怕他们甚的!……"当蟹壳脸插话去年施家送给慰老爷一桌酒席时,汪得贵为庄木三打气道:"那不碍事","酒席能塞得人发昏么?……他们知书识理的人是专替人家讲公道话的,譬如,一个人受众人欺侮,他们就出来讲公道话,倒不在乎有没有酒喝"。❶ 拆灶,不光在浙江绍兴,在中国很多地方都被认为是对对方极大的欺辱,因为每家人要生存就得吃饭,而灶是做饭菜的主要工具。在传统观念里,灶有灶神,灶神执掌灶火,管理每户人家的饮食,还给人们降福免灾,被视为一家的保护神而受到崇拜。春节前很多地方都有祭灶神的风俗,希望灶神上天后保佑家人来年能吃饱饭,反映人们希图衣食无忧的朴素心理。拆了人家的灶,就意味着砸了人家的饭碗,让对方颜面尽失,同时失去灶神保佑,会带来灾祸。所以,双方矛盾不到势如水火且一方十分强势时,人们是不会把事情做绝,去拆对方的灶的。至于施家给慰老爷送酒席,慰老爷自然会尽力调解、帮施家解除烦恼,这是人之常情,可汪得贵却说送酒席不管用,这自然不是发自内心的表述。表面上支持庄木三,其实不过是在怂恿他;称赞七大人"他们知书识理的人是专替人家讲公道话的",可后来七大人并没有支持庄木三,反而迫使爱姑屈服;汪得贵言不由衷的心理昭然若揭。

(2) 左右逢源者:"蟹壳脸",不公开表达自己的观点。庄木三父女刚上船时,"蟹壳脸"一句"木公公上城去?"的试探性问候,引出大家对于爱姑离婚一事的关注。当爱姑表示"要闹得他们家败人亡"时,明知爱姑的做法实在太出格,庄木三父女欺人太甚,如上所述,"蟹壳脸"还是提醒庄木三:"我听说去年年底施家送给慰老爷一桌酒席哩。"这是提醒庄木三:慰老爷可能会向着施家。但"蟹壳脸"的讨好与汪得贵不同:汪得贵赤裸裸地表达对

---

❶ 鲁迅. 鲁迅全集(第6卷)[M]. 北京:人民日报出版社,2012:1960.

庄木三欲置人于死地的支持，而"蟹壳脸"清楚船上人大多不支持爱姑"要闹得他们家败人亡"，他不希望因此引起众人对他的不满，这一提醒既巴结了庄木三父女，又没有得罪船上众人，可谓八面玲珑。

（3）违心附和者：尖下巴少爷。他"刚从北京洋学堂里回来"，自然知道现代社会婚姻自主、公婆不得干涉子媳婚姻的道理。"公婆说'走'，就得走。莫说府里，就是上海北京，就是外洋，都这样。"❶ 七大人这番话能蒙住没见过世面的爱姑和庄木三，却蒙不住在北京洋学堂里受过现代教育的尖下巴少爷。但后者明知此言不实，还是附和"的的确确"，而且"赶忙挺直了身子，必恭必敬地低声说"。❷ 这对爱姑无疑是沉重的一击。尖下巴少爷由于占据了文化优势，他的附和强化了七大人的权威及其话语的不可置疑性，形成知识与权力共谋，对爱姑形成强烈的高压态势，她要到县里府里打官司的想法落空了。

（4）盲从者：指在慰老爷客厅里，除调解人七大人和慰老爷，离婚双方当事人及其家长以外的众人。当爱姑准备向七大人倾诉自己的苦衷时，七大人一声"高大摇曳"的"来━━兮！"使得全客厅里鸦雀无声。与船上人以沉默表示反对爱姑的行为不同，在这里，谁发出任何一点响声都意味着对七大人不敬，而对七大人不敬是每个人所不愿也不敢为的。大家均以肃静表示对七大人的认同与服从。这种肃静给爱姑造成巨大的心理压力，就连平时在方圆十八村威风八面的其父庄木三也噤若寒蝉。其中一个人的表现最为突出。他"对七大人站定，垂手挺腰，像一根木棍"。当"七大人将嘴一动，但谁也听不清说什么。然而那男人却已经听到了，而且这命令的力量仿佛又已钻进了他的骨髓里，将身子牵了两牵，'毛骨悚然'似的；一面答应道：'是。'他倒退了几步，才翻身走出去"。❸ 他的举动加剧了在场所有人的紧张感。爱姑的心理防线被这种威严而神秘的气氛完全攻破了，随之一场长达三年之久的离婚纠纷也在七大人打了一个喷嚏后瞬间解决了。"木棍似的男人"反常的姿势和所有在场者的肃静自然来自七大人的威严，是权力塑造的结果。正如汪民安所言："身体的可变性不是来自身体内部的某种能量，不是出自于身体

---

❶ 鲁迅．鲁迅全集（第 6 卷）［M］．北京：人民日报出版社，2012：1963．
❷ 鲁迅．鲁迅全集（第 6 卷）［M］．北京：人民日报出版社，2012：1963．
❸ 鲁迅．鲁迅全集（第 6 卷）［M］．北京：人民日报出版社，2012：1964．

自身的冲动，也不是身体的某种主动性生理变化。身体的可塑性全然来自于外部，来自于身体之外的种种事件和权力……"❶

在上述四人中，汪得贵名字中的"贵"字"汪"有虚名，本身就含有自我否定之意，而"蟹壳脸"、尖下巴少爷和"木棍似的男人"也让人们由相貌联想其为人。小说中这样的看客不可小觑。他们趋炎附势，见风使舵，揣摩透了庄木三或七大人的心理，顺着后者的意旨说话行事，至于庄木三或七大人的言行是否正确，他们并不在意，只要能得到后者的青睐就行。在现实生活中，这类看客无论在社会底层还是上流社会都大有人在，他们形成一股强大的社会力量，甚至能够左右国家政局。鲁迅举例说，袁世凯想称帝，"要看日报，包围者连报纸都会特印了给他看，民意全部拥戴，舆论一致赞成"。事情就坏在这些看客手里，导致"袁公的龙驭上宾于天了"。❷ 这种人绵延不绝，察言观色，逢迎拍马，过河拆桥，是他们共同的处事方式。

二、反　对　者

对于爱姑三年来对婆家人肆无忌惮地辱骂打闹，自然也有人反对。但反对者并不公开自己的观点，而是以隐晦的、曲折的方式表达，含而不露。根据其表现形式的不同，又可分为以下三类。

（1）委婉劝说者：八三。庄木三父女刚上船时，八三首先和他们打招呼；而在和庄木三父女打招呼的人群中，庄木三唯一还礼的就是八三，可见八三在这群人中比较有身份，因为他和庄木三不但对话较多，而且知道城里七大人的为人，还敢于委婉地表达自己对爱姑离婚的看法："其实呢，去年我们将他们的灶都拆掉了，总算已经出了一口恶气。况且爱姑回到那边去，其实呢，也没有什么味儿……。"❸

两个"其实呢"，一个"将他们的灶都拆掉了，总算已经出了一口恶气"，委婉地表达了八三的看法：庄木三做事已经很过分，不可再把事情做绝。但当爱姑"愤愤地昂起头"发泄心中的怨气时，"八三被说服了，再开不

---

❶ 汪民安. 福柯的界限 [M]. 北京：中国社会科学出版社，2002：172.
❷ 鲁迅. 扣丝杂感 [M] //鲁迅全集（第2卷）. 北京：人民日报出版社，2012：412.
❸ 鲁迅. 鲁迅全集（第6卷）[M]. 北京：人民日报出版社，2012：1960.

得口"。爱姑说的"'小畜生'姘上了小寡妇",八三早已知道,"被说服"是假,为了避免发生不必要的口角是真,所以直到庄木三父女上岸,他都不再开口。

（2）以身体语言表达者：两个老女人。《离婚》中关于两个老女人的描写只有一句话,却耐人寻味："前舱中的两个老女人也低声哼起佛号来,她们擷着念珠,又都看爱姑,而且互视,努嘴,点头。"❶ 一般来说,女人总是不自觉地向着女人,老女人更是如此。由于信佛,一般情况下她们不会评论谁是谁非,只是实在看不下去才以自己的身体语言表达,这就解构了爱姑"要闹得他们家败人亡"和庄木三父子拆平施家的灶的合理性,反衬了汪得贵和"蟹壳脸"的虚伪。

（3）沉默者。《离婚》中还有更多的人以沉默表达自己的态度。他们对于眼前所发生的事心知肚明,可因为与己无关,不但不表态,连肢体语言也没有。根据这些人物所处的空间位置,又可分为以下两类。

一是船上乘客。小说开始时,庄木三父女刚上船,"船里面就有许多声音一齐嗡的叫了起来,其中还有几个人捏着拳头打拱；同时,船旁的坐板也空出四人的座位来了"。❷

这说明,船上的人很多,除了上述八三、蟹壳脸、汪得贵和老女人,还有很多人。这些人听到庄木三要到庞庄去,知道是为了爱姑离婚的事,便"合船都沉默了"。也就是说,他们不表态。但不表态不等于没有观点,只是碍于庄木三的势力,不便于表态。其观点很明确：庄木三带领六个儿子拆平了施家的灶,实在欺人太甚。汪得贵上述支持拆灶的言论并未得到船上其他人的应和,说明即使在庄木三面前,人们也不愿表态赞成。当八三委婉地劝说爱姑遭到后者反驳后,小说描写道："只有潺潺的船头激水声；船里很静寂。"在插入汪得贵与庄木三的对话后,小说又一次描写道："船便在新的静寂中继续前进。"在插入老女人的肢体语言和庄木三对惩治他亲家的回忆后,小说再次描写道："船在继续的寂静中继续前进。"❸ "静寂"或同义词"寂静"连续三次反复出现：说明空气非常沉闷,大家均以沉默表达对庄木三父

---

❶ 鲁迅. 鲁迅全集（第6卷）[M]. 北京：人民日报出版社, 2012：1961.
❷ 鲁迅. 鲁迅全集（第6卷）[M]. 北京：人民日报出版社, 2012：1959.
❸ 鲁迅. 鲁迅全集（第6卷）[M]. 北京：人民日报出版社, 2012：1961.

子的拆灶行为和爱姑胡搅蛮缠的泼妇行为的不满,与后面的"独有念佛声却宏大起来"相呼应。

  二是施家族亲。这些人在作品中没有正式出现,属于隐形群体,但不能说明他们在《离婚》中根本不起作用。在我国传统社会,农民一向聚族而居,拆灶不光是对当事人也是对其整个家族甚至全村人巨大的侮辱;由于婚姻破裂导致夫妻双方所属家族甚至两大村庄两大姓氏之间结下仇恨以至于发生大规模械斗,这种情况屡见不鲜。所以,一般情况下,女方家人是不敢冒着被男方家族和村民围攻的风险去男方家拆灶的,但这种情况在小说中发生了,而且没有遇到任何阻碍。这说明施家势单力薄,施家族亲不敢招惹庄木三父子,否则,他们断不能容忍这种猖狂的举动。由此可知,爱姑平时依仗娘家势力根本不把施家父子放在眼里,才导致"小畜生"出轨爱上一个小寡妇;反过来说,如果施家有钱有势,"小畜生"自然会有年轻漂亮的姑娘主动投怀送抱,决不会爱上一个小寡妇。在慰老爷客厅里,爱姑公然在七大人面前骂自己的公爹为"老畜生"、丈夫为"小畜生"后,"默默地站在她后面的'小畜生'"应该所言不虚:"她在七大人面前还是这样。那在家里是,简直闹得六畜不安。"❶ 而"老畜生"在慰老爷家始终不发一言,更可印证施家父子不到万不得已不会一次次央求慰老爷并送一桌酒席请他调解,慰老爷调解不成又通过慰老爷利用新年会亲的机会请七大人来调解,其无奈和苦楚可想而知。

  但也可能有另外一种情况,即施家族亲出于自保不愿招惹庄木三父子。联系鲁迅其他小说中的村民一向自私、冷漠,《离婚》中施家族亲对于"老畜生""小畜生"家被拆灶,装聋作哑,袖手旁观的可能性更大。这正是一种"平庸之恶"在中国的变种。美国哲学家汉娜·阿伦特在阐述纳粹战犯艾希曼"那令人毛骨悚然的、漠视语言与思考的平庸之恶"时认为:"某种程度上说,就是不思考注定他成为那个时代罪大恶极的罪犯的。……远离事实,停止思考,对一个人造成的灾难可能要比这个人自身具有的所有罪恶动机加在一起还要严重。"❷ 不管是出于什么心理,施家族亲的沉默从心理上助长了庄木三和爱姑"极端的恶"得以在光天化日之下得逞。

---

❶ 鲁迅. 鲁迅全集(第6卷)[M]. 北京:人民日报出版社,2012:1964.
❷ 汉娜·阿伦特. 德文版前言[M]//艾希曼在耶路撒冷. 安尼,译. 南京:译林出版社,2017:10.

三、结论：圆滑的共性

那么，鲁迅在《离婚》中对看客的描写所表现的主旨是什么呢？笔者以为仍在于对国民劣根性的批判。鲁迅其他作品中的看客多表现为愚昧、麻木和冷酷，而《离婚》中看客的主要特征则是圆滑。对于爱姑的离婚，不管是支持还是反对，他们都没有表现出鲜明的态度，要么出于恐惧心理，要么趋炎附势，或默不作声，或阳奉阴违，这就是鲁迅一向深恶痛绝的"庸众"。他们在紧要时刻不敢或不愿公开自己的观点，更不敢坚守正义和惩恶扬善，反而无动于衷或随波逐流甚至为恶势力推波助澜，是中国社会巨大的惰性力量。

这种看客的做法看似有一定的合理性：我没害人，只是对现状保持沉默，或只是敷衍一下，这总没错吧？其实不然。余玲说："社会群体潜意识实现由沉默到暴力的转化，'平庸之恶'推波助澜，将被看者推向死亡深渊。"❶ 这种平庸的恶看似比极端的恶要低，却更为普遍，二者构成恶的两面，互为因果。在《离婚》中，不管是反对者还是支持者，都不同程度地或迎合权势者的行为或对此保持沉默，使权势者无所顾忌，为所欲为。

那么，这种圆滑的国民性是如何形成的呢？在《离婚》写作前不久，鲁迅写过一篇短文《立论》，说一家人家生了一个男孩，很多人来祝贺，说这个男孩将来要发财或做官的均得到主人一番感谢，说这个男孩将来是要死的被痛打，也就是说，说谎的得好报，说实话的遭打。如果既不愿说谎，又不愿挨打，那就只有打哈哈了。由此来看，《离婚》中的各种看客不过是《立论》中各种说谎者的翻版而已。在数千年专制社会里，为了自保和趋利避害，人们逐渐形成了圆滑这一普遍的国民的劣根性。要建设现代人格，就必须彻底根除它。

（燕世超，南昌理工学院传媒学院教授；余勇亮，南昌理工学院传媒学院助教）

---

❶ 余玲. 论"平庸之恶"下的启蒙困境［J］. 名作欣赏，2017（21）：169.

从王得后《〈两地书〉研究》
看鲁迅的爱与被爱

■ 黎 晶

  鲁迅在《孔另境编〈当代文人尺牍钞〉序》一文中谈到，阅读文人的日记、书信等非文学作品时，居多数的目的在于"探索作者的生平"，"然而一个人的脾气，又偏爱知道别人不肯给人知道的一部分，于是尺牍就有了出路。这并非等于窥探门缝，意在发人的阴私，实在是因为要知道这人的全般，就是从不经意处，看出这人——社会的一分子的真实"。❶ 鲁迅的这番话或许无意间道出了我们阅读《两地书》的真谛：尽管通过《两地书》也未必能知道鲁迅的"全般"，但因《两地书》呈现了比鲁迅作品中更为明晰的意见、包含鲁迅自己的简洁的注释，相比之下，究竟使我们更接近于真实的鲁迅了。

  作为文学家、思想家、革命家的鲁迅，以冷峻的目光穿透现世的一切腐朽黑暗，以笔为枪，在希望与失望之间不断求索，为"立人"与"立国"殚精竭虑。而《两地书》中的鲁迅，在铮铮铁骨下亦有爱情、亲情、友情包裹之中的柔情绵绵，在勇敢、无畏之心下仍隐藏了鲜为人知的妥协与踌躇，在为民族、为国民的未来写作、教书的同时，也"为稻粱谋"……《两地书》使人们重新认识了作为一个有血有肉的"人"、特别是"性情中人"的鲁迅，在《两地书》中所觅得的这份真实，实在珍贵。

  王得后的《〈两地书〉研究》是研究《两地书》的专著，分为甲、乙两编。甲编是鲁迅和景宋的通信与《两地书》校读记，乙编是《两地书》读后记。因而"'甲编'应属校勘学范畴，'乙编'则事实上乃有独立意义的专

---

❶ 孔另境编《当代文人尺牍钞》序 [M] //鲁迅. 鲁迅全集：第 6 卷. 北京：人民文学出版社，2005：428.

著"。❶ 尽管现在《两地书·原信》已经出版,但20世纪80年代初期只有极少一部分专家、学者能够接触到《两地书》据以确定的全部通信手稿及未收入的手稿,《〈两地书〉研究》的价值是显而易见的。"甲编"中将鲁迅与景宋对原信所作的增删修改的主要文字一一录出,但其着力之处不在于做了什么样的修改,而是为什么会做这样的修改,可谓"知其然又知其所以然"。正如王得后在"甲编"中的"几句说明"中所强调的那样,他校读的目的"主要不在遣词造句的技巧,而在思想内容上的比较研究,着力于恢复原信的内容"。❷ "校读记"牵涉的内容包括二人感情、社会思潮以及人际关系等方方面面,而非简单地罗列出增删与修改的文字那么简单。从"甲编"来看,鲁迅与许广平对信的修改不外乎以下几个原因:使话的含义表达得更准确、更通顺、更有分寸;隐去了两人相知、相恋、相思的一些细节与热切的感情;迫于政治环境的巨大变化而删去许多牵涉政治斗争、党派纷争的内容;不轻易以文字得罪人等。后两点正符合鲁迅一向主张的"壕堑战"的要义,即首先要保存自身的实力,不做无谓的牺牲。

全书更为出彩的部分当属"乙编"。"乙编"梳理了鲁迅与许广平由师生发展为恋人的始末,也探析了鲁迅与朱安的不幸婚姻对鲁迅的一生造成的可怕的、挥之不去的精神阴影;同时论证了鲁迅的"牺牲论"及婚姻爱情观,以及在母亲和儿子之间的鲁迅。此外,"乙编"还探讨了《两地书》中所折射出的鲁迅的人生观、鲁迅与许广平的教育观念以及政治意识等。本文从《两地书·原信》以及《〈两地书〉研究》出发,结合鲁迅的生平与作品,围绕为爱牺牲与如何被爱两个方面,试图还原被"爱"字所牵绊的鲁迅。

一、为爱牺牲:《两地书》与《伤逝》

一直以来,作为鲁迅唯一的一篇爱情小说,《伤逝》受到了巨大的关注,而关于《伤逝》的争议也从未间断过。《伤逝》的小说文本本身就很容易引起歧义,其主题意蕴也极为复杂。仅就小说本身而言,《伤逝》呈现的是"五四"落潮时一对青年男女的爱情、婚姻悲剧;而鲁迅将涓生作为小说唯一的

---

❶ 袁良骏. 王得后的《两地书研究》[J]. 鲁迅研究动态, 1989 (3):59.
❷ 王得后.《两地书》研究 [M]. 天津:天津人民出版社, 1995:3.

叙述者，子君的声音完全被遮蔽，小说中的涓生只是一个貌似解放的新青年，其骨子里仍然有浓厚的封建主义的父权、夫权的残余观念，作者鲁迅与作为故事叙述者的涓生之间存在紧张的对立，鲁迅对"五四"时所谓"解放"的新青年的强烈反讽、对"五四"启蒙的批判也得以窥见。但是，如果结合鲁迅本人的情感经历重新审视《伤逝》，可能会发现更为丰富、也更为隐秘的意义。

在将《伤逝》和鲁迅个人经历与遭遇联系起来的种种声音中，周作人的说法或许最具代表性。他在20世纪60年代初忽然改口，认为《伤逝》是"假借了男女的死亡来哀悼兄弟恩情的断绝的"。❶ 他说得那么肯定，以致许多学者纷纷从事实的角度挖掘《伤逝》的微言大义，将小说中的人物与鲁迅现实生活中的人物一一对应，好不热闹！这不能说毫无根据，也许，《伤逝》的确包含鲁迅与周作人一家的复杂纠葛以及鲁迅对兄弟失和的哀悼之情，但这仅仅是真相的多种可能性之一。《两地书·原信》与《〈两地书〉研究》为我们提供了从鲁迅个人的爱情婚姻经历的角度重新解读《伤逝》的可能性。

鲁迅与朱安的婚姻，对于双方而言都是不幸的，他们是同一出悲剧中的男女主角，同为旧式婚姻制度的牺牲者。但是，鲁迅一生都未与朱安离婚，朱安一直是他法律上的配偶。在鲁迅的眼中，朱安是母亲给他的一件"礼物"，长子和承重孙的身份所凝聚于心的感情和道德力量不允许他拒绝这件"礼物"，他只能接纳并"好好地供养它"。❷ 按照王得后的说法，鲁迅在订婚前只对母亲负责，而"只是在订婚以至结婚之后，才又增加了对朱安女士的道义上的责任"。❸ 对朱安的这种"道义上的责任"无疑伴随了鲁迅一生，因为他比谁都看得清楚，辛亥革命虽然动摇了父母包办的封建婚姻制度，但中国社会的封建主义伦理道德、风俗习惯并没有彻底清除。处于新旧交替时代的鲁迅，做出的每一个选择和决定都不得不受到社会客观条件的制约，这就包括对朱安的"道义上的责任感"。一方面，朱安是一位典型的旧式妇女，夫君就是她的天，她只能无条件地服从；另一方面，在一个男子独占经济大权的时代，朱安离开夫君就无法生存——她既没有参加社会劳动，也没有接受

---

❶ 周作人. 不辩解说下 [M] //知堂回想录. 北京：北京十月文艺出版社，2013：533.
❷ 王得后.《两地书》研究 [M]. 天津：天津人民出版社，1995：275.
❸ 王得后.《两地书》研究 [M]. 天津：天津人民出版社，1995：286.

教育的机会。

以朱安为代表的旧式妇女是习惯了牺牲的,在"夫为妻纲"这一牢不可破的信条下挨过了几十年的婚姻岁月。这一女性自我牺牲的意识与《伤逝》中的子君何其相似！小说中子君的前后形象有一个巨大的反差,从"我是我自己的,他们谁也没有干涉我的权利",❶ 到"这眼光射向四处,正如孩子在饥渴中寻求着慈爱的母亲,但只在空中寻求,恐怖地回避着我的眼",❷ 子君变得越来越被动,与当时毅然决然地从家庭中出走的她判若两人。子君在出走、同居、回归家庭的这一过程中逐渐失去了自我,她甘愿放弃读书与散步的时间而操心家庭琐事,她在涓生开口承认变心之后只是以沉默回应,几千年封建传统对女性的压抑令她最终甘愿做一个牺牲者。她不是"五四"解放时代的最强者,而只是一个并没有达到真正个性解放的女青年,她的身上可以看出封建主义的父权、君权观念对其压抑之深。子君与朱安,其实都没有自我。因此,子君的牺牲或许是有朱安的影子投射在其中的。鲁迅在小说中给予了子君一个极其悲惨的结局,而事实上,鲁迅与涓生都清楚地知道赶走子君的后果。但不同的是,涓生明知可能会引发的不幸后果依然"将真实的重担卸给她了",❸ 亲手葬送了子君的未来；但现实中鲁迅的选择截然相反,他出于道义上的责任,也出于人道主义的关心,不仅没有与朱安离婚,反而让她在周家过一辈子,以避免子君式的惨死,而作为代价,鲁迅自己"也只好陪着做一世牺牲,完结了四千年的旧账"。❹ 涓生选择牺牲对方来保全自我,而鲁迅决定牺牲自己来换取对方的勉强生存,这实在是一种损己利人的"殉情主义"。

《伤逝》写作于 1925 年 10 月 21 日。按照王得后的说法,鲁迅与许广平的定情大致在 1925 年端午节,即 6 月 25 日左右。❺ 因此,《伤逝》是作于鲁迅与许广平定情之后。写《伤逝》时的鲁迅其实正与许广平处于热恋之中,小说中男女主人公分手、女子死去的悲剧氛围看似与现实生活中正享受恋爱的亲密的鲁迅格格不入,但或许正是与许广平的恋爱,促使鲁迅在《伤逝》

---

❶ 鲁迅. 伤逝 [M] //鲁迅全集：第 2 卷. 北京：人民文学出版社, 2005：115.
❷ 鲁迅. 伤逝 [M] //鲁迅全集：第 2 卷. 北京：人民文学出版社, 2005：127.
❸ 鲁迅. 伤逝 [M] //鲁迅全集：第 2 卷. 北京：人民文学出版社, 2005：130.
❹ 鲁迅. 随感录四十 [M] //鲁迅全集：第 1 卷. 北京：人民文学出版社, 2005：338.
❺ 王得后. 《两地书》研究 [M]. 天津：天津人民出版社, 1995：324.

中留下了诸多思考。

鲁迅与许广平在通信之初，就讨论了人生的苦痛，鲁迅提出了"如何在世上混过去的方法"以供许广平参考，而许广平在 6 月 19 日致鲁迅信中又特意摘抄了这段"如何在世上混过去的方法"，"以为上面的一段话有公开之必要，因之抄录奉呈，以光《莽原》篇幅"。❶ 关于人生以及人生苦痛的讨论其实贯穿了鲁迅与许广平通信的初期，他们谈人生、谈人生道路的选择，无论是应对"歧路"的办法、对"穷途"的否定，还是"壕堑战"的战术，都包含了鲁迅对生活与人生的积极与肯定心态，他是想走好这漫漫人生路的。鲁迅在《伤逝》中借涓生之口道出了一句人生的要义："人必生活着，爱才有所附丽"，❷ 这其中包含了鲁迅对"爱"与生活、人生关系的深刻思考。涓生认为，这大半年来，他与子君为了"爱——盲目的爱"，而忽略了怎样去生活。"爱"的确很重要，但爱终究也只是生活、人生的一部分，而非全部；爱人也就是携手走过人生长途的伴侣。鲁迅似乎是在借涓生与子君的爱情悲剧提醒自己，也提醒许广平，爱情不是盲目的，不能因为爱而忘了怎样去生活、怎样走人生的长途！子君走后，将"真实的重担"卸给子君的涓生想到"她爱我之后，就要负了这重担，在严威和冷眼中走着所谓人生的路"，❸ 甚至想到她的死。子君与许广平的影子似乎又重叠在一起了，鲁迅不会不知道，许广平与他在一起之后将会负着怎样的重担前行，甚至这条路他们能一起走多远都是无法预见的事。所以鲁迅轻轻地提醒："人必生活着，爱才有所附丽"。一起好好生活，在人生的长途中"携手共艰危"，而后才能踏实、放心地去爱。这是怎样的深情啊！

鲁迅的深情不止于此。在一篇杂文《死》中，鲁迅列出的遗嘱之一是："忘记我，管自己生活。——倘不，那就真是胡涂虫"。❹ 没有一句话比这句话更能告诉我们，鲁迅怎样去爱一个人。这就涉及王得后所说的鲁迅的"牺牲论"。王得后认为，"牺牲论"是利他主义在婚姻观中的反映，这种婚姻观以所爱者的幸福为幸福，以所爱者为中心，其植根于最大最深的爱，而鲁迅

---

❶ 鲁迅，景宋. 两地书·原信 [M]. 北京：中国青年出版社，2005：74.
❷ 鲁迅. 伤逝 [M] // 鲁迅全集：第 2 卷. 北京：人民文学出版社，2005：124.
❸ 鲁迅. 伤逝 [M] // 鲁迅全集：第 2 卷. 北京：人民文学出版社，2005：130.
❹ 鲁迅. 死 [M] // 鲁迅全集：第 6 卷. 北京：人民文学出版社，2005：635.

与景宋的爱情就是这一点最好的证明。❶ 考虑到战斗生活的危险性、鲁迅的第一次婚姻所笼罩的巨大阴影以及社会地位、年龄的差距等，鲁迅不会不知道自己与许广平的师生恋、忘年恋势必会走得异常艰辛。因此，他才会不断地为许广平考虑，不断地重申"生活"的重要性。有了"爱"，也别忘了好好生活；倘若失了"爱"，更要好好地生活。这实在是对爱人最深切的关怀，也是最务实的承诺，更是鲁迅式的深情。

或许有人会质疑，许广平后来不也为鲁迅、为他们的爱情牺牲了很多吗？秉持"牺牲论"的鲁迅为什么后来还是多多少少地让许广平牺牲了呢？这也许是因为从与鲁迅相爱的那一天起，许广平也"实际上自觉自愿地选择了一条自我牺牲的道路"，"以自己坚毅的爱给了鲁迅以新的生命力，使鲁迅创作了无论在数量上还是质量上远胜于前期的著作，并享受到之前无法享受的生的乐趣"。❷ 成熟且幸运的爱情，不在于朝朝暮暮，而是明知前路艰险，我也绝不屈服，愿意与你携手向前走。鲁迅说，"小刺猬，我们之相处，实有深因"，❸ 这大概就是"深因"之一吧。

二、如何被爱："诅咒爱我者之死亡"

鲁迅在指斥社会的种种黑暗弊端时横扫千军，但一旦牵涉自己的家庭，却似乎往往显得迟疑。鲁迅斗争的性格中有妥协的一面，这种妥协在面对家人、朋友时体现得尤为明显。毕竟，拯救别人是一回事，拯救自己又是另一回事。正如王得后所指出的那样，"尤其对于相识者，对于亲人，他怀着更多的深情，更加克己，往往宁愿自己付出巨大的牺牲"。❹ 一个"爱"字，是鲁迅一生最大的牵绊，而被爱着的鲁迅对"爱我者"的态度又是怎样的呢？

在鲁迅与许广平刚开始通信的日子里，许广平于1925年5月27日致鲁迅的信中曾有这么一段话：

> 当我卅岁的哥哥死去的时候，凡在街中见了同等年龄的人们，我就

---

❶ 王得后.《两地书》研究[M]. 天津：天津人民出版社，1995：349.
❷ 王得后.《两地书》研究[M]. 天津：天津人民出版社，1995：351-352.
❸ 鲁迅，景宋. 两地书·原信[M]. 北京：中国青年出版社，2005：312.
❹ 王得后.《两地书》研究[M]. 天津：天津人民出版社，1995：282-283.

诅咒他,为什么不死去,偏偏死了我的哥哥。及至将六十岁的慈父见背的时候,我在街上更加添了胡子白须的人们只管在街头乞食活着,而我的阿父偏偏死去,又加增一部分的诅咒。此外,凡有死的与我有关的,同时我就诅咒所有与我无关的活着的人。我因他们的死去,深感出死了的寂寞,一切的一切,俱付之无何有之乡。❶

而鲁迅在5月30日的回信中针对许广平的这番话,给予了如下回复:

而我正相反,同我有关的活着,我就不放心,死了,我就安心,这意思也在《过客》中说过:都与小鬼的不同。……总而言之,我为自己和为别人的设想,是两样的。所以者何,就因为我的思想太黑暗,但是究竟是否真确,不得而知,所以只能在自身试验,不能邀请别人。其实小鬼希望父兄长存,而自己会吞藤黄,也是如此。❷

"死了,我就安心。"鲁迅在《过客》中曾经表达过相近的意思:接受女孩布施的过客祝愿她的灭亡,或者咒诅她以外的一切全都灭亡。❸ 在与许广平的通信中,鲁迅进一步说明了自己的设想,提出"诅咒爱我者之死亡"这一命题,是因为亲密者、爱我者的死去反而能让他安心。在鲁迅看来,来自"爱我者"的爱是一种牵绊,是一种无法令他专心去战斗的后顾之忧,是造成他"心有旁骛"的重要原因。在母亲和儿子之间的鲁迅,被爱所牵绊的情形格外清晰。"我有一个担挑,一边是老母,一边是稚子。"❹ 在鲁迅致母亲的几十封信中,行文之中处处为母亲设想,体贴备至。他会在信中为母亲解释自己所从事的事业及其危险,他也会在信中急急忙忙地澄清有关自己的谣言。鲁迅的安危深深地牵动着母亲的心,而作为儿子,鲁迅也深恐母亲为自己担惊受怕。在为社会改革殚精竭虑之时,还总是担心家人特别是母亲为自己所累,担心有关自己的消息惊扰了母亲,对"战士"鲁迅来说,这份来自母亲

---

❶ 鲁迅,景宋. 两地书·原信 [M]. 北京:中国青年出版社,2005:58.
❷ 鲁迅,景宋. 两地书·原信 [M]. 北京:中国青年出版社,2005:61.
❸ 鲁迅. 过客 [M]//鲁迅全集:第2卷. 北京:人民文学出版社,2005:197.
❹ 许广平:《纪念还不是时候》。转引自:王得后.《两地书》研究 [M]. 天津:天津人民出版社,1995:353.

的爱怎么不是一份牵绊!

增田涉在《鲁迅的印象》一书中写道,鲁迅曾向他提起,在晚清革命时,上级命令鲁迅参加暗杀,但在临走时,鲁迅因为牵挂自己被捕或被杀之后独自生活的母亲,便放弃了这次行动。增田涉对此的解释是,"父亲在他幼年时死掉,他由母亲养育长大,在这种情况下,考虑到母亲的事情,决不是没有道理的"。❶ 在父亲缺席的情况下,母亲在鲁迅的成长中扮演了极为重要的角色,其在鲁迅心中的分量自然是极重的。鲁迅本身就对暗杀这样的手段并不热心,但对母亲的深切关怀之情、亲子之间的顾虑也是他无法割舍的情愫。

除了对母亲的责任令鲁迅无法心无旁骛地参与革命,儿子海婴的出世更加深了鲁迅身边的牵绊。在 1931 年 3 月 6 日致李秉中的信中,鲁迅说:"我不信人死而魂存,亦无求于后嗣,虽无子女,素不介怀。后顾无忧,反以为快……但既已生之,必须育之,尚何言哉。"❷ 在同年 4 月 15 日致李秉中的信中,鲁迅再次透露了海婴的到来是一个意外:"生今之世,而多孩子,诚为累坠之事,然生产之费,问题尚轻,大者乃在将来之教育,国无常经,个人更无所措手,我本以绝后顾之忧为目的,而偶失注意,遂有婴儿,念其将来,亦常惆怅,然而事已如此,亦无奈何……"❸

由此可见,海婴的出生的确是鲁迅计划之外的事,因为他与许广平的本意是不要子嗣的,原因在于这个孩子会成为自己的"后顾之忧"。鲁迅的忧虑,包括"生产之费"、将来的教育问题以及为此耗费的心力和体力问题等,但比起前者,恐怕他更担忧的是一旦自己有事,会株连自己的子嗣,尤其是当国民党开始追捕鲁迅的时候,倘若孑然一身还能稍微容易一些,如今却要拖家带口地离家避难,其中增加的困苦可想而知。鲁迅的想法绝非杞人忧天,在那样一个动荡不安的社会,任何不幸都有可能发生,当保全自己都成难题的时候,还必须想方设法地保护自己的亲人,更是难上加难。并非所有的革命者都会为了"后顾无忧"而牺牲自己生养子嗣的权利,鲁迅只因深知其中的牵绊之深、亲子关系的分量之重而要"绝后顾之忧",其内心之纠结更能窥见社会之畸形。

---

❶ 增田涉:《鲁迅的印象》。转引自:王得后.《两地书》研究[M].天津:天津人民出版社,1995:360.

❷ 王得后.《两地书》研究[M].天津:天津人民出版社,1995:370.

❸ 王得后.《两地书》研究[M].天津:天津人民出版社,1995:370.

显然，爱我者的存在，令鲁迅无法豁出一切、赌上一切来从事革命事业。爱我者的温情与注视，常常会妨碍一个人的"思想自由，特立独行"。❶ 爱是盔甲，亦是软肋，它固然给予了鲁迅新的生命力，却也成为他前行的牵绊。鲁迅提出"诅咒爱我者之死亡"这一命题，并不是诅咒所有爱我者立刻死去，而是采用了一种虚拟语气：如果没有他们就好了！被爱着的鲁迅，其实也深深地爱着"爱我者"。他一方面无法拒绝来自爱我者的关心与温情，并深深地眷恋着爱我者，否则他也不会为爱我者的担忧而担忧；同时，更因爱我者的存在，他于前行路上的每一步都更加谨慎、更有力量。另一方面，鲁迅又因爱我者的存在感到一种恐惧、忧虑与无奈，因为这些爱我者常常阻碍了他的思想与行动的独立与自由。这一矛盾也构成了鲁迅一生中的精神困境之一。

鲁迅说："我不爱看人们的失望的样子。"❷ 这种不忍，或许是构成鲁迅性格极其传统、又极其现代的一个非常重要的因素。鲁迅不是"第一等圣人"，他从旧社会走来，背负着"因袭的重担"，他的身上笼罩着旧社会的巨大阴影；但他又走在一个破旧立新的时代，新思潮从四面八方袭来，社会风气逐渐开化，新、旧道德观不断发生碰撞、纠葛。诚如王得后所言，"鲁迅这一代人，生活在新旧时代交替之际，生活上带有旧的痕迹，又有新的追求，本是时代的特点"。❸ 鲁迅不是完人，他却在不断地追求自我人格的完善，这是《两地书》所传递的最真的声音。

遇见许广平之前的鲁迅，已经为旧式婚姻奉陪着做了二十年的牺牲，"完结了四千年的旧账"。与许广平相爱之后，鲁迅斩钉截铁地对自己的爱人说，同时也是对自己说："我可以爱"！"我牺牲得够了，我从前的生活，都已牺牲，而受者还不够，必要我奉献全部的性命。我现在不肯了，我爱'对头'，我反抗他们"。❹ 在爱情这个问题上，许广平比鲁迅更有勇气，是许广平给予了鲁迅力量，是许广平冷静而勇敢地帮助鲁迅做决断，否则鲁迅也许真的"甘心做一世农奴，死守遗产"。与许广平的相识、相知、相爱、相守对鲁迅生命最后十余年的影响不可谓不深，没有这一段平等的、现代的爱情，《两地书》不复存在，真实的鲁迅的影子离我们也似乎更远了一些。不管许广平是否"懂"

---

❶ 鲁迅，景宋．两地书·原信 [M]．北京：中国青年出版社，2005：60．
❷ 鲁迅．我要骗人 [M] //鲁迅全集：第6卷．北京：人民文学出版社，2005：505．
❸ 王得后．《两地书》研究 [M]．天津：天津人民出版社，1995：279．
❹ 鲁迅，景宋．两地书·原信 [M]．北京：中国青年出版社，2005：277．

鲁迅，她至少将鲁迅从那旧式的、无爱的婚姻中解救出来，在黑暗孤寂的岁月中温暖过鲁迅的心——这对鲁迅本人、对怀念鲁迅的我们来说，都是值得感念的。

（黎晶，中国传媒大学人文学院文学系 2021 级博士研究生）

艺文天地

温榆河

杜寒风

温榆河，温榆河，
不舍昼夜，平缓流过。
众泉聚合，流淌这条河，
绿色走廊，河水叠清波。
北京发源河，国门第一河。
治河管河，累累硕果，
赏河赞河，曲曲欢歌。

温榆河，温榆河，
不分季节，沉稳流过。
奔赴远方，流淌这条河，
生态脉搏，河岸连阡陌。
北京母亲河，国门必经河。
治河管河，累累硕果，
赏河赞河，曲曲欢歌。

（杜寒风，博士，中国传媒大学人文学院文学系教授、博士生导师）

《第比利斯的地下印刷所》的空间叙事及其文化意义*

■ 张一玮　何少莹

　　《第比利斯的地下印刷所》是茅盾撰写的游记专辑《苏联见闻录》中的一篇作品，主要描写格鲁吉亚首都第比利斯的一座印刷所的空间布局和历史变迁。这座建立于1903年的秘密印刷所是苏联国家领导人斯大林早期革命生涯的见证，曾在革命者与沙俄统治者斗争的过程中遭遇破坏。苏联时期，印刷所旧址作为革命史迹得到恢复，并在空间上被建构为革命遗迹纪念馆。在茅盾笔下，地下印刷所及这个特殊空间中发生的故事，被游记的文学叙事构建成面对中国人讲述俄国革命史的契机。随着《苏联见闻录》在20世纪50年代中国的出版和广泛阅读，游记《第比利斯的地下印刷所》也开始成为中国人访苏游记的知名篇章。本文将从空间、历史和社会文化的角度对这篇游记进行解读，从游记所书写的印刷所空间的物质建构入手，分析这一空间的历史语境下的文化生产功能变迁，及其与游记叙事和时代语境的关系。

一、游记叙事中的印刷所空间建构

　　从当代文体学的视角来看，作为旅外游记的《第比利斯的地下印刷所》具有典型的纪实文学特征：第一，叙事材料源于作者的亲身经历；第二，以作者的视角展开叙述；第三，在纪实性原则、细节书写的丰富性和必要的文学修辞技巧之间达成协调统一。虽然与严格意义上的西方非虚构文学相比，

---

　　* 本文为中国传媒大学科研项目"媒介与新时代文学形态、文学生活研究"（CUC18CX08）阶段性成果之一。本文所引《第比利斯的地下印刷所》来自：茅盾. 茅盾全集·散文三集［M］. 合肥：黄山书社, 2014.

《第比利斯的地下印刷所》以及《苏联见闻录》尚未达到田野调查式的精细程度,但在叙事特别是空间叙事中呈现的整体布局、视角和内容等方面的独特性,使它成为中国现代纪实文学的经典篇章。

在空间叙事的整体内容方面,游记首先勾勒出印刷所建筑空间的整体结构,随后回顾建筑空间的构建过程,再叙述其历史变迁。这种设计形成了游记的基本叙述次序:第一,从建筑的外部空间写到内部空间,从建筑的一般性写到特殊性;第二,从空间的物质特征写到社会文化特征,并围绕它形成对社会权力的观照;第三,整体上从旅行者游历的现实空间写到过往年代的空间,再回到现实,形成空间变迁的历史线索。虽然印刷所空间的建筑主体位于地下,但是它与地面建筑空间具有整体性的关联,因此游记的空间叙事不但提供了地下空间与地上空间的差异性面貌,而且借助对这两个空间的连接和转换之处的书写,将不同空间整合在一起。这些彼此关联的空间,正是构成此篇游记空间叙事的要点。同时,在勾勒建筑空间中身体移动路线的过程中,游记对空间内部距离的书写非常细致精确,例如:"你如果踏着那些梯形窝儿下井去,到了十七公尺的深处……你如果爬进洞去,约四公尺,便可到达另外一井……有木梯可以爬上去,约十公尺便到顶点,此处又有一条横隧道,约长三公尺。"❶ 一方面,读者从具体数字中可以读出进入空间的隐蔽性;另一方面,这种充分数据化的表达也暗示了进入这一空间并从事革命宣传活动的艰辛。

在空间叙事内容的详略安排方面,游记开篇部分侧重对印刷所物质空间的书写,其中获得并组装印刷机是内容的侧重。如文中所述,"革命组织内的工人同志从仓库内把这架机器拆卸,陆续偷运出来",❷ "同志们把印刷机拆卸,零零碎碎运入地穴",❸ 由于印刷机的体积偏大,只能拆卸后从沙俄政府的仓库中运出;而进入地下印刷所的道路狭窄,也必须以零散状态运入地穴进行组装。在此,游记没有刻意渲染运输过程的惊险,而是为读者的阅读和接受活动留下了巨大的想象空间。机器的拆卸与组合,与空间叙事从局部到全貌的书写次序恰好匹配。与建造印刷所空间的文学书写相比,印刷所被沙

---

❶ 茅盾. 茅盾全集・散文三集 [M]. 合肥:黄山书社,2014:287.
❷ 茅盾. 茅盾全集・散文三集 [M]. 合肥:黄山书社,2014:290.
❸ 茅盾. 茅盾全集・散文三集 [M]. 合肥:黄山书社,2014:288.

俄统治者破坏的过程则被游记略写。游记述及地下印刷所被沙皇警察破坏时，描述被抄获的物品有"格鲁吉亚，阿尔美尼亚及俄罗斯三种语文的铅字一千余公斤，已印就的小册子及传单八百公斤，白报纸三百二十公斤"。❶ 这种叙述从反面映衬了地下报刊传播的力度和广度。

在空间叙事视角方面，《第比利斯的地下印刷所》在呈现空间的历史变迁时则转而采用单纯的作者主观视角，给读者以身临其境之感。而在呈现印刷空间时，则将虚拟的敌方视角融入了作者视角，在身临其境之外又营造出一种"历史与现实混同"的紧张气氛。在游记中，俄国革命者的历史事迹被设置成整体叙事的背景，读者跟随游记叙事对空间的"导览式介绍"，一步步揭开位于普通民居之下的秘密印刷所的全貌。这种设计的特殊性，使其能够提升读者的阅读期待，增强阅读中的"解密式"体验。同时，空间之间的关联性还提供了指向空间之意义或价值的特殊"征候"。如对水井的叙事就提供了有助于读者理解整体空间的这种"征候"："如果你用手电筒照着细细看，你会发现井的内壁并不怎样光滑，这边那边，有些极小的窝儿；如果再仔细查看，这些窝儿的位置自上而下，成为不规则形的两行，直到井底。"❷ 游记还通过地下工作者发现敌情时的反应方式，展现了印刷所内外空间的互动："她如果看到院子外的街道上来了可疑的人或宪兵警察，就按一下隐藏在窗下的电铃，'地下印刷所'的人们听到这警铃，就把机器停止。这是因为印刷所虽在地下，但机器转动的声音地面上还是可以觉到。"❸ 在对这些敌方可能借以发现地下印刷所的线索的叙事中，渗透着风雨欲来的紧张感，形成读者接受过程中的特殊体验。

在以独特的视角揭示空间的整体性这一过程中，游记的叙事构成了空间叙事中的悬念。《第比利斯的地下印刷所》首先从位于地上的普通平房开始介绍，说明房屋藏不了什么秘密。随后介绍地下印刷所的构造概况，指出进入地下室的秘密在于井内，再还原革命者的秘密工作流程和被沙俄政府破坏的过程。在这个带有悬念的叙事线索中，空间叙事与游记叙事的时间因素被结合在一起了，展现出拼图式的文学空间内容。如龙迪勇在《空间叙事学》中

---

❶ 茅盾. 茅盾全集·散文三集 [M]. 合肥：黄山书社，2014：290.
❷ 茅盾. 茅盾全集·散文三集 [M]. 合肥：黄山书社，2014：286.
❸ 茅盾. 茅盾全集·散文三集 [M]. 合肥：黄山书社，2014：288-289.

所说,"小说的空间形式必须建立在时间逻辑的基础上,才能建立起叙事的秩序",❶ 这一表述也能够用以概括《苏联见闻录》中的其他游记文本,并阐释这些篇章的文学性。更为重要的是,《第比利斯的地下印刷所》是《苏联见闻录》这个整体中的子文本,它的空间叙述是这一游记专辑对苏联之行展开的整体空间叙述的组成部分。

二、游记中印刷所空间的文化生产与功能变迁

游记《第比利斯的地下印刷所》明确展现了 20 世纪俄国革命进程中印刷所空间的变迁历史:从作为商品被购买的居民宅基地,到规划和建造的地面建筑与地下印刷所,再到用于瞻仰的革命遗迹,这一空间经历了三次重要的形态与功能变迁。这个空间变迁的历史还跨越了从 1905 年俄国革命到斯大林执政中期(20 世纪 40 年代)长达 30 年的历史。从社会理论的角度来看,所有社会空间都处于社会历史实践的塑造之下,形成与空间的物质生产密切相关的社会文化生产。处在不同历史时期的同一空间,因参与不同权力话语和政治想象的建构,也呈现出不同的功能和文化意义。

(一) 作为社会抗争空间的印刷所

在《第比利斯的地下印刷所》中,特定社会空间的物质化建构,首先需要实施的关键环节是土地所有权和使用权的购买:"先由罗斯托马乞维列出面购了这块地,并向梯俾利斯市政府工务局领得营造住宅的执照。"❷ 在取得土地使用权和住宅执照之后,革命者对空间的规划和建造也需要至少在表面上遵循城市规划者的规定。法国社会学理论家列斐伏尔认为:"资本主义中的社会关系……是通过整个的空间并在整个的空间中,通过工具性的空间并在工具性的空间中得到维持的。"❸ 这个论述对沙俄时期的社会空间问题,也具有相当大的概括性。在游记所记述的空间变迁中,革命者要背离沙俄政权掌控下的工具性空间的秩序,创造属于自身的社会空间,就需要在当时的城市管理者视线之外进行空间建构。事实上,这也是文中"地下"的双重意义所在:

---

❶ 龙迪勇. 空间叙事学 [D]. 上海:上海师范大学,2008:98.
❷ 茅盾. 茅盾全集·散文三集 [M]. 合肥:黄山书社,2014:287-288.
❸ 列斐伏尔. 空间与政治 [M]. 李春,译. 上海:上海人民出版社,2008:136.

一方面，印刷所的现实空间位置是在"地下"；另一方面，"地下"还意味着其运作的隐秘性——它是属于革命者的、具有隐蔽性的文化实践空间，处于现实权力掌控者的控制范围之外。这个地下印刷空间的"不可见性"和地面上"可见的"房屋形成对比，体现了游记中空间书写背后的空间文化内涵。

（二）作为社会主义城市空间的印刷所旧址

与早期革命进程中的功能不同，革命胜利后的城市规划者致力于将革命遗迹本身塑造为一个新的文化媒介。与印刷所原本发挥的印刷媒介生产方式不同，作为革命遗迹的印刷所旧址是通过展示而非遮蔽、公开而非地下、发声而非静默的方式开展运作的。茅盾在游记开篇便提到："到梯俾利斯观光的人们一定要瞻仰这革命的遗迹，'来宾题词册'上写满了各种文字的赞辞。"❶这是游客参与对这一新型空间的意义建构与评价的证明。20世纪30年代中期的苏联政府致力于对包括十月革命在内的苏联历史进行重新叙述，并以革命遗迹作为支撑这些历史叙述的重要空间，使其承载和发挥展览功能，进一步为社会主义政治和文化事业服务。于是，地下印刷空间原本针对沙俄政府的文化抗争性在新政权建立后的改建中不复存在，而成为一个支持苏联政权合法性论述的社会空间。按游记的叙述，这一新空间的设计首先要从整体布局上准确还原所有物品的位置："一九三七年，苏联政府恢复了此一革命史迹，把沙皇政府当年从这'地下印刷所'抄去的东西都找回来放在原地方。腊却兹·蒲萧列兹并亲手布置厨房内的用具，使与当年一样。"❷ 另外，纪念空间的结构中也出现了对原有空间的改建措施："在正屋旁边另筑一座螺旋形的铁梯，可以直达地下室的后壁。"❸ 30年代之后的游客不需要如当时的革命党人那样重复矮身前行等烦琐的进入方式，就能直接对地下室进行参观。在这个纪念馆化空间的建构中，空间的结构是围绕参观者的视线和身体动线而设计的。与革命时代不同，这一空间产生文化意义的方式，已转变为"通过指向一个革命史进程中的年代"从而实现其教育价值。在这个意义上，地下印刷所作为一个能指，指向对革命者斗争历程的缅怀。原先处于"不可见"状态的秘密印刷所，在苏联政府的支持下被人们所看见、游历并理解，成为国家

---

❶ 茅盾. 茅盾全集·散文三集 [M]. 合肥：黄山书社，2014：285.
❷ 茅盾. 茅盾全集·散文三集 [M]. 合肥：黄山书社，2014：290.
❸ 茅盾. 茅盾全集·散文三集 [M]. 合肥：黄山书社，2014：287.

唤起民众情感和想象认同的意识形态教育手段。

（三）作为空间核心的印刷机

如上文所述，《第比利斯的地下印刷所》一文中这座革命者建造的空间的生产核心是印刷机，而印制宣传品（尤其是报纸）则是印刷所的文化生产的核心。革命者通过印刷机印刷报纸传单，宣传马克思主义思想，呼吁无产阶级革命。茅盾的这篇游记明确提到了进行革命实践的必要物质条件："一架对开的印刷机和四人用的排字架摆在那里……又有小铁炉，在靠近排字架的壁角。"❶ 它们分别关系到革命实践的要求：稿件的快速排版、印刷和原稿的销毁工作。无论在文化机制上，还是在游记文学书写的方面，印刷机都处于焦点位置。

考察印刷机在欧洲的发展历史可知，早在宗教改革时期，印刷机及其宣传品的生产就已为欧洲思想解放作出了重要贡献。由于现代报刊的发展建立在现代印刷术的生产和传播速度优势之上，因此它在19世纪末至20世纪初的俄国已成为人们了解时事、接受信息的重要媒介。恰如麦克卢汉在《理解媒介》中所说的，"字母表（及其延伸印刷术）使力量的传播成为可能，这个力量就是知识"。❷ 结合20世纪初俄国的现实情况，革命者正是通过印刷品宣传革命知识，同沙俄政府展开文化争夺战的。

具体到游记的内容可知，在革命时期，第比利斯的地下印刷所空间的物质性生产以如何构建印刷机的隐秘位置为核心问题，而在纪念馆化的阶段则转而以如何构建其展示性为核心；在印刷所空间的文化生产方面，革命时期的侧重是如何隐藏印刷机的文化生产活动并持续展开宣传，而纪念馆化的阶段则以"如何阐释这一空间并将其意识形态化"为关键。当革命遗迹已经成为一个精心建构的新空间之时，茅盾作为来自中国的访问者，将这个空间的历史变迁写入了游记篇章并公开发表，使其成为可以继续通过印刷媒介（中国报刊）实现特定社会文化目标的文学文本。

---

❶ 茅盾. 茅盾全集·散文三集 [M]. 合肥：黄山书社，2014：287.
❷ 马歇尔·麦克卢汉. 理解媒介：论人的延伸 [M]. 何道宽，译. 北京：商务印书馆，2000：219.

三、访苏游记中的作家心态与社会文化语境

旅外游记写作和意义表达的主体因素方面,动机、情结、想象、文化认同等是常见的因素。而旅外游记写作的动机又包括审美表达、情感投射、转述见闻、扩展个人影响、推动文化认同等不同的可能。与此相应,旅外游记作者需要应对的旅行地因素主要包括异域景观的陌生性、历史积淀的差异性和情感交流的跨文化性等不同方面。其中占据核心问题的是"本国—异国""自我—他者"之间的文化差异。参考如上的各个方面可知,茅盾访苏游记在事件叙述、空间再现、文化交流、文化认同等方面均参与了其文学意义的建构,也参与生成了更为广泛的社会文化意义。

《苏联见闻录》中的篇章是茅盾于1946年12月至1947年4月期间访问苏联后的作品。作为中国的知名作家、社会活动家、革命知识分子和中国文化界代表,他的访苏之行是应苏联对外文化关系协会的邀请而进行的。在访苏的五个月中,茅盾记录下游历的所见所闻,目的是在20世纪40年代后期的中国语境下增进对苏联的友好态度,确立对苏联这一社会主义国家的正面评价。基于这样的原因,茅盾的访苏游记既有别于50年代中华人民共和国建立初期侧重书写苏联社会主义制度和建设成就的访苏游记,也有别于二三十年代欧美人士和一部分中国左翼作家的访苏记录。

20世纪初期到中期,苏俄作为世界上第一个社会主义国家、"二战"中反法西斯联盟的核心力量,在世界范围内吸引了很多作家、记者、政界人士的访问。这些访问者往往立足于所在国家与苏联之间的文化差异进行观察,并通过日记、游记、新闻稿等形式将见闻记录下来。德国思想家瓦尔特·本雅明[1]、法国作家罗曼·罗兰[2]、美国记者埃德加·斯诺[3]、美国作家欧斯金·考德威尔[4]等人,都曾经写下访问苏联的旅行记录,对这个在文化、经济、社会等方面迥异于欧美国家的社会主义政权进行文学书写,并生成有关苏联的知识和话语。这些游记作品既是欧美文化交流史的一部分,也是现代

---

[1] 瓦尔特·本雅明. 莫斯科日记 [M]. 潘小松, 译. 北京: 商务印书馆, 2012.
[2] 罗曼·罗兰. 莫斯科日记 [M]. 夏伯铭, 译. 上海: 上海人民出版社, 1995.
[3] 埃德加·斯诺. 战时苏联游记 [M]. 孙承佩, 译. 北京: 华夏出版社, 1988.
[4] 考德威尔. 莫斯科日记 [M]. 邓莲溪, 译. 重庆: 时与潮社, 1943.

思想史的重要文本。它们在不同时代以汉译本的形式在中国出版，均引起了中国读者的注意，并在文化接受中形成文学、文化等不同方面的多重影响力。

同时，来自中国的左翼作家也以不同的视角在游记中表达出对苏联（苏俄）社会状况的态度。1920年，瞿秋白出发前往苏俄进行采访，后撰写了《饿乡纪程》《赤都心史》等旅外见闻录。❶ 作为中国第一批前往苏俄采访的作家，瞿秋白的访苏游记记录并介绍了十月革命的成就，推动了马列主义在中国的传播，成为宣传社会主义革命的重要文本。另如1931年，胡愈之以世界语学者的身份访问苏联，在莫斯科逗留7天，他所撰写的《莫斯科印象记》提到苏联实行公开选举制度、妇女享有参政权、工人社会地位提升等社会状况，直观地向中国民众宣传了社会主义制度，也鼓舞了中国共产党人为实现社会革命目标而奋斗的意志。❷ 在20世纪二三十年代的历史时期，由于十月革命的胜利及其标志性成果，共产国际对中国革命运动的巨大影响力，社会主义思想在中国广泛传播，以及留学苏联的中国知识分子对苏联社会的深入理解等方面的因素，苏俄革命和苏联社会主义建设的示范意义得到了中国进步知识分子的广泛接受。

与茅盾访苏游记具有类似倾向的文本是郭沫若的《苏联纪行》。❸ 1945年，郭沫若应邀前往苏联进行了为期50天的访问，并在访苏日记的基础上整理出版了《苏联纪行》一书，书中对苏联的社会主义建设事业持认同和赞赏态度。在抗日战争取得胜利的背景下，这些旅行记录篇章在中国报刊上的发表和正式结集出版，代表了革命知识分子对"二战"后中国社会发展方向的积极思考。这一历史时期，由于"二战"反法西斯联盟的最终胜利，中国知识界的有识之士以苏联作为社会主义强国的发展道路为榜样，开始确立"中国应走社会主义道路"的目标。这种社会文化认同也借助访苏旅行记等文本的撰写、出版和接受，形成更为深远的社会影响。

20世纪50年代，苏联与新中国处于外交关系的黄金时期，两国作家也开始频繁互访。1951年10月，中国作家代表团率领一批作家访苏，代表团成员有孙犁、冯雪峰、柳青、李季、徐光耀、康濯、魏巍等人。❹ 这一时期，高层

---

❶ 瞿秋白. 瞿秋白游记 [M]. 北京：东方出版社，2007.
❷ 胡愈之. 莫斯科印象记 [M]. 上海：上海书店，1996.
❸ 郭沫若. 苏联纪行 [M]. 邯郸：裕民印刷厂，1946.
❹ 刘卫东. 孙犁1950年代初期的"苏联书写"[J]. 扬子江评论，2019（2）：34-39.

政界人士和高级知识分子访问苏联已经成为新中国政权在社会主义建设领域向苏联学习的重要标志。在当时新中国以苏联为榜样开展社会主义建设的大前提下，作家们的访苏游记多数侧重书写苏联社会主义制度的先进性、赞颂苏联现代工业建设成就及中苏之间的友好关系，这种写法延续了郭沫若、茅盾等人访苏游记的写作方式，但并不继续将讲述苏联革命史当作书写重点。

  从文学观念上看，茅盾在《苏联见闻录》的写作中始终坚持文学是时代精神的反映，表达出自觉的文化责任感。而作为文集中代表作品的《第比利斯的地下印刷所》，以其高超的谋篇布局方式和文学叙事技巧，成为现代中国人旅外游记的经典之作。通过对这篇游记的空间叙事的解读，当代读者能够深入理解印刷所在俄国革命中发挥的重要作用以及革命前后印刷所空间的历史变迁。此外，在《第比利斯的地下印刷所》于20世纪七八十年代被收入中学教科书后，它不仅以其特殊的生命力进入了中国现代纪实文学的历史，而且成为在中国教育领域发挥独特影响的一篇典范之作。

（张一玮，博士，中国传媒大学人文学院副教授；何少莹，中国传媒大学人文学院2021级硕士研究生）

尧山壁与作家艺术家的交往
——读《不灭的星辰：尧山壁散文》

■ 马茂洋

继《流失的岁月》❶之后，尧山壁又一部力作《不灭的星辰：尧山壁散文》❷在京出版。全书以白描写真的史记风韵，记叙和追忆了灿若群星的文坛大家、丹青宝筏、书法名流、戏剧名角等，对其人其艺其作品的欣赏仰慕娓娓道来，所思所念、所怀所忆的是作者平生交往的作家、艺术家，在公众视野声名显赫、光辉耀眼之巨星，各有一段鲜为人知的跌宕起伏的动人故事，与作者青年时代的经历相交织。路遥知马力，患难识真情。多舛岁月，"非常"年代，生死与共，个人命运与历史大潮迎头撞击，艺术年华与"牛棚"过往紧密相连，演绎出令人叹嘘不已的人间传奇。

尧山壁作为烈士之子，与母亲相依为命，受尽了人世间的苦难，是泥洋河喂养了他，之后，泥洋河就成了他的母亲河、生命之河。在母亲的拉扯、政府的救济下，读大学参加社会实践，到霸县整风整社，眼界大开，觉得自己要到广阔天地里锻炼成长，毕业前放弃当时在天津的河北大学要他留校的机会，被派到邢台县文化馆，报到的第二天就到石槽大队，安排他到孙清贵家，住词作家乔羽蹲点睡过的那张床，一天三上工，早晨、上午、下午，他一下就爱上了邢台县的山山水水，爱这里的人，爱这块热土。由于深入生活，干在一线，白天干活儿，晚上创作，抒情诗、叙事诗等作品在《诗刊》《河北文学》陆续发表。他的作品接地气，不渲染，不修饰，不矫揉，不造作，"清水出芙蓉，天然去雕饰"。直接白描，真有赵树理"山药蛋派"之风格。其创作的剧本《轰鸡》，是一部反映农村社会生活题材的好戏，邻居之间在墙头上

---

❶ 尧山壁. 流失的岁月［M］. 广州：花城出版社，2019.
❷ 尧山壁. 不灭的星辰：尧山壁散文［M］. 北京：作家出版社，2019.

轰鸡的故事，语言道白，风趣幽默，老百姓喜欢看，在省中小戏会演开幕式上演出后，荣获河北省和华北区的大奖，还受到周恩来总理的表扬。

缘于对赵树理的偏爱，尧山壁在他的这本书里把《忆赵树理》放在首篇。赵树理是尧山壁在上小学时在课本里结识的，尧山壁以师尊之，可以说，在青少年时期，他就崇拜上了土得掉渣的"山药蛋派"创始人赵树理，20 世纪 50 年代，尧山壁在邢台听赵树理讲话，语言风趣幽默，人物形象鲜活，是写农民的"铁笔圣手"，尧山壁崇敬有加。

当时，文坛人人都知道，赵树理是山西人，"山药蛋派"作家，然而不为人知的是，赵树理的"山药蛋派"不是在山西成的名，而是在河北出的名。1937—1949 年，赵树理先后在太行区委、北方局党校和边区新华书店工作。也就是在河北涉县、武安，后来迁到平山县李家庄。赵树理的成名作《小二黑结婚》《李有才板话》《李家庄的变迁》都是在河北一带创作的，这也奠定了赵树理在中国文坛的重要地位，赵树理自称"我是农民出身，是在华北的太行山区长大的"。当时太行山区有 500 万人口，赵树理的《小二黑结婚》出版发行 5 万册，几乎百人一册（尧山壁介绍说）。1947 年美国记者贝尔登采访赵树理回国写成的《中国震撼世界》一书中，称赵树理是"共产党地区中除了毛泽东、朱德之外最出名的人"。❶

当时，边区课本里收入赵树理的作品有《地板》《福贵》《孟祥英翻身》《田寡妇看瓜》等，尧山壁就是读着赵树理的作品长大的。中华人民共和国成立后，赵树理当上了中国曲协主席、中国作协理事、《人民文学》副主编，赵树理是典型的农民作家，尧山壁说：赵树理"不愧为中国语言艺术家，高深的道理，从他嘴里出来，三言五语，一两个比喻，就变得简单明了"。尧山壁对于他心仪的创作启蒙恩师之敬仰，是一以贯之和敬崇有加的。在"运动"最激烈的时候，他惦念着他的恩师，李满天给他出主意，以"外调材料"的方式，他跑到赵树理的老家，拜见了赵树理，赵树理在"运动"中，并没有受到老家人的保护，反而遭到残酷迫害。当知道尧山壁是来看望他的时候，赵树理眼里涌上来泪花，尧山壁把老师凉得像铁棍一样的手揣在怀里，尽量多传递给他一点热量。赵树理把河北当成了第二故乡，尧山壁才是他老家的

---

❶ 高凤，原碧霞．中国高规格纪念一位"农民作家"诞辰百年［EB/OL］．（2006-09-22）［2022-08-22］．http://news.cctv.com/china/20060922/104579.shtml．

人，赵树理感慨地给尧山壁说，看到你就想起了邢台、涉县、武安，想起了太行根据地，太行区与我是母子之情。

2008年深秋，笔者陪同河北省作协原主席尧山壁造访赵树理故居，之后，又乘古书院矿（原山西省晋城矿业集团有限公司下属古书院矿）的专车，去拜谒沁水岸边的赵树理墓园，赵树理的墓园坐落在他的故乡，沁水县嘉峰镇尉迟村村西，墓园背靠山包，下面是一片凹形开阔地，笔者怀着崇敬的心情陪同尧主席小心翼翼地，一步一步踏着六层一百一十二级带有汉白玉栏杆的台阶，来到墓园，墓园有三块平地，次第升高，第一块平地两侧是绿化带，各有六棵雪松，中心是水池；拾阶而上，抬眼望去，第二块平地中央是赵树理墨绿色青铜塑像，面带微笑，炯炯有神的眼睛，仿佛在迎接着他的学生，铜像两侧为栽满松柏的绿地，一方花岗岩平台正面，雕刻着"赵树理"三个大字；平台再向上，一眼望见，赵树理坐在一把藤椅上，身穿中山装，好似正在做演讲报告：三言两语，真知灼见，和着热烈的掌声，依稀又在耳畔响起。此时此刻，惟有静静的沁河水，在守候着一代文学大师。尧主席说："来一趟，不容易，多陪会儿他。""文化大革命"时期，赵树理身体几处骨折，含恨离开了人世。文坛失去了一个语言艺术大师，农民失去了自己心爱的代言人。赵树理的文学创作形式作为"山药蛋派"写进了文学史，与孙犁的"荷花淀派"属同一个时期，影响了一大批青年作家和文艺理论家以及文学爱好者，尧山壁就是其中之一。

继而，尧山壁还写到了《诗人田间》。说田间，就不能不提臧克家和艾青，他们曾经被誉为"三星高照，群星灿烂"，"三星"在不同的时期，交相辉映。臧克家1932年出版《烙印》，1934年出版《罪恶的黑手》；田间1935年出版《未名集》，1936年出版《中国牧歌》《中国农村的故事》；艾青1935年出版《大堰河》。"新诗三星"各有奇秀，臧克家的精粹，艾青的深沉，田间的火热。"三星"引领中国新诗半个多世纪，迄今依然在诗坛熠熠生辉。田间在晋察冀战斗过十年，曾经被誉为"时代鼓手"，胡风赞赏他有敏锐的感觉力和奔放的想象力。艾青看了田间的《给战斗者》，兴奋不已，说田间："你就是第一个喊出民族革命的战斗的诗人！"田间的诗像战鼓、像号角，一往无前，孙犁曾经说，田间连走路都保持"一往无前的姿态"。田间蹲"牛棚"，被批斗，头一次次被按下去的，又一次次挺起来，"不肯失去诗人的尊严，不肯低下高贵的头颅"。正像他的诗"我从枪林弹雨中走来／一点不留媚颜奴

色"。孙犁评介道:"田间是一个勇敢的、真诚的、日以继夜、战斗不息的战士。"❶

尧山壁与田间的往来,最早还是尧山壁在学生时代,尧山壁的诗歌见诸报刊,引起田间关注,特别是在大学阶段的尧山壁,经常以组诗、叙事诗在文学期刊发表,基于尧山壁扎实的文学创作功底,河北大学要留尧山壁在大学执教,但是他深谙农村是文学创作的根与魂,他决心植根沃土,到农村去,生活在农民中间。几次申请到农村去,都被学校领导拒绝了,最后还是时任河北省文联主席田间出面,找到河北大学校长,才同意放尧山壁回乡下锻炼。

尧山壁受田间大众化诗歌风格影响较深,尤其是"街头诗",短小精悍,清新明快,生动感人,形象逼真。茅盾评价他的诗完全摆脱新诗已有的形式的束缚。"田间是新诗民族化、大众化道路的自觉探索者"❷ 1938年春,田间随西北战地服务团到达延安。为揭露日本侵略罪行、鼓舞和激励人民奋起抗战的斗志,他与几个同志一起发起"街头诗"运动。"假使我们不去打仗,/敌人用刺刀/杀死了我们。/还要用手指着我们骨头说:/'看,/这是奴隶!'"(《假使我们不去打仗》)这是诗人田间当时一首最典型"街头诗",此诗短小精悍,蕴涵深意,寓小于大,寓正于反,具有很强烈的爆发力,瞬间点燃激情。以最快的速度提出问题,以最快的速度回答问题,胜过长篇大论,滔滔不绝,提出"假使我们不去打仗"会怎样?会落个"敌人用刺刀杀死我们"的结局。敌人还要进一步,从精神上、文化上侮辱我们,"看,这是奴隶",敌人是用什么方式、什么架势说的呢?"还要用手指着我们的骨头说"。日寇铁蹄踩躏华夏,实行烧光、杀光、抢光的"三光"政策,此刻,田间的"街头诗"运动,开始鼓舞全民族奋起抗战,全国诗人一呼百应,为取得抗战胜利起到了巨大的推动作用。田间的"街头诗"影响了一大批当时的青年诗人,尧山壁早期的《山水新歌》《金翅歌》《烽烟青山》等作品,都可以看出其端倪。

1956年7月1日,党中央在中南海召开庆祝建党35周年大会,诗人田间应邀出席,毛泽东在会场、大厅与各界人士亲切交谈,那次毛泽东与田间说到了抗战时期延安的"街头诗"运动,毛泽东说:"你们搞得街头诗运动,影

---

❶ 咏慷. 鼓声与鼓手 [J]. 北京文学, 2020 (5): 19.
❷ 铁凝. 田间: 琢磨诗歌, 就是雕琢自己的灵魂 [N]. 人民日报, 2017-01-03.

响很大，各解放区都写街头诗，起了很大作用，文艺配合革命，是我们的光荣传统。"❶

到了晚年，田间的创作引起了一些评论家的指手画脚，而尧山壁认为，"不懂得田间就是不懂得历史"。笔者对这个观点非常赞许，因为我的诗歌创作就受到了田间的影响，田间的确是时代的歌手，每一首诗都印刻着时代的足迹，鼓舞人民奋起，去同黑暗势力，同邪恶做无情的斗争。可以说，田间的诗是一部抗战史诗，此与尧山壁是不谋而合的。

习近平总书记指出："文艺创作方法有一百条、一千条，但最根本的方法是扎根人民。"❷ 田间正是一位把根深深扎在人民之中，与人民同甘苦共命运，与人民心心相印，与人民一道前进的诗人。田间自己曾言："我是人民的儿子，永远为人民而歌。"❸ 的确，他来自田间，又回到了田间。

该书中，尧山壁在写《忆梁斌师》时说，梁斌的"艺术上则是毛泽东革命现实主义和革命浪漫主义相结合的典范，语言风格是地地道道的民族风格、民族气魄"。从梁斌的长篇小说《红旗谱》《播火记》《烽烟图》，短篇小说《芒种》《夜之交流》以及后来写的《三个布尔什维克的爸爸》，可以看出无不凸显了这种民族风骨。然而，在那场"运动"中，一部反映八路军和人民团结起来抗击日本帝国主义侵略的英勇抗战题材的小说《红旗谱》被打成"黑旗"，梁斌遭遇批斗，蹲"牛棚"，到唐庄农场劳动改造。尧山壁按捺不住一个作家的良知，把与梁斌的师徒关系、工作关系、上下级关系、同志关系、战友关系、亲人关系以及在同受迫害时患难与共相互抚慰，以白描手法完整地记述了下来，那曾经的历史的蒙难，跌宕起伏的个人苦难命运和作为文人的悲惨遭遇使读者无不为之动容。

梁斌从 1935 年开始酝酿《红旗谱》。前十年写了大量文章，《红旗谱》中很多人物、情节在这些作品中初具雏形。1953 年 6 月，梁斌正式开笔《红旗谱》一年后，完成第一部初稿。为写《红旗谱》，梁斌曾"三辞官"：第一次是辞新武汉日报社社长之职；第二次是辞中央文学研究所机关支部书记之职；第三次是辞天津市副市长之职。梁斌辞官的初衷只有一句话："不写好《红旗

---

❶ 倪迅. 田间和墙头诗运动 [N]. 北京日报，2005-07-12.
❷ 习近平. 在中国文联十大、中国作协九大开幕式上的讲话 [M]//论党的宣传思想工作. 北京：中央文献出版社，2020：265.
❸ 铁凝. 田间：琢磨诗歌，就是雕琢自己的灵魂 [N]. 人民日报，2017-01-03.

谱》,无颜见江东父老!"直至 120 万字《红旗谱》问鼎文坛,继之,第二部《播火记》、第三部《烽烟图》出版,成为中国现当代文学史中的红色经典。《红旗谱》影响了几代人,"1958 年,新中国涌现了一个蔚为壮观的'长篇小说潮',站在潮头的是河北作家,领军人物是梁斌。《红旗谱》短期内印刷五百万册,铺天盖地,创造了文学史上的最高纪录。文学的炽热程度,远非今日的畅销书能比"。❶

但是梁斌本人及《红旗谱》在"文化大革命"时期,受到很大冲击,尧山壁是此间诸多事件的亲历者,《不灭的星辰:尧山壁散文》这部书中讲述了梁斌及《红旗谱》在那段非常时期的遭遇。1969 年,在一次批斗会上,农民们听说来了《红旗谱》《烈火金刚》的作者,纷纷找上门来要求签名。工宣队跳起来:"反了,反了,阶级斗争新动向。"围观的群众越来越多。工宣队一名排长站在凳子上喊叫:"农民弟兄们,你们知道这些家伙是干什么的?"有个胆大的社员说:"知道,他们是朱老忠、史更新,打过日本,你们这样对待八路军,难道是皇协军吗?"批斗会被搅了,工宣队离开城市就失去了"领导阶级的威风"。❷

当年,尧山壁在省政协会堂与梁斌见面时,梁斌仍用二十年前一样慈祥的目光看着尧山壁,亲手把他刚出版的《一个小说家的自述》和一幅简笔梅花送给尧山壁,名是早签好了的,对于尧山壁来说,这是最高的待遇了,可以感受到老一辈大作家在传授着做人为文的经验。

《不灭的星辰:尧山壁散文》是尧山壁的使命之作,是责任与担当之作,一方面旨在通过怀念恩师,做好文学艺术的继承与发展;另一方面旨在通过述评,做好文学艺术的传承与远播。写在书中的著名作家、诗人、书画家、曲艺家都是他德高望重的前辈和患难之交以及影响他成长的良师益友,是他念念不忘和令人敬仰的文苑曲艺大家。心灵呼唤作者要为他们撰写现当代文学史话,写他们的抗战文学、解放区文学以及中华人民共和国成立之初社会主义大建设文学,写他们按照延安文艺座谈会讲话精神,按照"双百方针""推陈出新",繁荣社会主义文学艺术事业所作的巨大贡献的史诗,写他们"非常"时期被打成"右派"的悲惨命运,不堪言状的遭遇。"文坛星灿"里

---

❶ 尧山壁. 不灭的星辰 [M]. 北京:作家出版社,2019:22.
❷ 尧山壁. 不灭的星辰 [M]. 北京:作家出版社,2019:28.

还有臧克家、李满天、公木、方纪、田涛、雁翼、秦兆阳、流沙河、郭小川、乔羽、贾大山等,"书画星辉"里有韩羽、黄琦、王立夫等,"曲苑星耀"里有张淑敏、梅兰芳等。

尧山壁对于那段挥之不去的历史印记,植入了特殊的情感。他是有同感的,他本来有戏剧天赋,从小就是个"戏迷"。大学毕业后,深入基层写了第一部戏《轰鸡》,在"文化大革命"却遭遇了批判,他和他书中的同伴,同时在唐家庄农场劳动改造。苦难见真情,非常时期,他和他的战友加同事,建立了非同寻常的友谊。他对于那个特殊年代的良师益友,情谊之深,历久弥新,弥足珍惜,以"不灭的星辰"记入他与文艺家心心相印的一段史话,可谓心如所向。

尧山壁无愧为语言大师,情真意切、言简意赅,文字简约,表现了对师之敬重,对友之无间。其语言洗练,字字珠玑,白描素真,正如评论家穆涛所言"老僧只说家常话",❶ 白水无色见真情,家常话是不需要修饰的,是地道的劳动人民的语言,劳动人民的心声。

本书还收录了尧山壁的文坛记忆《李满天》《怀念臧克家老师》《乔羽与邢台》《大山不假贾大山》等共 41 篇史话,除了文学大家和诗人外,还有音乐家、戏剧家、书画家等,鉴于篇幅有限不在本文一一展开。总之,篇篇令人唏嘘,言可明鉴,话可厚古,真水无香,历历在目,倘若想了解那段特殊时期的文史,不可以不读,倘若想从那段特殊时期文史中得到依稀启发,不可以不读。此书既丰富了文学宝库,又填补了文史空缺,将成为中国文坛一个阶段乃至一个特殊年代文史研究不可或缺的重要文献。

(马茂洋,中国煤炭工业杂志社编审、副社长)

---

❶ 尧山壁. 不灭的星辰:尧山壁散文 [M]. 北京:作家出版社,2019:封底.

朴素的时代造就朴素的情感
——读《往日追梦》

■ 邹梦远

读罢中国传媒大学经济与管理学院孙泽华老师的长篇小说《往日追梦》，思绪仿佛又回到20世纪90年代——那是一个朴素却又开放的、充满生机并存在一切可能的世界。我们总是善于审视并剖析当下的浮躁，因而对那个时代总是若隐若现地抱有一份怀念——这无关物质水平，引起憧憬的是那个时代无限的机遇与淳朴的精神气质，是杨健亓从高校的涅槃重生，是梁雯慧的以退为进，是无数不论出身的奋斗者最终可以不负的梦想。似曾相识的记忆总会在脑海中与当下形成隐隐若现的对比，痛定思痛究竟能给身处新时代的我们多少现实的抚慰与警示？

正如作者所言，本书的主题是"好人最终是会有好报的"，❶关于"好报"的讲述，则宛如涓涓溪流，娓娓道来。作者用朴素的语言、朴素的情节为我们构建了一个朴素的叙事维度：没有突兀，没有激动，一切美好的结局似乎就站在终点，在我们欣赏一路或喜或悲（朴素的悲，并非哀伤的悲）的风景之后，向我们微笑招手。"它就像是一湾清澈见底的甘泉，给人们带来了清爽宜人的感受"，❷读此书时，我们不妨放下对现实的芥蒂，对腔调的执着，借这一本海蓝色封皮小书的清凉，静静地感受那段怀朴与抱素。

爱情作为左右杨健亓前半生命运的线索，无意识地拓宽了其人格与情感的丰度。作为一个初出茅庐的毕业大学生，他的前两段恋爱经历在作者笔下并不是谄媚读者般的"完美童话"。很显然，作者没有把他塑造成平面化的完美形象——作为一个血气方刚的男生，他有自己的选择，能轻易拿起，也懂

---

❶ 孙泽华. 往日追梦 [M]. 北京：中国广播影视出版社，2017：封底.
❷ 孙泽华. 往日追梦 [M]. 北京：中国广播影视出版社，2017：封底.

得适时放下，尽管他会不时地犯傻，做出一些出格的举动。杨健亓因阑尾炎手术从家返校后，并未给女朋友周莹带礼品，反而给"好姐姐"梁雯慧带了许多家乡特产，后经梁雯慧的劝说才将礼物转送周莹，这虽然并不一定是他对爱情的不忠，但我们几乎可以认为杨健亓是幼稚的，在谁对自己更好的问题上执拗地偏向"好姐姐"梁雯慧；而另一方面，在与周莹交往的这一段时间里，杨健亓并不刻意地与其他女性疏远，肆无忌惮地接受着以"姐姐"的名义提供的温存与关怀，很明显，杨健亓是沉浸其中的——这可能是许多未谙世事的男生"自私"又"隐秘"的向往，最后杨健亓却也理所当然地因为自己这种有悖良俗的"向往"而付出了代价。笔者常常在思考，杨健亓与梁雯慧的种种温存，从一开始就伴有爱情吗？还是说，是因为两个人的情不自禁而导致量变引起质变，慢慢进化成爱情的呢？在那个朴素的时代，这似乎是无解的，隐秘而又令人叹息。

而恋爱的另一方梁雯慧的性格无疑也是有缺陷的——不会拒绝，但又容易情不自禁，是现代社会里并不罕见的"老好人"。梁雯慧们诚然是优秀的，因为有能力给予他人帮助并获得喜爱，本身就需要不凡的能力，但不加克制的"情不自禁"，也许就会令自己跌入深渊。成熟、知性如梁雯慧，难道体察不出自己对"弟弟"杨健亓的感情早已异化？或许从故事甫一开始，她就无法摆脱杨健亓对她"痛苦的"的吸引，因为在那个年代，她对一个比自己年轻许多的异性的爱恋只能用"姐弟之情"来消解——满篇的字眼如"姐""小弟"，让人觉得荒谬却也无奈。情不自禁如梁雯慧，最后终于没有勇气拒绝弟弟幼稚的同看电影的要求，而将杨、周以及她本人推向万劫不复的深渊，她麻木于这种姐弟情谊，却也最终亲手葬送了这份情谊。在梁雯慧用"你呀，真是个孩子，什么时候才能长大哟"❶为借口答应杨健亓同去观影时，是否有过一丝迟疑？在影院的梁雯慧看见周莹怒气冲冲的那一刻，是否有过一丝愧疚？聪明又如梁雯慧，在二人关系公开之后，当机立断地选择了离开。如若她与杨健亓如愿结为连理，在得罪周家之后，在公开当时看来如此"不伦"的恋情之后，两人在高校还会有前途吗？

也许梁雯慧是事业上的成功者，在爱情上却是被动的。她能敏锐地分析利害，在遭受骚扰之后也懂得通过妥协来明哲保身，却不能在杨健亓提出暧

---

❶ 孙泽华．往日追梦［M］．北京：中国广播影视出版社，2017：97．

昧的请求后果断拒绝,"谁不知道他三天两头地往自己宿舍跑,也不再多这一次散步"。❶ 她甚至连自己都屈服于这种暧昧,在爱情和友情中摇摆不定。特别是全书的结尾,梁雯慧那一句"姐想在北京安个家"❷ 更加耐人寻味:当阅尽千帆之后,已是中年的梁雯慧与杨健亓能否将曾经的感情各自升华,真正以姐弟相处?生活中的梁雯慧如同《京华烟云》里的姚木兰一样习惯于忍辱与谦让,感情中的梁雯慧却远不如姚木兰独立、坚强,她最终还是没有舍得远离当年的挚爱。

抛却稚嫩与执拗的一面,无论是才华还是外貌,杨健亓都是优秀甚至杰出的:当他被辞退时,已是前女友的周莹还在为其哭泣,为其寻求开脱;优秀的梁雯慧因为他的前途不惜毁灭自我,远走他乡。虽然结局有些"一地鸡毛",但杨健亓的前两份感情仍然可以被定义为朴素:无论是周莹还是梁雯慧,她们的爱情都是真挚且纯洁的,这种"双向奔赴"不带有任何肉体的、功利的,甚至下流的目的。杨与周的爱情是嘉木繁阴,热烈而有活力;而杨与梁的爱情则是秋山明净,隐秘而又美好。他的第一段恋情诚然失于稚嫩,但第二段恋情如果发生在今日,大概会有不同的结局。

关于杨健亓的第三段恋情,即最终走向婚姻的这份爱情,则似乎是理想状态下的产物:有杨健亓轰轰烈烈的前半生做铺垫,杨健亓和宋敏兰的结合显得水到渠成,甚至"过于"顺利。抛去现实性因素(在校师生是否允许恋爱?两人互有好感是否带有目的性?)不谈,我们将这份感情权当对杨健亓坎坷半生的慰藉——或者说是作者"追梦"的余韵,因为宋敏兰的出现"过于"理所应当、其婚后的表现甚至因二人的师生关系而显得"过于"顺从。在宋敏兰知晓杨健亓与梁雯慧的过往之后,特别是梁雯慧不远万里还从国外归来时,一个正常的妻子会表现得如此淡定,以至于让自己的女儿若无其事地称其为姑姑,这是否略显反常?如果说这些算做一个妻子对家庭的忍让与牺牲,那当梁雯慧想在北京安家时,宋敏兰又会做何感想?作者在此留了一个疑问,也留下了太多的想象空间这似乎是作者"有意为之"的重要伏笔,或许因篇幅的原因,不得已而无法赓续。

这本书近乎白描式的爱情叙事,在朴素中更显真实,是现实与想象的统

---

❶ 孙泽华. 往日追梦 [M]. 北京:中国广播影视出版社,2017:123.
❷ 孙泽华. 往日追梦 [M]. 北京:中国广播影视出版社,2017:437.

一，是时代语境与真情实感的统一，又是艺术真实和生活真实的统一。本书没有脱离主人公宏阔的命运主题，但语言风格始终平淡朴素，作者像一个不带分毫情感的"转述者"，始终以相同的笔触与节奏将情节娓娓道来。"去中心化"的叙述方式，使字里行间更添真挚之情。全书弥漫着网状的细节，特别是在小说的前半部，作者将校园生活细节信手拈来，使20世纪末中国高校风貌跃然纸上，若非经过，如何写出？这部小说长于语言描写，仅凭精妙的对话设置就足以给观众的阅读提供有效的视角——或许这本书更像是一部诗意的话剧台本，高超的对话语言从不需要过多的楔子与旁白。

　　铺张的细节与语言可以相得益彰，沉浸式的对话则可以尽可能多地产生"移情"。我猜想，这种语言风格的产生大概与作者孙泽华是北京人密不可分。诸如"成了吧！""您收好！""就这么地吧！""哟！"等充满京味儿的语言布满全篇，这虽与主人公的籍贯与全书背景的设定相悖，却又让人感觉浑然天成——不得不说这要归功于北京话那无与伦比的讲述感，北京人向来是善于用语言去营造情感的！相较于直白的叙述，他们更喜欢使用腔调与语气词来表达情绪，而这种腔调与那个时代略显压抑，甚至有些单调的生活体系恰好相辅相成。这种巧合一定是无意的，却恰到好处，这大概也是作者没有想到的！除此之外，北京话中的语气词、儿话音等特征拥有一种自来的亲切感，天生地带有一种悲天悯人的情怀——是学生意外受伤需要筹钱之时梁雯慧的一句"可受伤的学生不能等呀！"[1]是杨健亓被华南大学开除时的一句"人只要有本事，到哪儿都能有饭吃"，[2]是杨健亓出差时宋敏兰的一句"你这啰嗦劲儿都快赶上我妈了！"[3]这种类似老舍《茶馆》台词式的语气朴素却温暖、凌厉却深情，句句掷地有声。但如果说作者用粗粝的西北方言或者绵软的江南方言，不仅表达效果上要大打折扣，或许还会使读者对文意的理解产生影响，善意的违和成就了新的语体平衡，也赋予了这部小说独特的叙事节奏与情感浓度。

　　作者驾驭六十余万字的大部头并不容易。小说为我们展开主人公杨健亓波澜壮阔故事的同时，还综合了20世纪80年代高校生活、海外商旅生活以

---

[1] 孙泽华. 往日追梦 [M]. 北京：中国广播影视出版社，2017：69.
[2] 孙泽华. 往日追梦 [M]. 北京：中国广播影视出版社，2017：166.
[3] 孙泽华. 往日追梦 [M]. 北京：中国广播影视出版社，2017：428.

及主人公们的衣食住行等极其驳杂的情节，作者"恨不得把自己一生中所经历过的、所见到过的故事都通通融入到小说之中"。❶ 这就要求作者有很强的情节驾驭与编排能力。全书虽有五十四章之多，整体上却采用了三分法：杨梁恋爱史、梁雯慧打拼史、杨健亓奋斗史。作者没有采用"一镜到底"的叙述方式，三部分相互关联又相对独立，这就让读者在阅读之时有所喘息，用多变的结构来消解大部头小说带来的厚重与压抑。

作者孙泽华很善于刻画情节，《往日追梦》对情节的追求近乎偏执，以至于读者无法从书中产生抽离之感——每个情节还充斥着细节，看似无关的细节成为推进情节的潜移默化般的动力，诸如梁雯慧宿舍的小菜、隆港市的海鲜、深圳简陋的旅社、杨健亓尚未装修的别墅……这不是一种有意的冗余，而是构成小说情节真实性的细腻肌理，是映衬社会变迁、学术生涯、商海沉浮等宏大叙事主题的一个个剪影。作者几乎不去高歌猛进地赞颂，因为主人公杨健亓本身也是一个普通人，他的几个身份——学生、朋友、丈夫、教师、学者，实际上正是我们每个普通人生活中的投影，亦是作者将自我身份分解后的再呈现，我们自然也应当从这些身份的呈现之中观照自我并且释怀——这或许正是书中一个个朴素的故事赋予我们的真谛，因为即使成功者的情感也是朴素的，我们自不必过度追求惊心动魄，更不必因心有顾虑而蹑手蹑脚，洞见真实的自己才能不辜负生命赐予我们的庄严。寻常的生活足够容纳太多的人生情节，特别是在参差的后现代社会，用朴素的、持久的深情去修炼自己，远比窥伺他人重要得多。

（邹梦远，中国传媒大学人文学院 2021 级博士研究生）

---

❶ 孙泽华. 往日追梦 [M]. 北京：中国广播影视出版社，2017：438.

主体建构 女性神话 身体政治
——解读姚皓韵小说《她们说》

■ 贾 静 陈佳怡

在中国现代文学发展的过程中,女性文学始终占据着重要的地位。至20世纪90年代中期,女性文学对于女性意识的描画和展现达到了顶峰。21世纪以来,越来越多的作家加入女性文学创作的行列中,极大地丰富了女性文学的创作内容和内在意涵。随着社会日新月异的发展和现代网络技术的进步,社会中的两性关系步入新的阶段,着眼于21世纪时代背景下的女性文学创作的广度和深度也随之拓宽。青年女作家、中国传媒大学人文学院副教授姚皓韵博士的小说《她们说》聚焦于都市白领女性的生存状况,从情感生活和职场故事两方面入手,展现了当代境遇下女性的独特成长历程和精神风貌。

一、主体建构:从缺失到建立

主体意识的建构是女性成长环节中的重要命题,也是女性学研究的主要方向。女性的自我建构,从认识主体维度来说,就是主动选择未来道路,实现自我价值和人生追求;从社会主体维度来说,从女性自我的视角出发,审视社会,摒弃男权制限定女性客体、消极的社会角色,应对充满挑战的世界。

"五四新文化运动"开启了现代中国人真正自我觉醒的时代,以社会解放代替女性解放,女性的"本我"被政治的"超我"所裹挟,退居到时代的边缘,致使女性社会身份进一步边缘化,导致女性主动走出时代的意识形态中心、对时代的主流话语进行裂解和祛魅,萌醒女性独立的批判意识。❶ 伴随着

---

❶ 杨丹丹. "五四"女性叙事的另一种声音——凌叔华小说中女性主体意识的文化解读[J]. 绥化学院学报, 2008 (4): 80.

政治解放、国家解放下的女性解放带有不完全的特质，根深蒂固的封建伦理秩序的影响始终残留于当代社会，女性实际上仍然在思想上或经济上充当"他者"。都市女性在空洞的"男女平等"话语下，即使积极参与生产劳动和社会建设，也始终囿于传统社会定义下的刻板印象和性别角色分工。

  林果想主动追求男性，但"野心不足，羁绊太多，她的爱慕没有超越想象的界限"，❶ 迈不出主动的步伐，接受了大七八岁的老叶的追求。可见，男权制下的女性作为非本质的存在，对自己的情感没有主动追求的权利，只有等待男性的挑选和认可，才能化身为本质的存在。殊不知男性的主动追求只是为了获得征服女性的快感，女性表面上看似拥有自由选择伴侣的权利，但这种追求是以女性最终成为男性的所有物和附属品为前提的。老叶的男性说教、男子气概让林果仰视并以他为偶像，即使其中流露出的只是老叶虚荣、伪善、不学无术的本质。作为情感上的仰慕者，女性被认为应该寻找比自己更年长、更成功的异性伴侣，以他为事业的标杆、精神上的领路人。

  许宝比林果更主动、坦然地追求爱情，标榜自己"我不是为了尊崇传统而生活的人"，❷ 但仍旧无意识地异化女性，将整个女性群体视为他者。许宝认为林果和男友吵架是因为林果"让一个男人在众人前没面子，这是大忌"。❸ 男性中心主义影响的不仅是男性，还有无意识间对此深信不疑的女性，女性将男性中心主义对自我进行规训和驯化，肯定男性的主体性，确立男性的领导地位，坚信为了女性的生存权利和自我价值应该为男性让步。

  从被动的"他者"到构建自我身份认同，寻回缺失已久的主体性，背后隐藏的是都市女性这一双重身份背后的悖论。一方面，作为都市女性，接受过高等教育，有令人羡慕的职业和稳定、丰厚的收入，在社会化的过程中构建了独属于这一群体的身份认同；另一方面，都市女性作为女性群体，不仅要扮演好现代社会规定的职业角色，还需扮演"贤妻良母"的家庭角色，即使未步入婚姻，在恋爱关系中，也需扮演传统观念中的女友角色，对男性处于精神上的崇拜和依附。女性在事业上、经济上的独立未能获得情感关系中的平等，反而因此陷入了双重角色冲突中。

---

❶ 姚皓韵. 她们说［M］. 上海：上海三联出版社，2017：23.
❷ 姚皓韵. 她们说［M］. 上海：上海三联出版社，2017：79.
❸ 姚皓韵. 她们说［M］. 上海：上海三联出版社，2017：62.

为了解决这一矛盾，林果和许宝做出了不同的尝试。许宝找到事业有成的男友 Max 后选择了辞职，当全职女友。但是长期赋闲在家使她产生不安全感，常常怀疑 Max 出轨女同事，最终两人的恋爱关系也走向了终点，许宝找到新工作，重回职场。贝蒂·弗里丹在《女性的奥秘》中指出白人中产阶级家庭主妇的无名病：妇女带着对美好生活的愿景步入婚姻生活，但在无穷无尽的无偿家务劳动后，感受到的是生命的空虚和苦闷。❶ 许宝面临相似境况，当她遵循了类似中产阶级家庭妇女的生活后，逐渐缺少自我，通往经济自由和事业成功的道路封闭后，压抑和焦虑将她吞没，"幸福的家庭主妇"的想象最终破灭。林果和男友老叶在一起后，"越来越听话，甚至低微下去，巴巴地透着讨好，如同小猫小狗等待主人抚摸，又仿佛恋爱中女人所做的每一件事，都是为了获得男友的认可和赞许"。❷ 但是顺从和依附获得的是老叶日后得寸进尺的轻蔑、对人格的进一步打压，林果选择了分手。可见，所谓的兼顾事业与爱情的"完美女性"只是空洞能指，试图同时扮演两种冲突的性别角色，带来的结果只能是自我的丧失、主体性的磨灭。

在爱情婚姻中展现女性生存状态、女性意识有三个方面：（1）主动权的把握，即女性能抓住机会，掌握自己的命运，正是平等意识的体现；（2）"文不对题"，即女性只有通过自身独特体验打破男性权威，表现女性价值和秩序，建构女性意识，男女对这个世界的感觉和判断完全不一致；（3）对生存空间的把握，即女性自我意识苏醒，男性霸权文化中心大厦坍塌，对生存环境有足够的认识和了解，对人生进度能有掌控。❸ 一方面，女性应该从自身生存体验中意识到男女实际上不平等的社会地位，思想上与男性中心主义决裂，行动上摆脱父权制的控制，探索出一条独立的道路，在正视两性差异的基础上，实现女性的社会责任感和展现女性的生存价值；另一方面，女性敢于拓宽生存的空间，与男性在各领域进行竞争，突破男权社会对女性生存空间的局限，无论是空间上对于女性活动自由的禁锢，还是意识形态上的女性应该从事的工作，如教育、抚养、清洁、服务等，女性不适宜担任领导工作、女性缺乏思考能力等

---

❶ 贝蒂·弗里丹. 女性的奥秘 [M]. 程锡麟，朱徽，王晓路，译. 哈尔滨：北方文艺出版社，1999：4-6.

❷ 姚皓韵. 她们说 [M]. 上海：上海三联出版社，2017：28.

❸ 肖玉林. 论《水与火的缠绵》中的女性意识 [J]. 湖南工业大学学报（社会科学版），2009，14（4）：89-90.

偏见。最终,林果抛掉了男友们对她不思进取、太功利等评价,"独行在自己的路上",❶ 性格变得横冲直撞,不再压抑本性,不再害怕变成强大而深邃的女强人。许宝不再依靠异性伴侣供养,决心有一份自己的事业,不再渴望从情感和肉体获得终极幸福,转而寻找生命中真正有趣的事情。当两位女性开始建立起自己的主体意识时,她们才有可能走上真正的解放之路。

二、女性神话:从解构到反思

西蒙娜·德·波伏瓦在《第二性》中,指出了长久以来存在于社会意识中的女性神话:关于女性的社会性的认识是一种想象与成见,也是一套用于压抑女性的话语或意识形态。❷ 在社会实践中,女性神话通常表现为男性对于女性的利他期待,女性或是被迫,或是自愿地成为"真正的女人"。

在《她们说》中,林果的男友老叶偷瞄同事的妻子,她"眉目长得颇为娇俏,朴实衣着掩不住天然的媚,她小小的身子总是如藤蔓般缠绕着那个壮实老公,抬头仰望低头亲昵,就像长在他身上",❸ 而对于不年轻的独立女性,老叶认为她们自以为是、矫情,他也一直期望林果做一个"乖女孩"。追求过许宝的袁威认为许宝和 Max 在一起是贪图钱财,许宝是个贪婪的女性,许宝的男友 Max 在面对许宝的怀疑时认为她无理取闹,不再是个可爱的女友。可见,男性眼中的女性是一个矛盾体:一方面,他们认为女性不具有创造性,天生是帮助男性实现理想的工具性存在;另一方面,他们又对女性身上的神秘性感到恐惧和难以把握,于是构建出女性神话,并根植于社会形态之中,为控制女性提供合法性。在他们眼中,女性只有两种存在:一种是可以被称为淑女、天使的好女人;另一种是逃离了男性支配后,被称为巫女、荡妇、疯女人的坏女人。

为了使两性之间始终处于支配和从属的关系,男权社会总是通过话语和行为来确立不平等的意识形态,通常表现为:树立并强化女性神话和理想的女性形象;惩罚挑战性别秩序的女性和男性。老叶认为女性应该善良、纯洁、

---

❶ 姚皓韵. 她们说 [M]. 上海:上海三联出版社,2017:213.
❷ 西蒙娜·德·波伏瓦. 第二性I [M]. 郑克鲁,译. 上海:上海译文出版社,2011:199-272.
❸ 姚皓韵. 她们说 [M]. 上海:上海三联出版社,2017:59.

不物质，林果也努力做个好姑娘来讨好老叶，"她为他塑造着自己"，❶ 企图维持住自己在老叶心目中的女性形象。许宝手忙脚乱地照顾生病的袁威，招致袁威的大声数落。在袁威心中，女性天生就是充满母性的照顾者的形象，笨手笨脚意味着失职和过错。女主人公们考问自己"什么样的女人是真正的女人？如果她不是男人，也不是女人，那么，她是什么呢？"❷ 女性神话被男性建立，女主人公们也曾试图将这种观念内化，但最终用实际行动打破这种虚构的话语。然而，女性神话不仅会使女性被分化为两个对立的阵营，男性也要付出相应的代价。女性神话将所有性格特质一分为二，相互对立，赋予了女性温柔、随和、天真、单纯、脆弱、温暖、服从等刻板印象，相反，男性应拥有有竞争力的、有主导性的、好胜的、敢于冒险等领袖气质，身处男权社会中的男性需要发展自身，拥有男子气概和男性特质，迎合社会对于男性的期待。一旦不能满足期待，则会被认为不是男性，丧失作为社会性别男性发声的权力，走向失语。并非所有男性都是男权制下的受益者，他们也可能是受害者：许宝的第一任男友在家乡做医生，不愿考研去北京工作，但被认为是不思进取，没有上进心；林果和马南在一起后，马南更爱旅行和远走，不喜欢大城市的功利，虽然这是个人选择，无关对错，但他被认为是不负责任的。可见，女性神话不仅使女性的个性发展受限，也使社会对男性产生误解和逆向歧视。逆向歧视是指强势群体因其身份受到不利对待，书中女性和社会对男性的期待和误解，都是男性为长久统治女性所付出的代价。所以，打破女性神话，实现两性自由与和谐的发展，尊重每个人多样化的选择，不仅需要女性群体的努力，男性也同样需要摆脱父权制的剥削和利用，探索符合自身特质而非社会期待的发展实践。

三、身体政治：从规训到解放

身体不是单纯的"肉体"，对于女性主义研究来说，身体是物质和精神的统一，女性的身体包含文化、心理的因素，"'身体书写'不能简单地视为对生理范畴的'肉体'呈现，其既受到生理感受及无意识幻象的激励，又受到

---

❶ 姚皓韵. 她们说 [M]. 上海：上海三联出版社，2017：81.
❷ 姚皓韵. 她们说 [M]. 上海：上海三联出版社，2017：171.

文明规则的束缚，即包括了自然与文化两个范畴"。❶ 凯瑟琳·高夫在她的文章《家庭的起源》中列出的古代和当代社会男性权利的八个特征中，男性剥夺女性的性欲或将自己的性强加于女性、禁锢女性的身体，限制她们的劳动、将女性当作男性交易中的物品来使用……通过这些现象可以看出，身体是男权制控制和支配女性的重要渠道。❷ 在当代，权利对女性身体的控制不再倚靠血腥恐怖、极度暴力的形式，而是渗透在整个社会结构中，披上温和的外衣，对女性的精神进行隐秘的规训，使女性将男权社会观念内化，身体走向异化。

　　社会长期对女性灌输关于身体的偏见和错误认识，让女性认为，相比于男性的肉体，女性的肉体是第二等的；女性的爱欲和性欲是不被重视的，女性的价值在于满足男性的需要；女性应该保持对性的无知与天真，维持自己的贞洁与纯净。女性这些观念使女性成为实质上无性的"女太监"，耻于谈论自己的身体，羞于直面身体的欲望，在性中处于被动和被支配的地位。即使性观念逐渐开放，女性得以掌控自己的身体，不论是恪守传统、克制欲望的女性，还是反对传统、正视欲望的女性，在性解放和性自由的表象后，除了压抑情感或者沉沦于感官和肉欲，灵魂都走向了空虚，身体未能成为真正解放的渠道。林果性格保守，不敢言说心中的感受和发泄肉体的欲望，在情感关系中始终处于屈从地位。许宝大胆果断，但是每每肉体满足之后，灵魂陷入失望与后悔，自以为能掌握身体体验，却"只记得他像摆弄一件心爱玩具一样温柔地摆弄她"。❸ 在物欲和肉欲之间长期的挣扎反抗之后，许宝和林果最终逃离了欲望对主体的侵蚀，努力成为自身欲望的主人。林果面对性骚扰挺身而出，用健身来强壮身体，身体的掌控权逐渐回到自己手中，不再让渡于男性，由此实现了精神和身体上的双重解放。

　　在当代的消费社会中，美丽的面庞、纤瘦的身材、精致的着装等都成了人们追逐的对象，由此服饰、化妆品、健身、医疗美容等行业迅速兴起。"在经历了　千年的清教传统之后，对它作为身体……在广告、时尚、大众文化中的完全出场——人们给它套上的卫生保健学、营养学、医疗学的光环，时时萦绕心头的对青春、美貌、阳刚/阴柔之气的追求，以及附带的护理、饮食

---

❶ 林树明. 关于"身体书写" [J]. 文艺争鸣, 2004 (5): 79-80.
❷ Gough K. The origin of the family [J]. Journal of Marriage and family, 1971, 33 (4): 760-771.
❸ 姚皓韵. 她们说 [M]. 上海：上海三联出版社, 2017: 71.

制度、健身实践和包裹着它的快感神话……证明身体变成了救赎物品。"❶ 从消费主义的盛行中，还能看到男权制和资本的合谋：跨国公司旗下的国际品牌、进口商品充斥着广告牌、电视荧幕，进入了都市女性的日常生活。许宝起初情场受挫时，便来到购物中心购买奢侈品，感叹道："爱欲和物欲真是女人终身面对的难题"。❷ 但消费带来的快乐具有暂时性，许宝逐渐意识到物质不能给女性带来终极的快乐，要寻找持久的、不会乏味的快乐。消费主义充斥着都市女性的生活和工作，其隐蔽性和普及性注定了被消费主义影响是难以避免的，女性在不同程度上被消费主义异化。林果一开始没有购买奢侈品的想法，但她发现没有奢侈品的女性没法融入职场，会显得格格不入，为了面子和职场关系，只能妥协下来去买名牌包。虽然容颜的衰老是不可避免的，但是林果和许宝还是想到了要通过昂贵的医疗美容来维持容貌。

综观全书，作者正视身体和欲望，在体现精神和身体双重解放的同时，也不可避免地流露出局限性。首先，注重身体描写和感性经验是女性写作中的特质，但感性的肆意张扬和理性反思的缺失，会使为身体写作落入反女性主义的境地。许宝始终将身体关系和性作为本能的释放，放纵感性，搁置理性，在文末许宝意识到需要收敛欲望，但这种转变是对感性的放肆感到疲倦的结果，不是通过许宝自我考问和反思得到的，所以许宝的人物塑造难以担当为女性发声的使命，尚有提高和改进的空间。其次，没有通过身体实现精神层面的反男权和彻底的解放。虽然两个女主人公在文末意识到了自己真正的追求，但爱情仍是她们生活的底色，对男友的挽留和怀恋仍旧流露出传统的男性中心主义倾向。可见，女性实现自由而全面的发展，彻底丢掉男权社会的束缚是一个长期的过程，需要不断地探索与反思，并非一蹴而就。

四、结　　语

中国的女性文学写作从 20 世纪 90 年代取得辉煌成果，到如今已走过 30 多年的路程。女性文学的写作和出版为女性了解自身、探索世界提供了特殊的视角，在文学世界里，为女性构建了贴合自身经验的空间。《她们说》通过

---

❶ 让·鲍德里亚. 消费社会［M］. 刘成富，全志钢，译. 南京：南京大学出版社，2000：139.
❷ 姚皓韵. 她们说［M］. 上海：上海三联出版社，2017：129.

两位都市女白领的视角写出了物欲横流的社会里年轻女性的成长故事，女性视角的运用和女性经验的描写显示出作者的女性主义视角。从主体意识形成，到反女性神话，再到女性的身体政治学，作者深刻地展现了女性夹杂着的迷茫与挣扎、沉沦与清醒、退缩与勇敢的生命体验。觉醒的女性该走向何处？如何在男权制的社会中适应与生存？这是本书留给两位女主人公的现实问题，也给读者留下了无尽的思考。

（贾静，博士，中国传媒大学人文学院语言学系副教授；陈佳怡，中国传媒大学语言学系2021级专业学位硕士研究生）

艺文天地

乡愁
王永

梦里惊魂魂千索，
酒入愁肠肠百结。
当年一雨春棠色，
万里长帆久揖别。

（王永，博士，中国传媒大学人文学院文学系教授）

日本小说多视角叙事与"盲人摸象"写作训练*

■ 李杰玲

说起盲人摸象的故事,恐怕无人不知。这个故事与写作有什么关系呢?

先来重温这个故事:一天,有几位盲人去找国王,说他们想知道大象是什么样子的。国王便派人牵来一头大象,让他们摸,然后,国王把摸象的盲人都叫到一起,问:"大象是什么样的?"

摸到象牙的盲人说:"大象有点儿像萝卜根。"摸到象鼻子的盲人说:"大象像圆形的木棍。"摸到象腿的盲人说:"你们说得不对,我觉得大象像根柱子。"摸到象尾巴的盲人说:"不,大象像一根粗绳子。"国王听后,哈哈大笑,说:"你们说的只是大象的一部分,你们每个人说的合起来才是大象的全部。"❶

其实,故事中盲人做的事情,大家在写作的时候也经常做,只是没有意识到而已。众所周知,每个人的视野范围都是有限的,从物理学的角度来说,眼睛的视野范围,水平大约为180°,垂直大约为120°,在此范围内的物体都可以被眼睛捕捉到。在视野范围内,人们感觉眼睛所到之处总是清晰的。❷ 大于眼睛视野范围外的物体,要看清楚、看完整的话,就必须站在不同的位置,从不同的角度和距离去看,捕捉各个成像后组合起来得出完整的像。每个人都有视觉盲区,写作也是如此。从作品叙述者的单一角度去看、去讲述、去思考一件事,难免有盲人摸象的遗漏:只知局部,不识全体。如果采用第三

---

* 本文为2022年国际中文教育研究课题"世界主要语言配合支持他国国民教育体系经验比较研究"(22YH107C)、海南省高等学校教育教学改革项目"基于海南红色文化实景的中国文化概论课程思政建设研究"阶段性成果之一。

❶ 周锐斌. 中华故事选集 [M]. 长沙:中南大学出版社,2016:261.
❷ 杨荣誉. 影像视觉心理学 [M]. 北京:中国电影出版社,2015:39.

人称，即全知全能的视角去讲述故事，仍然存在缺陷：其叙事的真实可靠性受到读者怀疑。读者可以轻而易举地质疑这一视角，无论何时、何地、何人，无论内心深处多轻微的活动，无论外在多巨大的变化，全知全能视角都知道，并做叙述。此时，叙述者主导着整个故事及其变化过程，读者只能被动地全盘接受，这样不仅破坏读者的融入感，削弱读者的参与度，故事的可读性也会大打折扣。只有叙述者一个声音在说话，读者容易产生阅读疲劳。

　　承认每个人、每一种视角的叙述都会有盲区及其局限，这是叙事写作的第一步。盲人承认自己是盲人，就不会断言自己"看到"、摸到的那部分是整体。叙事不是为了说出事件的表面，而是把事件本身完整而立体地呈现出来，让读者参与故事的构造，和作者一起完成作品。也就是说，除从不同的角度、距离去"摸象"之外，写作者要做的，还有故事中国王所说的、所做的："胸有成象"，统率各叙述视角，并将各视角叙述的部分按一定顺序排列组合起来。

　　无独有偶，在西方的叙事学理论中，也出现了类似的方法论，如米克·巴尔曾注意到，"同样的对象或事件可以根据不同的聚焦者而作不同的阐释"，并且提出"不同的阐释方式是与其媒介相关联的"。❶ 杰拉德·普林斯则在其理论著作《叙事学：叙事的形式与功能》中提出"复合叙述者"的概念："有很多叙事有着一个以上的叙述者。的确，在一个给定的叙事中，可能有不确定多数的叙述者（两个，三个，十个，等等）。例如，一个叙述者可能介绍另一个叙述者，而后者又介绍另一位叙述者，以此类推"。❷ 这句话恰好可以用来解释芥川龙之介的短篇小说《密林中》的叙事方式。西摩·查特曼则提出"视点"和"角度"的叙事理论❸与本文所说的"盲人摸象"式多视角叙事本质相通。

　　盲人摸象式的多视角叙事，在日本小说中得到很好的运用，给大学生的写作训练也带来许多启发。本文将以芥川龙之介的《密林中》和东野圭吾的长篇小说《恶意》《分身》为例进行论述。

---

❶ 米克·巴尔. 叙述学 [M]. 谭君强, 译. 北京：北京师范大学出版社, 2015：158

❷ 杰拉德·普林斯. 叙事学：叙事的形式与功能 [M]. 徐强, 译. 北京：中国人民大学出版社, 2013：17.

❸ 西摩·查特曼. 故事与话语：小说和电影的叙事结构 [M]. 徐强, 译. 北京：中国人民大学出版社, 2013：137.

一、多视觉叙事的创作方法

《密林中》是芥川龙之介的经典短篇小说，至今仍然大受欢迎。芥川龙之介通过樵夫、行脚僧、捕快、老妪、强盗多襄丸、武士的妻子和武士的亡灵这几个视角对案件进行多角度叙述，即以这七个人物的第一人称"我"的角度去叙述，并巧妙地将这七位人物对同一件事的叙述，通过检非违使（相当于县官、法官）串联起来，成为一个整体，让读者对事件有完整的印象。正是这样的多视角叙事，使这篇短篇小说取得了非凡的艺术效果，把一个普通的杀人劫色案写得虚实相生、动静相宜，始终有效地吸引着读者。这样的多视角叙事也可以深刻地刻画出人物内心深处复杂细微的活动，于不动声色处揭露人性的阴暗和人际关系的复杂，小说的叙事基调冷静、客观而简明有力。

首先出场的樵夫讲述了他看到的场景："不错，发现死尸的确实是我。今天一早我一如往常进后山砍杉为柴。岂料阴坡密树丛中有一具死尸。什么地方来着？大约离山科驿道有一里来路吧。竹林中夹杂着细细高高的杉树，僻静得很。"樵夫以回答警察询问的口吻，交代了早上上山砍柴时看到的凶案现场，并描述了凶案现场的一些细节："尸体周围的落竹叶都染成了紫红色。不，血早已不流了，伤口也好像干了。一只牛虻死死叮在上面，连我的脚步声都像没有听见。看没看见刀？不，什么也没有。只见旁边杉树下丢着一条绳子。此外嘛——对了，对了，除绳子外还有一把木梳。"❶ 这些细节暗示了死者的身份，现场的状况，让读者对事件有初步了解。

接着是行脚僧的答话："那个遇害的男子，应该是昨天碰上的。昨天……噢，昨天中午。地点位于从关山通往山科的路上。男子和骑马的女子一起往关山方向走着。女子由于头上斗笠罩着面纱，看不清脸孔。看见的只有大约是绛红色的衣裙。马么，毛色褐里透红，大概是一匹短鬃马。四尺半高总是有的吧？出家人，这方面弄不清楚。男子么……不，身上带刀，弓箭也带着。黑漆箭筒里插着二十多支箭，这点现在也记得一清二楚。"❷ 行脚僧的话又透露了更多的情节和细节，故事充满了未解的疑问，男子为何被杀？女子、马

---

❶ 芥川龙之介. 罗生门 [M]. 林少华, 译. 上海：上海译文出版社, 2014：90.
❷ 芥川龙之介. 罗生门 [M]. 林少华, 译. 上海：上海译文出版社, 2014：91.

匹和刀、弓箭又去了哪里？男子和女子是什么关系？诸如此类，强烈地吸引着读者。

小说中的第三个叙述视角是捕快，他的话带出了案件的另一个主要人物——强盗多襄丸："盗贼。当然喽，我抓他的当时，或许是从马上掉下摔的，正在栗田石桥上哼哼呀呀呻吟着呢。时间？时间是昨晚初更时分。以前有一次抓他不成的时候，他也是这么一身青衫，佩着一把长柄腰刀。这回您也看见了，除了刀还带着弓箭。是吗？就是遇害的那个男子身上的也……？那么说，凶手定是这个多襄丸无疑。缠着皮革的弓，涂着黑漆的箭筒，十七支鹰羽箭——这些怕都是那个男子身上的东西。是的，如您所说，马是短鬃，褐里透红。给那畜生甩下来，肯定是什么报应。那畜生正拖着长长的缰绳，在石桥稍前一点的地方吃路旁青草呢。多襄丸这家伙，即使在京都城出没的盗贼里也算是好色之徒。去年秋天在秋鸟部寺宾头庐后面山上一起杀死前来拜佛的妇人和一个女童的，据说也是这个家伙。如果那男子死于这家伙之手，骑马的女子也不知落得怎样的下场——恕我多嘴多舌，这点也务请弄个水落石出。"❶ 第三个视角看到的场景、提供的线索和情节更多，与前两个视角的已述故事结合起来，可以看出这个案件的轮廓：昨天中午，一名带着配刀、弓箭和箭筒的男子牵着一匹毛色褐里透红的马——马上坐着一名身着绛红色衣裙、头戴罩着面纱的斗笠的女子——走在关山通往山科的路上。路上遇到了好色的强盗多襄丸，多襄丸是一个臭名昭著的盗贼。牵着马的男子不知何故死了，胸口挨了一刀。多襄丸身上出现了本该是那名男子的弓箭、箭筒，女子则不知所踪。捕快昨晚初更时分看到多襄丸在栗田石桥上哼哼唧唧呻吟着（可能受了伤），抓捕了他。被杀男子的马则在石桥不远处的路边吃着青草。

至此，读者虽然知道了故事的大概内容，但还只是一个粗粗的框架，不仅留有悬念，而且还有许多细节有待补充，比如骑在马上的女子和那被杀死的男子是夫妻还是情人关系？女子容貌如何？男子的身份？强盗有没有杀男子？如果是，为何要杀他？女子何以能逃脱？她去了哪里？这些疑问都要等到后面的四个叙述视角来回答，这些叙述视角将对上述故事轮廓作细节上的补充，对一些疑问做了回答，且留有许多空间给读者自己去思考和判断，使

---

❶ 芥川龙之介. 罗生门 [M]. 林少华，译. 上海：上海译文出版社，2014：92.

读者可以充分地调动自己的思维，融入故事的构造和案件的探索中，因此这篇小说的可读性极高，对读者的吸引力很大。

第四个叙述视角是老妪（身着绛红色衣裙、骑在马上的女子的母亲），她的叙述让读者明白了女子的形象和性格特点，以及她和被杀男子的关系，被杀男子的身份和姓名：" 死尸是我女儿嫁给的那个人，不过不是京城人，是若狭国府的武士。名叫金泽武弘，二十六岁。不不，为人老实厚道，不可能遭人怨恨。女儿？女儿名叫真砂子，年方十九。性喜争强好胜，不亚于须眉男子。至于接触的男人却只有武弘一个。肤色稍黑，瓜子儿脸，左眼角有颗黑痣。武弘是昨天同女儿一起赶往若狭的，结果出了这种事，怕也是什么报应。女婿是没有办法了，可女儿怎么样了呢？实在放心不下。求求您，求您哪怕上天入地也查明我女儿的去向，也是我老太婆这辈子唯一的请求。最可恨的是什么多襄丸……这个恶贼，女婿不算，还把我女儿……（往下泣不成声）。"❶ 至此，读者知道了被杀男子叫金泽武弘，是一名武士，女子才十九岁，叫真砂子，二人是夫妻关系。值得注意的是，如果说前三个视角提供的是大致的遥远的象，那么从第四个视角开始，叙述者与案件的两个主要人物——武士金泽武弘及其妻子真砂子的关系越来越近，其叙述也越来越细腻，镜头被逐渐放大，越来越接近故事的真相和人物的心理活动，叙述者的语气也能反映出许多问题，如读者从老妪的话语中能明显感觉到老妪对女婿——金泽武弘的淡漠，虽然她说女婿"为人老实厚道，不可能遭人怨恨"，但她并不把女婿的死放在心上，她只用一句话解释，就对女婿的死释然了，她最牵挂的，是女儿："（女婿）出了这种事，怕也是什么报应。女婿是没办法了，可女儿怎么样了呢？实在放心不下。"

老妪的话里出现了"怕也是什么报应"，她觉得女婿的死是对他的"报应"，可见她内心深处并不喜欢这个女婿，甚至可能有一些不满或者怨恨。捕快的视觉叙述中也出现了"报应"，捕快说多襄丸被马匹甩下来，"肯定是什么报应"。多襄丸恶迹累累，捕快"以前有一次抓他不成"，这次终于擒获，说强盗遭到"报应"是可以理解的，而老妪对女婿的死说成是"报应"，可以想象二者的关系。由此，芥川龙之介对后面三个视角的叙述不动声色地作了巧妙的铺垫，让读者不禁好奇：武士和真砂子夫妻俩的关系会是怎样的呢？

---

❶ 芥川龙之介. 罗生门［M］. 林少华，译. 上海：上海译文出版社，2014：93.

本来应该是最亲近、最亲密的人，心灵距离却如此遥远，人与人复杂的关系，确实耐人寻味。

第五个出现的叙述视角是多襄丸的自白。至此，小说的笔锋由外到里，即从外部故事情节转到了核心人物的心理，这里，多襄丸作为密林案件的关键人物之一，交代了他的作案动机和作案过程，他在路上遇到武弘夫妻俩，一阵风掀开了真砂子的面纱，多襄丸看到了她的面容，为之倾倒，下定决心"即使杀死男子也要把女子弄到手"，❶ 于是他谎称在山上发现一座古坟，古坟里有很多铜镜、腰刀等物，若有人想要，便宜卖掉。"男的听了我的话，心里开始活动起来。往下嘛——怎么样，贪欲这东西可怕不可怕？——不出半小时，我就使得两人随我把马头转往山路。"❷ 多襄丸带两人来到密林，"男的利欲熏心，自然深信不疑。而女的却马也没下，说在那儿等着。这也难怪，毕竟树林长得密密麻麻"。❸ 于是多襄丸就在密林里趁其不备袭击男子，将其绑在杉树下。再去骗女子进入密林，女子进去后一看到丈夫被绑在树下，明白过来，抽出短刀欲刺杀多襄丸，但很快就被制服，事后多襄丸本想立刻逃走，但被女子叫住，"女的突然发疯似的抓住我的胳膊不放，口里断断续续地叫着，上气不接下气。原来她是在说：'是你死还是我丈夫死，两个得死一个。失身给两个男人，对我比死还难受。不管谁死，反正我跟剩下的一个。'这时我才猛然动了杀心"。❹ 为此，多襄丸给金泽武弘松绑，然后决斗，最后在"第二十个回合"时"把刀插进对方胸口"。❺ 那女子却已经在他们打斗时逃走，不见了踪影。

第六个、第七个叙述视角是真砂子及其丈夫武弘，真砂子控诉丈夫在她失身后对她的鄙视和冷漠，他"深恶痛绝似的盯着"❻ 真砂子，经历了这样的事情，真砂子觉得无法再与丈夫共同生活，决定一起赴死。真砂子先杀了武弘，然后试着自杀：用短刀扎，投入山脚水塘，"各种方法都用尽了，但就是没能死成"。❼ 武弘的亡灵通过巫婆之口控诉妻子的不贞不忠，并指控妻子

---

❶ 芥川龙之介. 罗生门 [M]. 林少华，译. 上海：上海译文出版社，2014：94.
❷ 芥川龙之介. 罗生门 [M]. 林少华，译. 上海：上海译文出版社，2014：94.
❸ 芥川龙之介. 罗生门 [M]. 林少华，译. 上海：上海译文出版社，2014：95.
❹ 芥川龙之介. 罗生门 [M]. 林少华，译. 上海：上海译文出版社，2014：96.
❺ 芥川龙之介. 罗生门 [M]. 林少华，译. 上海：上海译文出版社，2014：97.
❻ 芥川龙之介. 罗生门 [M]. 林少华，译. 上海：上海译文出版社，2014：98.
❼ 芥川龙之介. 罗生门 [M]. 林少华，译. 上海：上海译文出版社，2014：99.

的罪，宽恕强盗："当她神思恍惚地被强盗拉着往树林外走时，突然脸色大变，指着树下的我发疯似的叫道：'杀死他！他活着我就不可能和你在一起！'接连叫了好几遍。'杀死他！'——这句话至今仍像狂风一样把我头朝下卷入漆黑的深谷。如此可怕的话语难道是从人的嘴里说出来的吗？难道有人听到过如此可咒的话语吗？哪怕一次！（按捺不住的嘲笑）听到这句话时，就连强盗也大惊失色。'杀死他！'——妻子靠住强盗的胳膊叫着。强盗目不转睛地盯着妻子，不说杀也不说不杀。旋即，一脚把妻子踢倒在落叶上（再次露出按捺不住的嘲笑），强盗静静地抱拢双臂，看着我说：'这女人你打算怎么处理？杀，还是放？回答只消点一下头：杀？'只此一句话，我就赦免了强盗的罪恶。"❶

第六个、第七个视角的叙述基本上是围绕夫妻二人的关系，以及谁杀了武弘来说的，还有夫妻对强盗的态度。从文中可以看出，多襄丸虽然作恶犯案，但他性格刚烈，敢做敢当，多襄丸还大胆地揭露和批判了社会与官场的黑暗："哪里，杀一个人并不像你们想的那么严重。只是我杀时用的是腰刀，你们则不用刀，用的是权力，是金钱，有时甚至只随便用个漂亮的借口便取了人命。血固然不流，人也活得神气活现，但同样是杀。从罪孽轻重来看，真说不清是你们严重还是我严重，彼此彼此。"❷芥川龙之介刻画的人物并非单纯的非黑即白，而是充分展现人性的复杂：一个人，即使是强盗，也有可称道的地方。说起来，芥川龙之介的短篇小说《蜘蛛丝》也是刻画复杂人性的杰作。❸

总之，《密林中》的人物一共七个，他们作为叙述视角，用第一人称，接近于自白的方式，袒露内心的秘密，各个人物又各有特点，从各自的立场叙述故事的一部分，排列组合起来构成完整的故事。这样的多视角叙述方法，较之全知全能视角更让人信服，并持续吸引读者的阅读兴趣和注意力，更便于写出人物的细微心理和事件的细节，生动活泼，取得较好的艺术效果。

这种方法被当红推理小说家东野圭吾在长篇小说的创作中灵活运用，手

---

❶ 芥川龙之介. 罗生门 [M]. 林少华，译. 上海：上海译文出版社，2014：101.
❷ 芥川龙之介. 罗生门 [M]. 林少华，译. 上海：上海译文出版社，2014：94.
❸ 芥川龙之介. 蜘蛛丝·杜子春·手推车（等十七篇短篇精品）[M]. 东京：岩波书店，2014.

法娴熟，其作品《恶意》❶和《分身》❷就是多视角叙述的杰作。被称为东野圭吾四大杰作之一的《恶意》选取两个叙述视角：野野口修和加贺恭一郎。这两个叙述视角间隔呈现，循环往复，更有时态的变化，既有现在的叙事，也有"过去之章"，比《密林中》单纯的过去式叙事更为灵活。《分身》也是选取两个叙述视角：鞠子和双叶。两个视角交替出现，同样采用循环往复的方式，犹如二人手拉手旋转起舞，不断变换舞姿的同时升上高空，呈现出极美的舞姿。读这样的多视角叙事小说，如听鼓观舞，其审美享受，非同一般。东野圭吾似乎很喜欢用多视角叙述手法，其长篇推理小说《悲剧人偶》❸也是用这一手法创作而成，小说中多次出现小丑人偶视角，从小丑人偶的角度去叙述，使读者对扑朔迷离的案件和错综复杂的人际关系有了更清楚而又客观的认识。

综上作品，可知"盲人摸象"式多视角叙事的写作方法已经取得很大成功，有成熟的作品可供借鉴，因此可以应用于大学生的写作训练。

二、"盲人摸象"式的写作训练

盲人摸象的故事一共出现了四位盲人，加上统帅四位盲人，并组合四人所摸之象的国王，一共有五个叙述视角，以总分总的形式展开叙述。这个故事看起来像笑话，却并非随意构造，首先，盲人摸象的顺序值得注意，其顺序，从象牙、象鼻、象腿到象尾巴，从头到尾，并非胡乱摸摸了事。如果没有顺序地胡来，如从象腿开始，再到象牙，那么即使有"国王"在，也无法勾勒出大象的轮廓来。其次，国王的存在很重要。如果没有国王，盲人摸象确实只是一个笑谈。四个盲人在摸象之前，先找国王，国王自然知道大象是什么样子的，他"胸有成象"，并知道盲人存在"盲点"：眼睛看不见，用手触摸的话，大象太大，他们每个人也只是摸到一部分而已。但是国王很聪明，他让盲人自己去摸，自己并没有用高高在上的"全知全能"视角去告诉这几位盲人大象到底长什么样子——虽然国王有条件这样做。他知道如果总是他

---

❶ 东野圭吾. 恶意 [M]. 娄美莲, 译. 海口：南海出版公司, 2016.
❷ 东野圭吾. 分身 [M]. 王维幸, 译. 海口：南海出版公司, 2016.
❸ 东野圭吾. 悲剧人偶 [M]. 杨婉蘅, 译. 北京：北京十月文艺出版社, 2018.

一个人絮絮叨叨，什么都说完的话，看似方便，实则很累，而且没有效果。从另一个方面看，盲人和读者会怀疑他的话，甚至会厌烦，并产生排斥感和距离感。所以要让盲人自己摸，自己感受，自己叙述，最后他只需要统合这四位盲人的信息，大象才成为大象，故事才成为故事。

说到这里，相信读者已经明白：盲人摸象故事里的国王，其实就是写作者。

写作者要做的，首先是构思谋篇，即"胸有成象"，并可以随时牵出大象来，知道大象的头尾顺序，最后将几个视角的叙述按一定顺序放在一起，不必做任何提示和补充，相信读者，给读者自主权，给读者自由的空间，让读者参与到作品中，让读者在自己脑海里呈现出完整的故事。而这样的故事，才是丰富而又充实的、吸引人的。如此，这个故事可以带给读者多种意味丰富的解读可能，构成一个开放的文学世界。

这样的写作，不是光靠理论就能让学生掌握的，学习写作的人，要通过不同文体的反复练习，才能"敞开大门"，用有限的文字构筑无限的艺术世界。

这里，笔者仅以课堂上让学生练习过的小说、诗歌的课堂写作训练为例，具体谈谈"盲人摸象"式写作实践方案。

首先，从小说写作练习来说，作为教师，要提前一周布置作业，为"盲人摸象"式课堂写作训练做准备。作业的要求很简单：每位同学构思一个故事，可以是现实生活中看到的、听到的或亲身经历的，也可以完全是虚构的，但必须原创。一周后的课堂上，开"故事会"。每个学生上台讲故事，1—3分钟。"故事会"之后，大家投票选出其中三个最有意思的故事。并为下周的课堂训练再次布置作业：被选出的三个最有意思的故事的作者要组队，作者是队长，相当于盲人摸象故事里的国王，然后找几位（具体人数可以由队长决定）组员，组好队后，利用课后的时间，每个小队让组员分述故事的一部分，适当增加或减少情节、人物，讲述顺序由"国王"决定，下一周写作课上台以小组的形式来再讲一次故事，并加上适当的动作演示，这次不用"国王"出场，由组员轮流来讲，一个小组讲完故事后再到另一个小组。三个小组都讲完故事后，进行比较分析和讨论，先由各小组把这次小组形式讲述的故事与原来只有"国王"一人讲述的故事比较，看看有哪些不同，哪个故事哪种讲法更吸引人、更具有艺术魅力，并和其他同学一起分析讨论，总结写作方法。这一环节，组内组外的同学都可以自由上台发言。课堂结束后，每个同学要根据"盲人摸象"式讲故事的方法写自己原来构思的故事，两周后交上来。

小说写作训练以这种小组合作和故事会、讨论探究法来进行"盲人摸象"式的练习，比较有趣，每个同学既是写作者，也是听众，既可以分享自己的故事给同学，得到同学的点评，也可以听到和点评他人的故事。这样就能够充分调动学生的学习积极性，并让他们保持高度的热情，注意力集中。当然，这样的课堂写作训练需要的学时较多，笔者一般安排在大学一年级下学期的小说写作专题训练中进行。

"盲人摸象"式写作训练不仅适用于小说，也适用于诗歌，但具体的操作与小说略有不同，因为二者的文体特点不同。诗歌创作对语言表达、情感调动和灵感的捕捉要求都很高，创作现场会有一定的环境要求，因此笔者在课堂上进行诗歌创作练习时，通常要提前准备，选择一两首纯音乐，根据创作的主题，选择有助于刺激灵感的教具。例如，笔者曾以《花·意》为题进行师生创作练习活动，事先准备一枝花，什么花都可以，当时笔者家中刚好有玫瑰，因此带了三枝玫瑰到课堂，训练开始时，先让同学们保持安静，平复一下期待和激动的心情之后，播放舒缓的纯音乐，音量低如流水呢喃即可。笔者站在讲台上，取出三枝红色玫瑰，插在粉笔盒里，然后退下。现在，学生负责的诗意表演正式开始。按照事先的安排，一位女生夹着书走上讲台，装作无意中发现了粉笔盒里的玫瑰花，愣了一下，凝视玫瑰花片刻，取下其中一枝，微微一笑，走下台去。

一会儿后，走上来拿着画册的一位男生与一位女生，两人作边说边笑状，女生发现了粉笔盒里剩下的两枝玫瑰，男生却粗心，没有发现，一直自顾自地画起画来。二人沉默。女生盯着玫瑰不动，几分钟后，男生作画完状，起身，与女生打了个招呼，头也不回地走下台去。女生皱眉，忽地起身，取下两枝玫瑰，用力摔在地上，踩过去，走下台。

讲台空三分钟。音乐继续。

又一名女生提着扫把和盛着水的有点脏的小铁桶走上讲台，她开始打扫讲台的一角，忽然看到地上被踩扁的红玫瑰，赶紧捡起来，用嘴巴轻轻吹一吹，用手摸一摸花瓣，将玫瑰放在小铁桶里，凝视片刻。忽听到窗外有人叫她，她答应一声，转身走出教室。讲台上，只剩下一只又脏又旧的小铁桶和两枝带着伤痕却依然艳丽的红玫瑰。这样的场景持续三分钟后,音乐停。

诗意表演结束后,学生,包括上来表演讲台剧的几位同学,在稿纸上写一首自由体新诗,然后讨论分享。

在这个课堂写作训练中,教师是"国王",玫瑰花和几位男生女生的表演是"大象"的几个主要部分,台下学生的几十双眼睛是"盲人们的手",他们根据自己的"触觉"、灵感和想象,以诗歌的形式把自己的理解表达出来。

同样的"大象",同样的讲台,同样的玫瑰花,同样的音乐,不同的是每个盲人的手,灵感触发点也不同,因此写出来的诗歌是不同的,这是一个开放的诗意世界。收稿后,发现大部分同学都是写青春,写爱情,写年轻的愁绪,写亲情和梦想的也有,不一而足。最后,请参与表演的几位同学上台朗读他们的作品,再叫几位其他的同学上台分享作品,比较台上的视角与台下的视角有何不同,再给学生一些时间自由讨论,教师再总结归纳,并与所有同学分享自己写的诗歌。当时,笔者分享了一首题为《花·意》的诗歌:

与凋谢同在的

是盛开

红的面孔　绿的面孔

熟悉或陌生

在花间寻找

意

怎样写一次人

生

　

与遗忘同在的

是记忆

鲜艳的部分　暗淡的部分

熟悉又陌生

在花间寻找

意

如何安排一次相

遇

　　　　　在花间寻找意
　　　　　在风中追求自己
　　　　　她 在何处？
　　　　　我的情节安排
　　　　　　　在
　　　　　　　　这里

　　写作面前人人平等，师生同堂创作和切磋，既可教学相长，也可有效增强教学效果，活跃课堂氛围，教师也可以通过这种方式，把对写作的热爱之情和写作方法传达给学生，可谓一举多得。

　　诗歌的课堂训练，与小说的盲人摸象式训练方向有点不同，诗歌的盲人摸象式写作训练需要各位"盲人"自己寻找和决定要摸"大象"的哪一部分，并用语言表达出来，是分散式的，目的是让学生写出千变万化的"大象"，而不是整合在一起组成一头"大象"。在这个过程中，"国王"既是教师，也是每一位参与训练的学生。

　　文学作品难以阐释透彻，许多言外之意要在无声中思索和追寻，但是文学创作的过程可以回溯，用各种不同的方法溯源而上，日常生活中常见的事物，耳熟能详的故事，都可以成为写作的启示，也可以成为方法。多练，多读，多听，多思，是老生常谈，不过也是万千方法的本质，也就如此。写作没有捷径，曲折处自有风景。

（李杰玲，博士，海南师范大学国际教育学院副教授）

论《日本现代文学的起源》中的"自白制度"
——以第三章"所谓自白制度"为中心

■ 朱瑞贤

柄谷行人《日本现代文学的起源》落脚于研究日本文学，但是对世界文学也产生了很大的影响，这里的日本现代文学指的是兴起于日本近代时期即20世纪20年代的文学。柄谷行人站在日本这一典型西化的国家的立场上来讲现代文学的起源，甚至将讨论的范围扩大到了现代民族国家的建立。他提出随着西方现代文学的发展，人们慢慢接受了一套装置，并将这一装置放之四海皆准，忽略了这一装置背后形成的过程。本文以书中第三章"所谓自白制度"为中心，主要从文学的自白制度入手，简要谈论日本文学现代化、人的现代主体性建立，以及现代民族国家的建立等一系列问题。

一、自白制度的含义及其提出背景

"自白"，即自我告白，在柄谷行人看来是一种方式或一种手段，它在《所谓自白制度》这一章中一开始指的是文学的写作方式，后面则是扩大到超越具体文学文本对内心的自白。赵京华在书后面作出解释，柄谷行人的"制度"，可以理解为物质性的国家机器，也可以理解为"意识思维中凝固不变的认识模式或范型即内在化的制度"。❶ 后者的解释与本文更贴合。

柄谷行人提出日本在文学创作领域存在一种思想上的"颠倒"，人们认为是先有主体性的人，后有自白，但其实是自白制度催生了人的主体性，使人发现了内面的存在。"自白制度"是在日本受到巨大冲击的背景下形成的，

---

❶ 柄谷行人. 日本现代文学的起源［M］. 赵京华, 译. 北京：中央编译出版社, 2013：216.

"佩里来航"是文章中提出的标志性事件,在文章的后面有提及"佩里来航",即我们说的"黑船事件",19世纪上半期,英、法、美、俄等国家在工业革命的推动下迅速发展扩张,而此时的日本,因为长期处于锁国状态,国家羸弱不堪。1853年美国海军军官佩里率东印度舰队驶入日本浦贺港,迫使江户幕府打开日本的国门。"黑船事件"给日本带来了很大的冲击,同时也是日本现代化的起点,日本被迫对外开放,对外交流,同时国内的政治也发生了翻天覆地的变化,幕府统治走向衰落,天皇重新掌权,最终日本从封建国家成为君主立宪制国家。

柄谷行人在文中列举的多是佩里来航之后创作的文学作品,如《浮云》、《破戒》、《蒲团》(亦称《棉被》),以及重要的文学家田山花袋、岛村抱月、正宗白鸟、北村透谷、平冈敏夫、内村鉴三以及志贺直哉等人。一般日本的文学史大体分为上古、中古、中世、近世、近代几个阶段,近代又分为明治文学(1868—1912年)、大正文学(1912—1926年)、昭和文学(1926—1989年)与平成文学(1989年至今)四个阶段。❶ 柄谷行人列举的《万叶集》与《源氏物语》分别是上古与中古时期的代表作。而文章中主要分析的作品《破戒》与《蒲团》则是明治文学的代表作。

二、自白制度的表现:自然主义与私小说

柄谷行人提到,很多批评家批评私小说,认为私小说脱离了西方自然主义文学的轨道,但是他认为,私小说作家特别是田山花袋明显是学到了西方的内核,即压抑之下的自白,把真理、性、自白融合在一起。

(一)自然主义及其变种私小说

19世纪80年代,自然主义被日本文学家森鸥外介绍到日本,并在19世纪末20世纪初产生席卷之势。但自然主义的传入是有问题的,佩里来航之后,日本急切地想进入现代社会,他们在学习的时候,忽略了文学思潮背后的社会原因,更注重把握表面上的事情,具体到文学上就是学习其范式,即柄谷行人所说的如内面、自白、风景等装置,这其中存在颠倒因果的风险。

"私小说"是日本文学20世纪自然主义变异的一支,以田山花袋的《蒲

---

❶ 刘利国,何志勇. 插图本日本文学史[M]. 北京:北京大学出版社,2008:序.

团》为代表及起始。日本所谓的"私",就是"我",私小说就是将"我"从社会中抽离出来,沉溺于封闭的内心世界,大胆地进行自我暴露,强调真实性,展现自己的私生活以及内心的每个角落。

《蒲团》被日本以中村光夫为首的批评家所批评,他们认为私小说改变了学习西方的方向。这些批评家站在两分法的立场进行批判,两分法主张应该表现的自我与被表现的划分开来,以此来形成独立的作品空间。我们可以看到两分法其实是有一种观念在前,就是"自我"要先于表现存在,默认有一个"我"在等着被表现。很多人把这种观念的适用性扩展到古典文学中,认为《万叶集》时代的人们实现了自我表现。柄谷行人对此进行批判,首先他认为"自我意识"是在自白制度下产生的现代化装置,古代的人并没有现代所谓的"自我意识",现在最大的问题是很多人遗忘了源头,认为自我意识是一个自然而然就存在的东西。其次,柄谷行人认为"田山花袋的《蒲团》比起岛崎藤村的更具西欧式小说形态的《破戒》更有影响力",它"露骨地展现了组成西洋社会的某种颠倒之力"。❶

《蒲团》为什么会有这么大的影响,作者从表现形式与内容两方面进行了解释。

(二)《蒲团》的特殊性

1. 形　　式

岩波定本《日本现代文学的起源》一书提到了表现形式的问题。柄谷行人看西方的现代小说历史,认为作家都在很努力地把故事写得真实。我们阅读的一些写实主义的巨著在非常努力地虚构真实,为了达到这种真实,自白就成了虚构真实的一个途径。

至于日本,这里有三个小说可以加以比较,分别是森鸥外的《舞姬》、岛崎藤村的《破戒》与田山花袋的《蒲团》。

森鸥外《舞姬》:

> 我让车夫提着皮箱,刚要上楼,劈面遇见爱丽丝跑下楼来。她大叫一声,一把搂住我的脖子。车夫看了一愣,大胡子动了动,不知咕哝了句什么。

---

❶ 柄谷行人. 日本现代文学的起源 [M]. 赵京华, 译. 北京: 中央编译出版社, 2013: 62.

"这下好了,你可回来了!再不回来,我都要想死了!"

直到此时,我的心一直游移不定,思乡之情和功名之心,时而压过儿女之情占了上风。惟独在这一瞬间,一切踌躇犹豫全都抛诸脑后,我拥抱着爱丽丝,她的头靠在我肩上,喜悦的泪水扑簌簌地落在我的肩头。❶

森鸥外的《舞姬》是日本浪漫主义文学的先驱之作,主人公丰太郎探寻自我价值,追求自由和个性解放,对现实非常不满。这篇文章的主人公与舞女,其实是以森鸥外留学德国时为原型,不过他尽可能地夸张并强化了感染力。他用第一人称写但并不是私小说,他的真实性以及对自我的揭示、自白的力度还不够。

岛崎藤村《破戒》:

若知如此,应该早一些向他吐露自己也是新平民一事。那样的话,或许前辈就能更深入地了解我的心情。

后悔没有任何意义。丑松时而羞愧、时而悲伤。啊,在几个小时前还在和律师一起交谈着走出扇屋旅馆的莲太郎,现在竟然放在门板上被抬进了同一扇门。这时首先要告知东京的夫人,丑松承担了这个任务,他为打电报出门前往邮局。夜深了,道路上已没有了人影。电报一定要打,即使邮电员睡着了,也要把他唤醒。可是,夫人接到电报时将是一个什么样的心情啊。丑松想象着,竟一时想不出电报上应该写什么样的词句。当他走到又暗又寂静的交叉路口时,从远处不断传来狗叫声。丑松这时再也无法控制自己了,悲伤的泪水忍不住扑簌簌地流了下来。丑松一边走,一边放声恸哭。❷

岛崎藤村的《破戒》是日本第一部真正意义上的自然主义小说,主要讲的是一个新平民濑川丑松在经历一系列事情之后主动曝光自己身份的故事。岛崎藤村的作品明显反映了浪漫主义到自然主义的过渡,但《破戒》与私小

---

❶ 森鸥外精选集 [M]. 高慧勤,编选. 北京:北京燕山出版社,2005:16.
❷ 岛崎藤村. 破戒 [M]. 许昌福,译. 长春:吉林大学出版社,2010:323.

说有一定的差距。首先,作者写的人物是虚构的;其次,作者主要的目的还是针对外部的社会。

田山花袋《蒲团》:

> 时雄既无心看书,也无力提笔。已经入秋,时雄把身体横卧在冰凉的藤椅里,背上传来森森凉意,他一边看着长长的雨线,一边从这件事回想着自己这半生。在他的人生中有过好几次类似的经历。只因一步之差就与命运失之交臂,总是被排挤在圈外,那种孤独、郁闷的苦涩滋味是他经常体会的。在文学领域如此,在社会上也是如此。恋爱,恋爱,恋爱,一想到时至今日自己仍然被裹挟在如此消极的命运中,时雄就感到自身的懦弱和命运的不济直逼心底。他感到自己就是屠格涅夫所说的Superfluous man(多余的人——作者注)!主人公那虚幻的一生在他脑海中挥之不去。❶

可见田山花袋的《蒲团》是第三人称,但是与我们常说的"第三人称客观描写"不一样。在原本的"第三人称"中,所有的人物都可以透视,但是《蒲团》除了主人公的心理,其他的都无法透视,借助第三人称又把第三人称排除,写出了第一人称的效果。《蒲团》这样的写法,是强调作品的个人性,淡化了社会性。如果说《破戒》兼具了自我告白与现实批判,《蒲团》则更专注于自我告白。

2. 内　　容

柄谷行人提出,第一次写到"性"是田山花袋的《蒲团》产生重大影响的原因。现代文学中的性欲是与古典文学有区别的,田山花袋文章中的性爱不同于日本古典文学的《源氏物语》。自然主义认为人的性欲是本能,作者描写人的性欲是忠实于自然主义的真实原则。田山花袋描写的性爱是受到压抑的,这恰恰是接触到西欧文学内核的东西,就是自白的颠倒性。

与此相类似的是,基督教中存在的一种颠倒性,即"犯奸淫"这个问题。基督教非常严苛的一个戒律就是禁欲问题。它让人们的眼光监视自己的内面,警惕着一些想法流出来。自然主义所揭示的肉体,看似很自由,但是这些肉

---

❶ 田山花袋. 棉被[M]. 周阅,译. 上海:上海译文出版社,2011:29-30.

体都是受到压抑的，不管肉体如何漏骨地表现出来的，都是受到压抑的结果，不仅如此，暴露的这个行为也是肉体受到压抑的结果。所以，一些日本作家只是学到了自然主义的特点，并没有追溯这个装置背后存在的内涵。

三、自白制度的起源：基督教

作者在第二部分写道，在自白制度创造内面之前，基督教早已创造了内面，自白制度是文学表达层面的小装置，基督教是一个社会层面的大装置，它们的出现创造了内面。这一部分的"自白"已经跳出文学意义上的狭义的自我告白式的写作方法。

（一）基督教对文学的影响

作者在文中提出"西洋的'文学'作为一个整体乃是通过自白这一制度而形成发展起来的……西洋文学是形成于这个自白制度之中的"。❶基督教对西方的影响很大，现代西方社会仿佛已经远离基督教，但是基督教已经渗透到西方思想中。将基督教排除在外，就无法理解欧洲过去的艺术与文学。

明治时期的日本文学也是受到了很大的影响，正如正宗百鸟所言，虽然看起来宗教对日本的影响已经默默淡化甚至音讯全无了，但他后来发现的那些自然主义者所说的"怀疑""忏悔""自白"等都受到了基督教的影响。柄谷行人在这里举了一个例子，即文学中经常谈到的恋爱主题在日本古代并不存在，如北村透谷所说："尾崎红叶的小说乃至德川时代的文学里有着'风流'，但缺乏'恋爱'。"❷古代日本是叫作恋情，"风流""恋情"讲究的是"百花丛中过，片叶不沾身"，如果痴迷于对方，就是堕落入了恋爱，恋爱被认为是宗教性的热病，像《蒲团》《恋爱病患者》中也有类似的描写。

恋爱母题的出现与基督教息息相关，"西欧的'热恋'即使是反基督教的，也是只有在基督教下才会发生的'病态'"。❸首先，基督教主张的是人人平等，只有在平等这个层面上，人与人之间才有跨越阶级的恋爱，像古代的社会就是恋爱分阶级，所谓的爱有差等，即使是墨子的兼爱也不可避免会

---

❶ 柄谷行人. 日本现代文学的起源[M]. 赵京华, 译. 北京：中央编译出版社，2013：63.
❷ 柄谷行人. 日本现代文学的起源[M]. 赵京华, 译. 北京：中央编译出版社，2013：63.
❸ 柄谷行人. 日本现代文学的起源[M]. 赵京华, 译. 北京：中央编译出版社，2013：76.

出现阶级差异。其次,基督教的教会、活动同时也为恋爱的发展提供了一个场域。同时恋爱是反基督教的,因为基督教推行的是一种禁欲主义,禁欲主义认为,人的肉体欲望是低贱的、自私的、有害的,是罪恶之源,因而强调节制肉体欲望和享乐,甚至要求弃绝一切欲望,如此才能实现道德的自我完善,所以恋爱是违反禁欲主义,是反基督教的。同时作者提出基督教没有影响到的地方,是由文学来完成的,文学给人们带来了恋爱的现实之场,给人们带来了恋爱的幻想,就算是没有接触到基督教,文学也对人们进行了渗透。

(二)新教在日本的影响

作者在第三部分提出了这样的问题:为什么明治时期的日本是基督教而且是新教最有影响力。

其实我们现在所讲的基督教,就是基督新教的简称。11世纪,基督教分成了天主教和东正教,后来天主教又分为天主教和新教,传入中国,我们一般称新教为基督教,新教对天主教抱有不满。新教主张的是人可以通过内心、可以通过自己的力量得到救赎,马丁·路德所讲的"因信称义",就是在排除神的时候,为自己树立了主体性。放到日本当时的社会环境来说,被时代洪流抛弃的武士阶层更容易接受新教的影响。

武士阶层是德川时代的统治阶级,简单一点来说就是贵族的武装力量,是"四民之首"社会的最高阶层,但是随着江户中后期商业的发展,武士阶层地位有所下滑,下层的武士生活变得惨淡。到了明治维新时期,日本取消了武士阶层的特权,封建制度土崩瓦解,使依靠封建制度物质基础的武士阶层非常恐慌,他们带着不愿意放弃的武士精神去寻找能够让自己保住地位的方法,最后选择了基督教,希望通过成为基督教教徒从而恢复原有的地位,进而在新时代下重掌对社会的领导与控制。比如作者在文中举例直村正久、山路爱山、本多庸一等人,都是旧幕臣的子弟,他们因为依赖的武士精神与封建制度一起分崩离析所以转而相信了基督教,"他们通过放弃主人,完全服从于上帝而获得了'主体'"。❶ 基督教为他们带来了新生。

(三)基督教与日本现代文学主体性建立

关于日本现代文学的主体性是怎么建立的,作者认为,如果直接接受19世纪的西方现代思想,是不可能出现的,启蒙主义解放启蒙的力度不够唤

---

❶ 柄谷行人. 日本现代文学的起源 [M]. 赵京华,译. 北京:中央编译出版社,2013:66.

醒日本民众，日本的主体不是一开始就存在，而是作为一个颠倒存在。日本的现代文学是以基督教为媒介来确立主体性的，比如那些立志于精神革命的武士阶层，他们被时代压抑产生阴暗心性，借助基督教建立自己的主体性。于是他们开始自白，想着通过基督教获得主体性。

基督教身上所承载的西方文化，同明治时期的日本所追求的现代化有密切关系。我们在之前所说，新教的产生使基督教徒在排除神的时候，为自己树立了主体性，而人确立主体性是现代化一个非常重要的因素。基督教是现代化的深层基础。"基督教以信仰形态确立的人类中心位置支撑了人类征服自然的现代化进程，基督教恩宠救赎观与'新世界'目标孕育了从哥伦布探寻新大陆……到以基督教'新世界'自居的美国立国精神……路德新教改革以来个体与上帝的直接性关系成为个体本位的现代性基石，而上帝面前人人平等的基督教则构成现代民主的精神支柱。"❶ 由此可见，基督教对于现代化是非常重要的。

我们来回溯一下基督教与日本的关系。基督教传入日本，最大的作用是推动了日本的现代化。从文学世界来看，作者接受基督教影响，促进了文学主体性的确立，这也推动了日本现代文学的建立，进而推动的是现代国家制度的建立。日本的各种现代制度的建立不单单依靠基督教，而是多方面因素影响的综合。

（四）人物例子

作者在第四部分开头说到，内村鉴三典型地反映了"主体"确立的动态过程，同时讲到了他的学生对基督教的反叛，所以这一部分，我们就主要围绕这两个人来讲。相当于对上面的内容进行一种形象化的解释。

1. 内村鉴三的基督教信仰

内村鉴三因为皈依基督教成名，经历了由多神教向一神教的转变，而这种转变给他带来了很大程度上的精神自由。多神论的代表宗教有中国的道教、日本的本土宗教神道与古希腊的宗教等，而所谓的一神论代表有基督教、犹太教等。

如果站在多神教的立场上，世间万物都是神，那么"风景"这个概念里

---

❶ 尤西林. 现代性（modernity）与世俗性（secularity）——基督教对于中国现代化的双重意义[M]//卓新平，许志伟. 基督宗教研究：第6辑. 北京：宗教文化出版社，2003：10.

就会充满禁忌，内村鉴三在多神教的压抑下，是产生不了主体性的，然而在接触基督教之后，内村鉴三进行了精神的革命，一切的禁忌都被揭开，他看见了"风景"，获得了主体性，虽然这里的主体性是在对肉体的压抑之上建立起来的。内村鉴三由多神教转向一神教省去了很多麻烦，其中就有教派的纷争等问题，他放弃了武士的精神独立地位，去选择基督教，通过服从唯一神的方式，让他有了绝对的主体性，这让他既独立于日本，又独立于西方国家。当然无论是一神教与多神教，都对主体有压抑，基督教这种主体的建立，是在压抑肉体中实现的。而正是这肉体的压抑，让一些人产生了痛苦与迷惘，很多信奉基督教的人选择了背离，转向了自然主义。代表性的人物就是下面要说的志贺直哉。

2. 志贺直哉的反基督教姿态

志贺直哉有日本小说之神的美誉，被称为心境小说的大家。创作分为私小说和创作小说两部分。❶ 志贺直哉将表现个人主义作为自己的目标，他主张文学创作应该尊重个性，发挥人的意志作用，提倡人道主义和理想主义文学。

志贺直哉在青年时期跟随他的老师内村鉴三从学 7 年，内村鉴三一些人道主义的想法对志贺直哉有很大的影响，但是慢慢地，志贺直哉开始意识到基督教的禁欲意识给人带来的压抑与苦恼，这预示了他与内村鉴三的分道扬镳的必然。志贺直哉的《浑浊的头脑》就表现了一个饱受禁欲戒律摧残的半吊子基督徒津田是如何在性欲压抑以及性欲泛滥下走向畸形的。其实这里有一部分也是志贺直哉的自我写照。他在文章中肯定肉体、肯定性欲，点明了禁欲导致的弊端，确立了一种反基督的姿态。

在《起源》一书中，作者有引用《浑浊的头脑》里的一段话，志贺直哉在日记中暴露了自己的内心世界："我渴求健康，因为健康的体魄才能拥有强烈的性欲。"基督教却使人们不健康，呈现出一种病态。尼采的《敌基督》一书中，表明"基督教试图支配猛兽，其手段是使其变得病弱不堪——使之弱化正是基督教为驯服、为'文明化'而开出的药方"。❷ 由此可见，基督教成为弱者压制强者的手段。社会上所谓的"道德"只是为了保护那些无能的人。在尼采看来，现代人的这种自我意识或主体性，其实是一种价值的颠覆，一

---

❶ 张冬梅. 志贺直哉的文学观及其创作实践 [J]. 语文建设，2017（11）：34-35.
❷ 柄谷行人. 日本现代文学的起源 [M]. 赵京华, 译. 北京：中央编译出版社，2013：71.

种怨恨，因为它以所谓的现代人取代了真正类型的人，在尼采看来，西方文明是不断退步的，最糟糕最败坏的时代就是现代。❶

3. 小　　结

通过对两者的描述，可发现二者之间颠倒来颠倒去的一个关系。

内村鉴三这一转变的过程，是发现主体性、是现代化的过程，志贺直哉对他的反叛，是对现代性的颠倒，是一个逐渐后现代的过程。志贺直哉主要是在肉体与精神之间的关系上来对现代性主体性，也就是主体、意识等进行质疑，现代性主体性存在的基础，是灵与肉的二分，即主观与客观的二分，但是志贺直哉并不是那么认为，他更主张两者的相融而不是区分，在本书中，就举了相关的例子，如志贺直哉写的"我在哥哥的梦中杀了哥哥"，以及后面弗洛伊德的"一个小女孩揍了另一个小女孩一拳但是说另一个小女孩打自己"，他们都是展现了一种你我不分、主客不分的状态，而这种浑然一体的状态就很像现代以前那种朴素的时代，那个时候还没有现代的装置与概念，现代之后，我们才慢慢地进入装置中，生成一种主体的概念，才会认为自己是一个独立的人。而志贺直哉正是通过反叛现代性，成就了类似现代之前的后现代思想理念。

四、自白制度与现代民族国家的构建

这本书叫《日本现代文学的起源》，但是其揭示的已经远远超出了日本文学的范畴。作者在文章的最后提到文学与政治之间的一些关系"宗教和文学上的主观（主体）之确立，在某种意义上与'现代国家'的确立相对应"。❷ 佩里来航后的日本面临很多道路要走，明治二十年后，经济、政治等制度上颁布了宪法，开设议会，虽然有进展但是在国家形成上还有不足，小说家靠学习西方的装置促进思想上的现代化，本文讲的自白制度，就是这样一个加速现代化的装置。自白制度所建立起来的主体性的人，成为现代国家建立的基本因素。作者追溯现代文学的起源，是批判装置、批判内面、批判现代的。

虽然我们看见以文学为中心的现代精英体制似乎是对体制、政治的一种

---

❶ 吴增定.《敌基督者》讲稿 [M]. 北京：生活·读书·新知三联书店，2012：8.
❷ 柄谷行人. 日本现代文学的起源 [M]. 赵京华，译. 北京：中央编译出版社，2013：74.

反驳，好像我们就是以"个人自我"来对抗国家一样，但它是推动这个体制形成的不可缺少的因素，所以日本从生产型社会向消费社会转变的时候，与之一体的文学会衰落。赵京华指出，我们现在的这样一个娱乐型的文化艺术，正是对原来的现代文学压抑与排斥的一种抗争与复权。当今日本所处的时代是明治维新时期的以文学为核心的现代性精英文化开始衰退，而为后现代多元化的娱乐型文化所取代的时代。❶

五、总　　结

柄谷行人在前几章讲到了很多装置，如"风景""内面""自白"等，其提出的装置创造出了我们现在熟知的"主体性"。这种现代性的人的确立是现代文学的主要特征。现代文学主体的诞生，与现代民族国家在起源上有统一性，站在明治时期来看，这样的现代文学是促进现代民族国家建立的手段。所以反观现在，随着生产力的转型，现代文学也不可遏制地走向衰落。

同时作者批判的是，作为现代人的我们总认为主体、理想、自我意识、内面是本来就存在的东西，但并不是，它们作为一种装置是使文学现代化的手段，在现代之前的世界并不存在，让柄谷行人感叹的是，现在的人们把它们当作本来就存在的东西。

（朱瑞贤，中国传媒大学人文学院2021级硕士研究生）

---

❶　柄谷行人. 日本现代文学的起源［M］. 赵京华, 译. 北京：中央编译出版社, 2013：215.

论《继承失落的人》中的文化身份*

■ 李姿毅

由于英国殖民的影响，外来西方文化渐渐影响到印度这个具有浓厚传统色彩的美丽东方国家，促使印度英语文学崭露头角并逐渐发展成为殖民时期形成的特殊产物。同时，英语在印度得到广泛传播，尤其是一些高级知识分子，其英语水平都得到有效提升，因此产生了许多优秀的小说家。印度英语文学成为世界文学和英语文学中一个非常具有特点的品种。在众多印度英语小说家中，基兰·德赛（Kiran Desai，1971—）可谓一个不可忽视的文坛新星，有了前辈作家的影响，同时作为安妮塔·德赛（Anita Desai，1937—）之女，其从小受到的文学熏陶可想而知。2006年，基兰·德赛凭借其作品《继承失落的人》（*The Inheritance of Loss*）夺得第40届"英国布克文学奖"，并成为目前为止获此奖最年轻的女作家，其母亲安妮塔·德赛三次受布克奖提名却无一次获奖，而年轻的基兰·德赛刚处于创作初始阶段就获得如此高的评价，可见其前途无量。作为流散作家的一员，虽然德赛从小远离故土，与母亲定居国外，但其浓厚的思乡和爱国情怀是不可否认的。

提到流散作家，首先想到的则是维迪亚达·苏莱普拉萨德·奈保尔（Vidiadhar Surajprasad Naipaul，1932—）。自小奈保尔就受到其父亲的影响，对西方国家产生了浓烈的好奇与向往，1950年奈保尔赴英国牛津大学留学，学习英国文学，并在5年后选择定居英国。在英国多年的学习与生活都使他的思想无形中与英国同化，于是带着西方的批判性眼光，他再回到印度时便产生了不一样的情感。在他的眼里，印度是落后的，是迷信的，是消极的，"在《幽黯国度》中，奈保尔表达了自己对印度的失望之情，这是他无法认同

---

* 本文为国家社会科学基金一般项目"中国印度文学学科史研究"（19BWW034）阶段性成果之一。

的地方，印度的消极被动考验着他忍耐的极限"。❶ 与奈保尔不同的是，作为新生代流散作家代表的基兰·德赛并没有像奈保尔一样如此失望，相反，她更像是站在上帝视角，以一种包容的态度去看待印度的一切。在小说《继承失落的人》中，她透过细致入微的观察，娓娓道来，讲述着殖民文化背景下的不同人物的人生与身份。

小说《继承失落的人》是由多个故事交叉而成，故事发生在印度北部喜马拉雅山东北麓的噶伦堡镇卓奥友府。退休法官杰姆拜伊与外孙女赛伊和服侍他们的厨子住在这里。厨子的儿子比居在美国属于非法移民，靠着四处打工谋生。而小说则是在杰姆拜伊、赛伊与比居三个人的故事与经历间来回切换。杰姆拜伊作为高等种姓的印度人，受殖民时期及父亲影响，到英国留学。在西方文化的影响下，渐渐迷失了自我，虽始终无法被西方接受，但也主动拒绝接受印度文化。赛伊虽没有出过国，但在家庭和教育的影响下也对西方抱有向往之情，在生活中也效仿西方人的行为举止，但在与恋人基恩的文化矛盾冲突中重新辩证地思考了自己的文化身份问题。比居作为低等种姓的印度人，在国内无法逃脱种姓制度的命运，尽管选择到美国谋生，也无法被西方所接受，沦为异国他乡的"他者"，更是无法改变命运。厨子在小说中甚至没有名字，只以职业相称，作为老一代低等种姓的印度人，既无法像比居年轻一代一样到外国谋生，更无法改变种姓制度下的自身命运，只得麻木地接受现实，但他崇尚西方，认为西方黄金遍地，对自己儿子在美国这件事引以为傲，事实上，在他的心里已然成为印度文化的"他者"。

文化认同是殖民时期产生的核心问题之一，其原因则是"自我"与"他者"观念的混淆。"他者"概念最早是由西方人提出的，与"自我"相互对立。西方人将"自我"以外的非西方世界视为"他者"，因此他们被称为具有主体性质的"自我"，而殖民地的人则被称为"殖民地的他者"，或直接称为"他者"。总之，小说中的各类人物性格各异，经历丰富，各自的人生种种特点鲜明，纠结其间的文化身份也大不相同，而背后的民族文化认同观念，正是我们认识这部作品的一个重要向度。故本文意在通过对小说《继承失落的人》中杰姆拜伊、赛伊、比居和厨子四个主人公故事经历的分析，从"他者"形象、种姓身份、文化自信等角度指明殖民时期对不同文化身份带来的

---

❶ 黄晖，周慧. 流散叙事与身份追求：奈保尔研究 [M]. 杭州：浙江大学出版社，2010：129.

影响，从而能够体会到小说背后的意义与价值。

一、双重文化下的"他者"——杰姆拜伊

小说中杰姆拜伊是一个受过西方高等教育的高等种姓印度人，他深受西方殖民文化的影响，在西方接受教育与熏陶，为了融入西方，他曾试图改变自己的语言和肤色，但在西方人眼里，他只是个令人厌恶的印度人，最终只能成为西方文化和印度文化的"他者"。在英国，他没有朋友，整日以学习为伴，"学习是唯一可以从一个国家带到另一个国家的技能。他连续十二个小时不间断地学习，直到深夜。他没有在关键时刻做出勇敢的举动，反而是让怯弱和孤独找到了肥沃的土壤。他退缩到一种日益沉重的孤独中。孤独已成为一种习惯，习惯占据了控制，给他带来了阴影"。❶ 尽管饱受冷眼，但是他依旧以西方为傲，以至于回国后他依旧保持着西方式的生活习惯。"在英国，他被西方人歧视；在印度，他又为家人甚至整个印度社会所不容。法官成了夹在两种文化之间的'边缘人'，既不属于印度文化，更不属于西方文化。"❷ 可以说，面对西方文化，杰姆拜伊被动成为"他者"，他热爱西方文化但始终没有资格真正融入，而面对印度文化，他又主动选择成为"他者"，他无法接受落后的文化，即使他是一个印度人。"这样一来，杰姆拜伊的思想开始扭曲；他变得连自己都感到陌生，更别提周围的人了。"❸ 在西方人面前，他对自己的肤色、口音、身体、气味都十分自卑，他害怕自己的"丑陋"在西方人面前暴露。

在笔者看来，导致他成为两种文化间的"边缘人"的最主要理由则是源于他的自卑感，对于国家和文化的自卑感。作为一个印度人，却从内心深处始终认为母国及其文化低人一等，自小就产生了白人就是高等人种、西方文化就是高等文化的想法，促使他想要逃离母国，甚至想要抛弃自己的印度身份，在面对西方强势的文化时，"自觉地"选择顺从甚至同化，到了他热爱的英国，他却始终不被西方人接受，即使他做了一系列的改变却依旧没有结果，

---

❶ Desai Kiran. The Inheritance of Loss [M]. London：Hamish Hamilton, 2006：39.
❷ 张爱玲. 论基兰·德赛笔下的印度形象 [D]. 石家庄：河北师范大学, 2015：14.
❸ Desai Kiran. The Inheritance of Loss [M]. London：Hamish Hamilton, 2006：40.

可见文化自信是多么必须与必要。一直以来，西方都强调开放，他们会"热情地"迎接每一位来到西方的外国人，实际上却始终无法真正地容纳接受他们，种族歧视依然存在。

与其说杰姆拜伊是小说中的一个人物，更不如说他代表的是一群人，他们深受西方殖民的影响，对西方不自主地美化，在看到西方的新世界后就对母国印度产生了失望甚至厌恶，"后殖民主义的思想不仅直接迫害少数族裔人群，也常被少数族裔内化：他们接受了西方的这种二元对立思维方式，觉得西方的一切都是高尚的，就不免对自己的族群产生贬低之情"。❶可以说，这群人是值得可怜的，他们被大时代深深影响，却最终导致自己成为西方与印度的"他者"，但又可以说，这群人是不值得可怜的，他们对本国文化没有坚定立场，在面对大千世界时对自身的本土与移民文化身份产生了矛盾心理，但不曾想到如何更好地发展母国，如何更好地传播母国文化。由此可见，杰姆拜伊所代表的这一群人是永远无法获得归属感的。

二、重新思考文化身份——赛伊

作为年轻一代的高等种姓印度教徒，赛伊在成长过程中对于自己的文化身份也曾感到迷茫，但最后能够通过东西方文化差异辩证地思考自身文化身份，并进行重建，从而取得新的认知。不同于祖父杰姆拜伊，赛伊从小到大都没有到过西方，她对西方的所有了解仅仅来自家庭的影响以及修道院的教育，由于西方殖民影响，殖民者带来的不仅有政治和经济方面的入侵，同时还有文化教育层面的入侵。"思想文化领域的开拓是为瓦解印度人的民族自尊心服务的。学校、报刊、教会对印度文明不加分析地鄙视、排斥，通过各种途径把民族虚无主义、自卑感和崇洋媚外心理灌输到人们心田，对年轻一代，特别是知识分子的思想成长产生了严重的毒害作用。"❷"这里的体制也许执迷于净化，但它更擅长定义罪恶。它不断鼓励发掘愧疚和欲望的力量，挑动着刺激的潜在的后果。这是赛伊所学到的，也是表里如一遵循着的绝对的信

---

❶ 徐盼. 从冲突到融合——后殖民理论观照下移民身份的失落与重构 [J]．（下半月），2016(1)：96.

❷ 林承节. 印度史 [M]．北京：人民出版社，2004：249.

条:蛋糕比拉多斯(Laddoos)❶好吃,用刀叉勺子吃饭比用手抓好,抿基督的血,吃象征他身体的薄酥饼比用万寿菊花环装饰着男性生殖器的图腾更文明,英语比印地语强。"❷ 虽然她没有见识过真正的西方,但是她在行为和思想上对西方产生了认同甚至是同化,她只会说英语,不会说母语,这种行为和思想也最终成为与爱人分道扬镳的导火索。虽然她没有出过国,但也许如果她出国的话,她的下场可能与杰姆拜伊不尽相同。如果说杰姆拜伊还有值得同情的理由,那么赛伊就不同了。赛伊并没有真正意义上了解西方,从人们口中仅有的描述就能让她对幻想中的西方产生无尽的向往,从接受教育的那一刻起,赛伊就没有对母国产生文化自信,同时在成长的过程中,赛伊的身边不乏出现许多印度人,如此的接触都未能唤醒她对母国的热爱,她依旧热爱西方的小资生活。但在她与数学老师基恩的爱情冲突中,她第一次开始理智地正视自己的文化身份问题。作为新一代的"移民者",她会进行辩证地思考,虽然在成长的过程中,她曾对自己的身份认知渐渐迷失,但是不同于杰姆拜伊这样老一代的移民者对西方文化一味顺从的态度,赛伊则是对自己的文化身份进行重新构建,从而产生新的认知。

三、无法改变的"他者"身份——比居

小说中的比居身居美国,但与杰姆拜伊不同的是,比居低等种姓的身份使他并没有资格到国外求学,而更多的则是谋生。作为一个偷渡者,他更没有资格与杰姆拜伊出国求学相提并论。同样,二人的身份相差悬殊,杰姆拜伊是帕帝达种姓,世代为富农,而比居与其父亲都属于低等种姓,世代为奴仆。且二人的文化水平也存在巨大差异,杰姆拜伊受过西方高等教育,而比居则是一个讲着蹩脚英文的技不娴熟的服务员。比居即使留在国内,也是做一个服务者,但他依旧选择了做一个国外的服务者,他在国外频繁地换着工作,像是一个没有通缉令的逃犯一样。

大多数印度人都同比居一样,选择到西方国家谋生,这些印度人过分顺从西方的规则,争着抢着只为拿到进入西方的门票,"挤得最凶的排第一,他

---

❶ 印度一种由黄豆粉做的球状甜点。——引者注
❷ Desai Kiran. The Inheritance of Loss [M]. London: Hamish Hamilton, 2006: 29-30.

扬扬自得地笑了。掸掸身上的灰,以猫一般优雅的姿态展示着自己。我是文明人,先生,很适合美国,我是文明人,女士。比居注意到他的那双眼睛,面对外国人时立刻放光,但当回头看同胞男女时就立刻呆滞,了无生气"。❶而实际上毫无公平可言,签证通过与否只是审批人的一时兴起,而印度人之间相互争抢,毫无同胞之情可言。看似可怜,实则可笑。

基兰·德赛曾在一次访谈中提道:"最令我感到惊恐的,是很多人嚷着说印度移民是最有钱的少数族裔,却从来不提世界上最贫苦的印度人正是那些来到美国的底层移民,他们既被西方世界遗弃,也遭到富有的印度同胞不屑一顾。"❷ 比居给同是印度人的哈利什-哈利打工,本以为同为印度人可以相互怜惜,但实际上并非如此,比居因工作摔倒后请求哈利什-哈利看病一事而互相撕破了脸。哈利什-哈利拒绝为比居请医生,并将比居一类为他卖命工作的人比喻为猪,可见像比居一样只为求生的非法移民者不仅得不到西方的关注,更受到同胞的轻视,他们不被西方接受,因为他们是印度人,他们也不被高等种姓的印度人接受,因为他们是低等种姓人。

与杰姆拜伊不同的是,比居即使身处异国,却始终没有放弃对母国的想念与热爱,也没有放弃自己的宗教信仰,他始终保留着自己血液中的民族尊严。面对西方文化霸权的压迫与管制,以及自身强烈的求生欲望,部分印度教徒对母国的宗教信条发生了变化,"面对欧洲殖民者的入侵,基督教在整个印度得到了广泛的传播,传教士也进行了大规模的传教活动,部分印度教徒开始转信基督教,但通常都保留了他们自己的社会习俗,包括种姓制度,将印度习俗与基督教结合在一起,形成了一个独特的宗教形式——印度式基督教"。❸ 殖民主义除了对殖民地进行政治、经济和文化入侵,同时还有宗教思想入侵。印度宗教之多,甚至被称作为"宗教博物馆",宗教的影响深入印度文化与身份的每一部分,深深影响着每一个印度人。但面对英国殖民者的疯狂压迫,印度教徒对于本国宗教坚贞不渝的信仰发生了变化,印度本土的宗教信条也不如从前一般不可动摇。由于传教士大规模的传教活动影响,一些印度教徒开始接受基督教,同时,一些身处他国的印度教徒,由于文化信念

---

❶ Desai Kiran. The Inheritance of Loss [M]. London: Hamish Hamilton, 2006: 183.
❷ Lindsay Pereira. "人情的温暖是印度根深蒂固的一部分"——印度女作家基兰·德赛访谈 [EB/OL]. 周融, 译. (2017-05-18) [2021-11-20]. https://www.sohu.com/a/141637116_263413.
❸ 郑飞. 《失落》的后殖民主义解析 [D]. 天津: 天津师范大学, 2013: 11.

动摇而渐渐放弃了原有的宗教信仰。牛在印度被视为神灵，在一些印度电影中也能够看到印度人对牛爱护甚至膜拜。在印度杀牛是犯法的，更不要提吃牛肉，在印度这个宗教信仰十分强烈的国家，若是有人触犯了神灵，将会被视作印度教徒的罪人。在比居曾工作过的餐馆里，一些印度人却点了牛排吃，面对这些亵渎神灵的人，比居善意提醒却遭到无视。即使身处困境，比居依旧保持着对母国及其宗教文化的热爱与敬仰。

在经济全球化发展迅猛的大背景下，各国发展不平衡的现象日益严重，于是全球化的移民现象愈发严重，面对西方的文化霸权，一些印度人不堪国内现实的打击，选择到伊甸园般的西方发达国家求生，去寻找自己的西方梦。"贫穷落后的印度现状使越来越多的印度人把谋生的希望转移到西方，他们渴望摆脱贫穷的命运，实现发家致富的愿望。而这一愿望从一开始就注定了要破灭的结局，这样的结局是有其必然性的。"[1] 比居也是如此，他背负着父亲的期待，打破等级制度的束缚，到美国追求自己的未来，但是最后发现所做的一切都是徒劳无功。也许作为一个非法移民者，他的梦想注定落空。

四、内心实为"他者"——厨子

小说中的厨子好像与"他者"形象格格不入，他不像杰姆拜伊一样在国外生活过，不像赛伊一样受过西方教育，更不像自己儿子比居一样出过国，哪怕只是个服务员，作为一个低等种姓的印度人，他无法改变自己的地位，更无法改变自己的命运，只能永远做一个仆人。但实际上，厨子作为印度种姓制度下的底层者，在殖民影响下对英美国家产生了无限向往，但是又无法改变自己的命运，只得将希望都寄托在子辈身上，能去美国就是光荣的，哪怕只是去打工，也能够成为他在乡亲面前炫耀的资本。在种姓制度下，印度人祖祖辈辈都从事着同一种职业，严格遵守着这一社会规则，但在杰姆拜伊提出让比居子承父业——以仆人身份回到印度来服侍他们一家的时候，厨子连连拒绝，他不想让儿子比居同自己一样终生无法改变自己的命运，努力将比居送往国外，因为他深知，如果身在印度，他们低等种姓人永远也得不到翻身的机会。

---

[1] 张爱玲. 论基兰·德赛笔下的印度形象 [D]. 石家庄：河北师范大学，2015：16.

厨子的形象反映了印度种姓社会下层人民的生活。种姓制度一直以来在印度人的心里根深蒂固，"言印度宗教哲学必言种姓，言印度社会必言种姓，言印度人的行为方式和文化心理必言种姓，言印度的过去和现在亦都必言种姓。从这个意义说，称印度教社会是种姓社会，称印度教文化是种姓文化，或无不当"。❶ 自印度发展近千年来，种姓制度始终存在，不论国家如何发展，种姓制度始终深深地烙在每一个印度人的心中，"在历史长河中，种姓制度也有变化，不过这种变化只是种姓体制内的变化，及主要表现为种姓集团的分裂与融合、种姓数目的增减、种姓地位的升降等。也就是说，这是量的变化而非质的变化"。❷ 然而作为种姓制度的底层，像厨子一样低等种姓的人已经麻木，他们自觉地遵守着种姓制度的规则，不去试图改变，也从不为自己的利益而做出努力，面对强大势力，他们也只是会以卑微的姿态哀求，他们故步自封，无法改变现状，只得做一做美梦。

五、结　　语

小说中的四个人物个性鲜明，其文化身份更具有代表性。杰姆拜伊代表了殖民时期影响的高等种姓一类人，他们对于西方文化一味地顺从，在西方殖民文化的影响下，对自己本国文化身份产生了厌弃的心态，他们拒绝做一个印度人，却永远也无法当一个西方人。赛伊代表了新一代"移民者"，他们在家庭和教育的双重影响下对西方产生了迷恋与效仿，虽然在成长的过程中对自身的文化身份产生了迷茫，但也没有完全顺从于西方文化，相反能够理性地进行辩证，对自己身份进行解构与重建。比居代表了新一代低等种姓人，他们不堪于印度种姓制度的枷锁，选择到西方国家谋生，但由于自身低等种姓身份的烙印始终无法改变，他们即使身处西方国家也过得不尽如人意，尽管如此，他们对于自身的文化身份还是会有深刻且清晰的认知，他们对与印度及其文化还是抱有热情及敬畏。厨子则代表典型的印度社会最底层人民，对生活的麻木，对身份地位的无助，使他们只能将希望寄托于他人，寄托于幻想中的伊甸园般的西方世界。"关于德赛的写作有助于我们理解小说标题中

---

❶ 尚会鹏. 种姓与印度社会 [M]. 北京：北京大学出版社，2001：4.
❷ 尚会鹏. 种姓与印度社会 [M]. 北京：北京大学出版社，2001：3.

继承的观点,不是毫无疑问地拥抱欧美历史和价值观,而是对其在我们当代世界中持续影响的以不平等、痛苦和损失为标志进行关于心理、社会和文化层面的批判性阅读。"❶

小说人物文化身份背后的文化自信问题更是需要引起读者深思,"文化自信,是一个国家、一个民族、一个政党对自身文化价值的充分肯定,对自身文化生命力的坚定信念"。❷ 印度是历史悠久的四大文明古国之一,其历史文化精彩程度可想而知,但大量印度人在殖民时期选择移民到西方国家,问题根源则是印度人民对于自身文化的轻视与不自信,面对西方文化的入侵,他们很容易就被吸引、顺从、同化。印度政治、文化在发展过程中的确存在问题,这个复杂的问题需要辩证思考,但一味地贬低自身文化并无条件转向他国文化是不利于真正解决核心问题的,同时也会让自己出现如同小说人物一样的失落的状态。

(李姿毅,北方工业大学文法学院 2020 级硕士研究生)

---

❶ Oana Sabo. Disjunctures and diaspora in Kiran Desai's The Inheritance of Loss [J]. The Journal of Commonwealth Literature, 2012, 47 (3): 379.

❷ 云杉. 文化自觉 文化自信 文化自强——对繁荣发展中国特色社会主义文化的思考(中)[J]. 红旗文稿, 2010 (16): 4.

《飞逸》中多元白人形象的塑造*

■ 刘克东 李 汪

一、引　言

谢尔曼·阿莱克西（Sherman Alexie，1966—）是当代最著名的美国印第安裔作家之一，被《纽约时报》誉为"这个时代最动听的抒情声音"，❶ 出版多部长篇小说、短篇小说集、诗歌集、剧本，荣获包括2007年度美国国家图书奖青年文学奖（the 2007 U. S. National Book Award for Young Adults）在内的多项大奖，代表作有《飞逸》（Flight，2007）、《一个兼职印第安人绝对真实的日记》（The Absolutely True Diary of a Part-Time Indian，2007）。

作为新生代的美国印第安文学文坛上的作家，阿莱克西笔下的印第安人主角的人物形象不流俗于白人主流文化下的刻板印象，不拘束于"种族"标签的限制，而是有着属于独立个体的更加生动的行为逻辑与表达。他不避讳对于历史种族暴力冲突的现实主义描写和探讨白人文化主导的现代社会之中印第安人的窘境。同时，他也通过更加丰富的人物形象和人性的呈现，主张反暴力，宣扬爱与包容才是解决种族问题的根本，为读者展现了在和平与融合下新型种族关系塑造的可能。

在白人对自己殖民历史的书写之中，他们通过对于主流文化的主导，在电影和文学作品之中，常常以塑造自己高大伟岸的形象和重新书写历史的方式来粉饰历史上他们暴力残忍的行径。比如"典型的美国电影"❷ 的西部片

---

* 本文为国家社会科学基金一般项目"北美印第安文学中的共同体书写研究"（21BWW067）阶段性成果之一。

❶ Peterson, Nancy J. Conversation with Sherman Alexie [M]. Oxford: University Press of Mississippi, 2009: 129-130.

❷ 安德烈·巴赞. 电影是什么? [M]. 崔君衍, 译. 北京: 中国电影出版社, 1987: 230.

就是很好的例子。西部片以"西进运动"为背景，展现了19世纪下半叶开始的美国人越过圣路易斯和密西西比河向西部扩展百余年历史的过程。❶ 在西部片中，作为"文明"代表的美国白人，通常以乐观自信、骁勇善战、拥有高尚道德品质与社会责任感的牛仔形象出现，而与之相对的则是代表着"野蛮"的"红番"印第安人，他们是残暴、血腥的脸谱化人物，❷ 这一类文学影视作品代表的美国大众文化将白人和印第安人作为"文明"和"野蛮"二元对立起来，于是在印白冲突过程中，白人以暴制暴，对印第安人的驱逐与屠杀就具有了正义性与合理性，而在这个"执行正义"的过程中，美国白人也完成了对于他们个人英雄主义和自我神话的书写。

阿莱克西的小说《飞逸》讲述了一个印第安问题少年"青春痘"意外开始了身体转换和时空穿梭之旅，在旅程之中他经历了不同种族不同时代的人的生活，对印白的种族关系有了更深刻的认识，最后回到现实与社会和解，积极融入社会的故事。本文将以《飞逸》为文本，探讨故事中塑造白人形象的三种范式，同时结合这样的形象特点讨论阿莱克西小说人物的多元性。

二、"救世主"

"救世主"代表了美国主流文化中在种族故事里白人惯有的形象，是主流意识形态在文化中的一种体现，而这种形象出现在印第安文学作品中，则体现了这种主流文化潜移默化的影响。"白人救世主"这种形象源自好莱坞电影。马修·修伊认为，"白人救世主"是好莱坞电影里常见的一种形象，其中包含白人角色拯救有色人种角色的剧情范式。❸ 这类白人角色往往在生活中受困或遭遇危险，但仍承担起领导、指引有色人种角色的职责，并拯救他们或帮助他们获得道德上的救赎。❹

在"伤膝谷大屠杀"里，带着不到五岁的印第安男孩"弓箭男孩"（Bow

---

❶ 李正奥. 好莱坞西部片意识形态的类型化表达 [J]. 电影文学, 2019 (16): 85-88.

❷ 覃晶. 从韦斯·斯塔迪的电影之路看美国西部片中的印第安人形象 [J]. 电影评介, 2020 (20): 49-52.

❸ Matthew Hughey. The White Savior Film: Content, Critics, and Consumption [M]. Temple University, 2014: 252.

❹ Matthew Hughey. The Whiteness of Oscar Night [N]. Contexts, 2015-01-19.

Boy）和悔改的印第安追踪者❶逃跑的白人男孩"小圣人"（small saint）就是一个这样的"白人救世主"的形象。他只是一个 16 岁初出茅庐的白人士兵，唯一的武器只是一把军刀，而这把军刀需要对抗的是装备着火枪与马匹的强大军队。但是，他仍然担负起了保护"弓箭男孩"、带领后者以及印第安追踪者逃跑的职责。在这里"小圣人"实际上是"青春痘"（也就是印第安追踪者）对于这个白人男孩的称呼，同时"圣人"（saint）作为一个源于基督教的代表伟大身份的词汇，被赋予一个白人小孩，并且以一个印第安人之口发自内心地说出。此外，当主人公以为那个白人男孩冲过去是要杀害印第安男孩的时候，他感叹的是："噢，耶稣，请阻止这场杀戮。噢，上帝，（那些白人）冲下来，然后像捏碎虫子一样捏死我们。""但是耶稣上帝又何曾阻止一个人复仇呢？"❷ 这两句话表面上是对于基督教上帝真实性的质疑，实际上暗示作者已经潜意识里把这种"上帝主宰一切"的文化逻辑视为约定俗成的前提，他在不自觉中已经在这种白人宗教的话语逻辑之下叙事，并表达自己的情感倾向。而这些作者认为，或者作者设定为约定俗成、不言自明的前提，形成意识形态的典型表述。❸ 也更加表明现代印第安人在潜意识之中默许接受了白人宗教中"救世主"的文化概念，同时也认同自己以一种宗教的形式被拯救的事实。

而从整部小说来看，对于"青春痘"来说的救世主，显然就是那个正义悲悯的白人警察戴维（Dave）。在"青春痘"的描述中，他赋予这个白人警察许多美好的想象，比如像戴维这一类的警察大多数拥有着混乱、残忍的童年，他们成为警察就是为了建立世界的秩序。他们糟糕的童年经历不断提醒着他们要拯救像"青春痘"这样的儿童，成为他们的人生导师。❹ 而"青春痘"事实上对于戴维的生活毫不了解，他对戴维这样推测的解释仅仅是"伤者可以闻见伤者的气味"。❺"青春痘"对于戴维与自己相似遭遇的想象，正体现了他想要被白人主流社会认同、被强者拯救的渴望。他想象的戴维的这些并不如意的遭遇和劣势形成戴维白人身份的降级，同时提供了二者共同分

---

❶ 印第安追踪者：Indian tracker，为白人服务的印第安人，帮助白人追捕逃跑的印第安人。
❷ Sherman Alexie. Flight [M]. London：Harvill Secker, 2008：80.
❸ 戴锦华 . 电影批评 [M]. 北京：北京大学出版社，2004：190.
❹ Sherman Alexie. Flight [M]. London：Harvill Secker, 2008：19.
❺ Sherman Alexie. Flight [M]. London：Harvill Secker, 2008：19.

享的心灵空间，为"救世主"与被拯救的少数族裔的相识相知再到互相认同提供条件。最后，戴维也成功履行了自己作为"救世主"职能。在印第安少年忏悔了自己的罪行以后，他像"救世主"一般宽容地原谅了他，然后，给予"青春痘"一个梦寐以求的家庭，这些救世行为本质是一种"心理补偿式幻想"。❶ 在"救世主"的叙事中，"通过对低等种族及其所代表的文化予以拯救，美国救世主可以完成他们所代表的强势文化对'自我'霸权身份的确认"。❷ 而少数族裔也在一定程度上获得了心理满足，但是，这种心理满足本质上还是建立在主流意识形态潜移默化之中赋予他们的"白人至上"的价值取向上。因此，戴维白人男警察这个身份很好地迎合了美国主流文化对于成功人士以及他们自我神话的想象，同时还填补了"青春痘"父亲身份的空缺——一个可靠、强大、包容、温柔的白人父亲形象，是印第安孤儿少年对自己父亲的幻想，也是印第安人对于接纳他们的美国主流社会的幻想。

"救世主"形象是白人自我神话的工具，是白人借助对于主流文化主导塑造的自我意识形态在印在第安文学中潜移默化的体现。

三、"刽子手"

尽管部分角色不自觉地流俗于主流文化中的"救世主"形象，但在对抗印第安人与白人刻板印象方面，阿莱克西以"刽子手"的形象对白人伟岸光正的形象加以回击。"刽子手"往往是野蛮与暴力的代名词，以直接或者间接的手段对低位的弱者实行压迫。

以乔治·卡斯特为代表的白人将领，就是纯粹的野蛮与暴力的象征。在《飞逸》的小说文本中，阿莱克西解构了"晨星之子"卡斯特在白人历史书写之中英雄将领的形象，并把他描述为刚愎自用、滥用暴力和权力获取社会地位的疯狂军官。卡斯特追求极致的暴力，他摒弃老旧的加特林枪，因为"它们只能一分钟发射一百发子弹"。他屡次无视最高指挥官的指令，强迫他的士兵向小大角（Little Big Horn）进军，并且行进超出士兵负荷的路程。为

---

❶ Vera Hernán, Gordon Andrew. Screen Saviors: Hollywood Fictions of Whiteness [M]. Lanham, Maryland: Rowman &Littlefield Publishers, 2003: 32.

❷ 董燕，周卓盈. 论严歌苓对美国救世主形象的解构 [J]. 江汉论坛，2017（8）：95.

了独占军功，他不等援军到来就擅自发起进攻。卡斯特不再能被书写为一个以"执行命令为军人的天职"的合格军官，而是任由自己被虚荣和屠杀的欲望驱使的刽子手。"卡斯特并不重要。他很容易就能被替代。有太多的更聪明更擅长杀死印第安人的士兵了。"❶ 卡斯特被霸权意识所裹挟，俨然成了一个没有自我意识与主观能动性的符号性人物，只是丧失道德感和责任感庞大的集权体制中的一部分，❷ 随时可以被更换和替代。而最后他的悲剧性结局也恰似他这种疯狂暴力屠杀行为和自大心理的反噬——最后他在印第安营地被印第安人围攻致死。

阿莱克西笔下的"刽子手"也不仅仅是直接施行暴力的人，更重要的是伪装在文明者身后引导暴力的人。这也是"贾斯蒂斯"（"Justice"，即"正义"）这个人物形象的高明之处。"贾斯蒂斯"这个具有讽刺意味的名字，正讽刺了白人将自己伪装成文明的高位者，打着正义的幌子歪曲印第安人的历史，利用和陷害印第安人，在达到"刽子手"施行暴力目的的同时，不让自己的手上沾染一点血迹。这也是白人自诩"文明"的高位者的惯用伎俩。比如美国在 1887 年签订的《道斯法案》，破坏印第安人土地公有制，通过用土地收买一些人，而使另一些人一无所获的方法，造成印第安人内部的分裂。❸ 文中的贾斯蒂斯以一个博学的知己和引路人的身份出场，出现于"青春痘"的人生低谷，利用"青春痘"的信任，在诱导"青春痘"暴力犯罪之后转身离去，也让"青春痘"险些走向毁灭。由于"青春痘"处在形成自我意识的关键阶段，因辗转于不同的白人收养家庭，饱受暴力与虐待，所以他愤世嫉俗，不再信任他人，并用暴力和脏话武装自己，同时他却强烈渴望着他人的关爱。贾斯蒂斯的出现可谓非常好地迎合了"青春痘"的所有需求，他外表出众，博学，特别是熟知白人对印第安的种族殖民史，并且表达出对于白人丑恶行径的强烈愤慨之情，于是懵懂无知的"青春痘"很容易地就被他所吸引。在怂恿"青春痘"的过程之中，贾斯蒂斯巧妙重构了印第安的文化元素"鬼舞"（ghost dance）的意义。鬼舞是 19 世纪 70 年代派尤特（Paiute）族印第安人沃沃卡（Wovoka）发明的舞蹈，他提出："只要印第安

---

❶ Sherman Alexie. Flight [M]. London：Harvill Secker, 2008：63.
❷ 邱清．谢尔曼·阿莱克西《飞逸》中的反暴力书写 [J]. 社会科学, 2016 (11)：184-191.
❸ 李剑鸣．两个世界文明汇合与北美印第安人的历史命运 [J]. 历史研究, 1992 (1)：20-34.

人跳这个舞足够久，所有死去的印第安人就会回来，同时白人就会消失。"❶但是这个舞显然没有用，因为所有的舞者都被宰杀了。但是"正义"通过假设这个传说寓意的真实性，发出对于"青春痘"的关键诘问："如果可以让你的妈妈复活，你愿意杀死一个白人吗？"同时在不断追问和诱导之下"正义"让"青春痘"给出了肯定的答案，给青春痘在银行射杀无辜者的行为提供了"合理"的动机与解释。最后，"青春痘"变成了杀人犯和恐怖分子，而他信任的贾斯蒂斯早已不见踪影。在这个故事里，"招魂舞"在原文语境中的意味只是一种美好的愿望，一种印第安人对于回到过去美好生活、亲人归来、侵略者消失的愿望。但是，在"正义"的歪曲之下，它却变成了以命换命的极端复仇手段的理由，即以一个白人的性命去换取一个印第安人的性命。从美好的愿望到暴力的阐释，现代文明社会白人的强权者制定规章准则为己所用，用他人的暴力来谋取自己的利益，成为伪装在文明者表皮下的"刽子手"。

"刽子手"借助真实历史事件背景，讽刺了白人在自己伪造的文明者形象下的野蛮行为，是对于主流文化中白人伟岸光鲜形象的有力回击。

四、"心碎者"

相比于"救世主"和"刽子手"的相对平面的形象塑造，"心碎者"的形象显然更加饱满。"心碎者"们尽管有的表面光鲜，事业有成，但都饱受暴力、仇恨与背叛的折磨，而这也是他们与许多印第安人的共同点。这个共同点超越了种族、阶级的界限，拉近了彼此的距离，为印第安人与白人的世界建立了可以共同分享的心灵空间。

其中一个"心碎者"是飞行员吉米。他拥有体面的工作，但仇恨与背叛缠绕着他，他为无意中促成好友恐怖袭击，而后自杀而愧疚。他的出轨行为也使他破碎的婚姻岌岌可危。吉米的好友阿巴德是埃塞俄比亚的穆斯林，吉米是他的飞行教练。由于对"9·11"事件的忌惮，吉米曾经因为阿巴德的肤色和国籍犹豫是否要教他开飞机，出于对好友不信任想法的愧疚，他最终还是选信任阿巴德。但他没想到的是，最终阿巴德背叛了他的信任，开着飞机自杀式地撞向了芝加哥市中心。因为他无法忍受美国对于他祖国埃塞俄比亚

---

❶ Sherman Alexie. Flight [M]. London: Harvill Secker, 2008: 29.

的暴行，于是他借助个人的暴力对抗强权的秩序，而他的死亡成为好友吉米一生的梦魇。美国的暴力为少数民族带来痛苦，其引发的连锁反应其中一条，注定会反噬到自己国民身上。而吉米的妻子琳达则是丈夫不忠的受害者。吉米背叛了她，出轨于情人海尔达。吉米是爱他的妻子的，所以面对情人海尔达的挽留，他选择了转身离去，但是，这种爱又因为他的背叛而显得廉价。于是他一直深陷在愧疚的桎梏之中无法解脱。

面对他人的背叛，阿巴德和琳达都选择了用非理智的暴力来解决问题。阿巴德带着一家人开飞机撞向了芝加哥市中心，而琳达在砸碎家里的东西以后掏出枪指向了不忠的吉米。美国政府对阿巴德的背叛，阿巴德对吉米的背叛，吉米对妻子和情人的背叛，形成了一段无休止的背叛链条，而暴力和仇恨也在这样的链条上得以延续。被背叛的人同时也背叛他人，吉米意识到了这一点，"他想到有多少妻子和丈夫互相欺骗，有多少父亲抛弃他们的孩子，有多少人在与其他人打仗。我们一直都在互相背叛"。❶ 曾经拿着枪指向无辜人群的"青春痘"，最终也因附体"吉米"而被琳达拿着枪对准。"银行里的人都认为我是清醒、理智和友善的人。但我背叛了他们。我是一个背叛者。"❷ 受害者和施暴者的立场不断地转换，无休止的暴力和仇恨模糊了善与恶的界限，让本该具有正义性的维护种族权力等行为在不理智的暴力之下变得面目全非。

吉米沉浸在对好友的愧疚中，同时困在道德伦理的两难境地之中。他后悔，却无法挽回，他默许了妻子的暴力，把它看作对自己的惩罚欣然接受。这其中不仅是对妻子不忠的愧疚，也是对好友阿巴德的愧疚，暴力与仇恨的无奈已经令他疲惫且痛苦不堪，他选择接受妻子为他选择的结局，因为对于未来的人生他也不能给出更好的答案。所以，后来发现枪里没有子弹以后，他并没有感到释然。妻子离他而去，他没有追上去挽回，而是再次想起了阿巴德恐怖袭击那一天现场的一片惨烈，想起了他教阿巴德开飞机的快乐瞬间，最后，他完成了自己妻子未完成的任务，以阿巴德的方式，开着自己最心爱飞机冲向了水中。吉米的人生就像他的职业——飞行教练必不可少的飞行经历一样，在云雾中起伏和迷惘，随时跌落。也正如"青春痘"对自己人生的

---

❶ Sherman Alexie. Flight [M]. London：Harvill Secker, 2008：103.
❷ Sherman Alexie. Flight [M]. London：Harvill Secker, 2008：103.

描述那样，"是的，这就是我的生活，一连串残暴的混蛋和飞机失事。二十次小型的空难。我是一架熊熊燃烧的飞机，冲进一个个收养家庭"。❶ 一开始的"青春痘"为吉米的背叛行为不耻，最终尽管不算原谅，但他还是理解了吉米，相似的经历使他逐渐意识到，吉米和他是一样的，他们都是被背叛的和背叛的"心碎者"，都在艰难维持着自己的生活。在坠落的过程中，"青春痘"和吉米融为了一体。"青春痘"陷入走马灯式的回忆，而吉米沉默不语。

而那个被女儿厌恶的白人父亲则是另外一个"心碎者"。这名父亲买了一只长尾小鹦鹉给女儿当宠物，但是，一次鹦鹉不小心跳进了滚烫的开水里，被送进了宠物医院抢救。重症监护室里，鹦鹉接着小氧气机艰难喘息的样子很滑稽，他忍不住笑了出来，也正因为这个笑，他失去了女儿的信任与爱戴。女儿和妻子都用失望的眼神看着他，这种眼神他已经从妻子那里习惯，但是7岁女儿第一次这样看着他，他心如刀绞。"她为我感到羞耻。我的小女孩为我感到羞耻。我把她的爱和痛苦当成了一阵该死的大笑。"❷ 他是充满悔意和惭愧的父亲，自己亲手毁掉了女儿对自己的信任，而这段记忆也唤起了"青春痘"印第安父亲的共鸣。他从"青春痘"出生的那一刻就一直缺席。尽管在妻子生产的那一天他一直在走廊踱来踱去等候着，但是，他最终还是选择在"青春痘"出生两分钟后落荒而逃，他无法成为"青春痘"降临的见证人和参与者，因为他无法做好一个父亲，于是他也一直沉浸在愧疚之中。尽管被女儿嫌弃，那个白人父亲的经历还是他所羡慕的，至少他还和女儿在一起有机会表达自己的爱意，而"青春痘"的父亲什么也没有。他从他人的故事中，寻求情感的认同，向那个白人父亲要他女儿的照片，自己却羞愧于承认自己钱包里的照片是自己5岁的儿子。照片的存在说明他还是和妻子保持着联系，说明他想要参与自己儿子的生活中，但是他做不到。因为他自己也是父爱缺席的受害者。"青春痘"的祖父对父亲冷漠而残暴，仅仅是因为他没有打到猎物，他就对父亲恶语相向，逼着父亲承认自己是个懦夫，用暴力威逼他自我否定，来满足自己残暴的倾向。背叛与仇恨的延续再次在这个故事里体现，祖父的暴力促成了背负着童年创伤的父亲，而他没有选择把暴力叠加在自己的儿子"青春痘"身上，而是选择了逃避，就像飞行员吉米一样，杜绝二人

---

❶ Sherman Alexie. Flight [M]. London: Harvill Secker, 2008: 14.
❷ Sherman Alexie. Flight [M]. London: Harvill Secker, 2008: 127.

交流的机会，二人永远也无法互相理解，于是他们各自流离失所，各自愤怒与悲伤。白人父亲对于"青春痘"的流浪汉父亲，或许是一个体面的高位者，他更加强壮，也更加富有，他可以对这个印第安流浪汉拳脚相向，也有能力用零钱将他打发走。但是，面对流浪汉"我想得到尊重"的要求，他还是选择为他分享自己的故事，关于他内心最深处创伤的"鸟的故事"。此刻，他们不再是毫不相干的陌生人，而是两个父亲，两个爱着子女却也为自己子女的离开所悲恸的"心碎者"，平等的交流给予他们相知相识的机会，共同的经历链接了他们的心灵空间，放下刻板的偏见，尽管肤色不同、地位不同，他们最终得以互相理解。

暴力、仇恨和背叛作为导火索恶化种族关系的同时，也促生出了"心碎者"这一白人和印第安人共有的形象。"心碎者"们共同的创伤经历链接了两个种族的情感，让他们放下偏见，平等交流，从而互相理解。

五、结　　语

在小说《飞逸》中，阿莱克西塑造了多元的白人形象。其中"救世主"形象体现了白人意识形态主导的主流文化对于印第安文学创作的影响，"刽子手"形象则体现了阿莱克西对于这种主流文化形象的有力回击，而更加丰满的"心碎者"形象则为联结印白关系、解决种族问题提供了可能。

（刘克东，博士，哈尔滨工业大学外国语学院教授；李汪，哈尔滨工业大学外国语学院 2019 级本科生）

艺文天地

七子之歌·台湾

闻一多 词
杜寒风 曲
徐浩铭 记谱

艺 术 编

殿　木　き

唱响解放区革命音乐的主旋律
——贺敬之创作歌曲歌词与乐谱析评

■ 杜寒风　张伟娜

贺敬之是我国著名诗人、作家和戏剧编剧，在文艺创作上多有斩获，在书法、音乐领域也颇有造诣。贺敬之创作歌曲共有4首，都是在解放战争时期创作的，创作地为河北省张家口、束鹿。他创作的歌曲是随着革命形势的发展而进行的。在解放区，人民群众革命热情高涨，贺敬之善于观察生活、认识生活，创作的歌曲反映了人民群众的真情实感，歌颂了解放区人民翻身的新生活，鼓励参军和搞好后方工作。这4首歌曲有3首《歌唱解放区》《解放区进行曲》《好钢用在刀刃上》的歌词是贺敬之写的，还有一首《光荣抗属李大娘》的歌词是贾克写的。贺敬之等人肩负着文艺工作者的历史使命，创作的歌曲践行着毛泽东1942年5月2日发表的《在延安文艺座谈会上的讲话》中的精神。这4首歌曲唱响了解放区革命音乐的主旋律，在歌词与乐谱创作上都有可以称道之处。

一

《歌唱解放区》是贺敬之1946年5月在张家口作词作曲的一首歌曲，歌词载《贺敬之文集》（五）歌剧·歌词卷，❶ 制版简谱载《贺敬之词作歌曲集》。❷

此歌歌词共分5个段落。首段是景物描写为主，一上来就把人带入解放区的清水蓝天、高山平川的地理环境，景物清新，句子刚柔相济，大路四通

---

❶ 贺敬之. 贺敬之文集（五）歌剧·歌词卷 [M]. 北京：作家出版社，2005：733-735.
❷ 陈志昂，黄大岗，陆华. 贺敬之词作歌曲集 [M]. 北京：中国文联出版社，2006：98-99.

八达，解放战争胜利的日子不会太久就可以到来了。歌词充分表达了解放区的民主与自由，带给中国政治的新气象，解放区人民翻天覆地的变化使人民群众欢欣鼓舞，不禁歌唱。词人在几段歌词中以解放区人民的不同人称角度来描写，显示了称谓的变化，歌词为有序的递进，十分自然。第 2 段以歌颂毛泽东❶、八路军的丰功伟绩为主。贺敬之写道："解放区的人民，普遍地在歌颂着自己的伟大的领袖毛泽东，这歌声发自广大人民的口中，真诚而亲切。他们歌唱因为有了毛泽东的领导，而取得了胜利的无上欢欣。"❷ 歌唱毛泽东出自贺敬之对毛泽东的崇拜与热爱，对于群众歌唱毛泽东的呼应。八路军与国民党反动派的最后决战，要针锋相对，寸土必争，这又与最后一段要保卫解放区相呼应。第 3 段歌词使用"老汉我"，写他手抓住麦穗，用"沉甸甸"这一叠声词写麦穗之重，一亩地能够打几百斤，写了农民对土地的依恋，对庄稼的喜爱。丰年增产，离不了开展的大生产运动。第 4 段歌词使用"老婆我"，她参加的是选举大会，敢于上台发言，这段唱词有男女平等的时代意识，对女性的刻画，在中国农村题材革命文艺中具有重要的意义。第 5 段是总括写法，千千万万的人民都来歌唱解放区，歌唱自己的家乡，在中国"一半黑"的比喻中，更知解放区"晴朗的天"的可贵。要保卫解放区，反对国民党反动派对解放区的进攻，战胜他们对解放区的绞杀，必须拿起武器，扛枪打仗，保卫胜利的果实，保卫解放区人民的幸福安恬的生活。

值得注意的是，衬词的使用与不同句子有节奏的重复，显出口语化、群众化的一面。首段歌词衬词有"哎""嗬咳""哟""噢"，只有"噢"出现 1 次，第 2—5 段出现的是"嗬咳"，出现 11 次，有一句歌词句中出现 4 次，在句首与句尾先后出现 2 次，在逗号前作为最后一个字出现 2 次。用数词共有 10 次，用"四""万"各 1 次，用"八" 2 次，用"一" 3 次，用"二三" 2 次，用"千万" 1 次。只有第 4 段没有用数词。

此曲为 G 调，2/4 拍，分为三个阶段。第一个阶段 21 小节，4 个乐句

---

❶ 贺敬之 1941 年在延安创作过歌曲《毛泽东之歌》，歌词载《贺敬之文集（五）歌剧·歌词卷》（第 684-685 页），制版简谱（马可曲）载陈志昂、黄大岗、陆华编《贺敬之词作歌曲集》（第 20-24 页）；1941 年贺敬之在延安创作过歌曲《歌唱建党二十周年》，写道："伟大的中国共产党，英明的领袖毛主席，带领我们奔向胜利的前方！"歌词载《贺敬之文集（五）歌剧·歌词卷》（第 680-681 页），制版简谱（李焕之曲）载陈志昂、黄大岗、陆华编《贺敬之词作歌曲集》（第 11-15 页）。

❷ 贺敬之. 人民歌颂毛泽东 [N]. 人民日报, 1946-07-13 (2).

（4+4+6+7），非方整结构。前3个乐句均结束在属音上，第4乐句结束在主音上，形成前后呼应。歌曲为2拍子，曲调比较欢快、明朗。前2个乐句各4小节，以级进为主的旋律进行平叙。第3乐句共6小节，出现八度大跳，情绪更加饱满和热烈，与之前的乐句形成对比。在第4乐句中，节奏型的多样变换以及七度、八度的旋律跨度再到稳定回归到主音上，给人较强的稳定感。此乐句集合了前3个乐句的音乐元素，用简单的歌词和语气词进行重复演唱，唱出了浓郁的民族韵味及欢快的情绪。

第二个阶段18小节，分为4个乐句（6+4+4+4）。第1乐句节奏型的疏密使歌曲形成快慢的变化，歌词延用之前语气词以及歌词的重复使歌曲更有感染力。第2乐句延续了第1乐句欢快的情绪，落在了属音上，相比第1乐句有"承"的效果。第3乐句和第1乐句尾音均落在主和弦的三音上，形成"隔水相望"的感觉。第4乐句的结束音落在了属上，增加歌曲第三阶段的期待感。总体来说此部分节奏型更加丰富多样，曲调更加欢快。

第三个阶段共12小节，共4个乐句（2+2+2+6）。前2个乐句的节奏型完全一样，歌词是两个排比句的形式，紧扣"我们这里有民主，我们这里有自由"的主题。前3个乐句短小、精炼，结尾处都用八分休止，为结束句做好了铺垫。第4乐句6小节，歌词的重复对应着曲调的重复，表达解放区人民的愉快心情。整首歌曲都采用了民歌的元素，欢快的曲调，由衷地赞美解放区的美好生活和颂扬时代带来的巨大变化。

"此词先由词作者自己谱曲，又有王佩之为之谱曲，后又有人用陕北民歌《对花调》来演唱，都很受欢迎。"❶《贺敬之词作歌曲集》先后收入王佩之曲❷、陕北《对花调》曲制版简谱，可说明这首歌不同曲子都较为流传，表达了歌唱解放区的共同心声。

二

《解放区进行曲》歌词约作于1946年，歌词载《贺敬之文集》（五）歌

---

❶ 陈志昂，黄大岗，陆华．贺敬之词作歌曲集［M］．北京：中国文联出版社，2006：102．
❷ 陈志昂，黄大岗，陆华．贺敬之词作歌曲集［M］．北京：中国文联出版社，2006：100-101．

剧·歌词卷,❶ 制版简谱载《贺敬之词作歌曲集》。❷ 第 118 页歌词用复数"我们"表达对解放区的热爱,对建国的展望。这是一首鼓动前进的歌曲,鼓动胜利的歌曲。第 1 段始句从"我们的歌声多么响亮,我们的脚步多么坚强"写起,给人唱歌行进的画面,我们生活在解放区、生活在家乡的自豪感油然而生。唱词出现 3 次"自由的家乡"。第 2 段、第 3 段歌词都出现了毛泽东的名字。第 2 段是回溯历史,强调毛泽东这位人民领袖的领导,"八年的抗战创造了解放区,千万的人民翻身",词人紧接着用了两次"大翻身",人民获得了历史上未有的大翻身,人民的精神面貌为之一变,过去被奴役的人民成了新生活的主人。第 3 段首句是声音的描写,是"欢笑的声音",这是人民的"大翻身"带来的,"四处传来",说明这种"欢笑的声音"是普遍的,人民之所以"相亲相爱",能够集合起来,归根结底是"生在毛泽东时代"这一历史变化的时代。这欢笑使人民告别"千年的苦难",中国人民站起来的日子快到了。词人用动词"丢开" 3 次。歌词写了家乡的人民、解放区的人民,还在第 4 段首句写到,"我们要呼唤起全国人民,一齐来担当建国的责任",显示了"我们"主人公的责任感,家乡的人民、解放区的人民与非家乡的人民、国统区的人民一起奋斗,一同迎接国家的新生,让民主和自由在全国范围内实现。"我们要大踏步地前进!""前进"用了 3 次。与第 1 段"我们的脚步多么坚强"相呼应。"这里没有挟制压迫,这里没有寒冷饥饿。这里有的是民主和自由,这里有的是幸福和快乐。"结尾段是"这里"两个"没有"与两个"有"的强烈对比,让人感到解放区的光明和美好。人民成为国家主人的梦想将要实现,展望未来,新中国人的精神面貌也必将焕然一新。

歌词衬词为每段第 6 句之首,均为"咳",还有一处衬词为第 2 段第 6 句"呀",是第 3 个字。

这首歌曲运用了进行曲的风格,号召群众坚定信念,阔步向前。歌曲的曲风爽朗而果敢,沉稳有力,给人强大的信心。全曲情绪比较高昂,有很强的感召力,激发了群众积极向上的革命热情与斗争精神。

此曲为 C 调,2/4 拍。民间音乐素材贯穿进行曲风格。歌曲为单二部曲式。第一部分 A 为前 19 小节,分为 4 个乐句(4+4+4+7),为对比关系,非

---

❶ 贺敬之. 贺敬之文集(五)歌剧·歌词卷[M]. 北京:作家出版社,2005:733-735.
❷ 陈志昂,黄大岗,陆华. 贺敬之词作歌曲集[M]. 北京:中国文联出版社,2006:118.

方整性结构。前3个乐句的尾音都落在属和弦上,第4乐句结束在主音上,与前几个乐句形成呼应。第一部分穿插着五度、八度大跳,增加了激昂、向上的力量。

歌曲的第二部分B段为后18小节,分为4个乐句(4+4+5+5),乐句间为对比关系,非方整结构。前两个乐句均为4小节,结构对称,节奏型基本一致,每2个小节的最后一拍均为四分休止,推动歌曲更加刚劲有力向前发展。后两个(第3、第4)乐句均为5小节,结构对称,节奏型完全一样。第3乐句更加伸展地把歌曲推向了高潮,第4乐句与第3乐句相互应答,以进行曲的速度结束在主音上。

歌曲的A段和B段各自成段。每段结构都不规整,音乐动机以及相似节奏型的对比,增添了歌曲的内在逻辑,看似形散神却不散。

三

《有钢使在刀刃上》这首歌为秧歌剧《张金虎参军》的一首插曲,1947年作曲于冀中束鹿,制版简谱载《贺敬之词作歌曲集》,❶ 剧本《张金虎参军》载《贺敬之文集》(五)歌剧·歌词卷。❷ 该剧人物有24岁的农民张金虎、21岁的张妻李俊英、20岁的刘银拴等。张金虎报名参军后回家,李俊英后来也从娘家回家。也报名参军的光棍刘银拴起了个穿针引线的作用,在李俊英没回家前他与张金虎说话,在她回家后又从旁边观察,他对张金虎有怀疑有误会,以为张金虎不会真去,即使张金虎同意去,李俊英也不会同意丈夫去。而夫妻两人就参军各自绕着试探对方,借说笑话打比方,十分有趣。刘银拴在这小两口各自说完笑话后,又激将他们,后下场。张金虎"不知道心眼里坚决不坚决,我得试摸试摸她",❸ 便故意给妻说他不愿意去,李俊英好说歹说,丈夫就是不去,气得她表示"我不待见你这糊涂虫,从此咱俩各西东!"❹ 张金虎才说出了自己已报名参军的事实。空说无凭,李俊英坚持要丈夫立个字样,丈夫立了字样摁上了自己的手印。收入《贺敬之词作歌曲集》

---

❶ 陈志昂,黄大岗,陆华. 贺敬之词作歌曲集 [M]. 北京:中国文联出版社,2006:158.
❷ 贺敬之. 贺敬之文集(五)歌剧·歌词卷 [M]. 北京:作家出版社,2005:442-460.
❸ 贺敬之. 贺敬之文集(五)歌剧·歌词卷 [M]. 北京:作家出版社,2005:451.
❹ 贺敬之. 贺敬之文集(五)歌剧·歌词卷 [M]. 北京:作家出版社,2005:455.

一书的这首歌曲的两段歌词放在了一起，而两段歌词在剧本中则是分开唱的。妻子知道丈夫已报名后夫妻互相称赞。张金虎说："我看你是实打实的坚决，是一个真正的光荣妻！"李俊英说："俺看你也是真正的参军的大英雄。"李俊英笑着，张金虎让她把东西撂下，从她手中接过鞋包放下，两人合唱了第一段歌词；❶张金虎、刘银拴等人结伴要到区检验，李俊英送了张金虎一双鞋，张金虎不要，刘银拴说："咳，拿着就拿着哗！"，猛地一把夺过来塞在张金虎手里，角色丙说"嫂子是着你道上穿的，叫你不要'脱鞋'（妥协）投降！"众人哈哈笑后，歌舞合唱第二段歌词，唱完全剧结束。❷该剧第1段用"你"和"我"并说起句，第2句继续用"你""我"为喻，"你是铁来我是（那个）钢"，下面自然说铁要如何用，钢要如何用，这是强调生产武器的重要，"有铁打成刀和枪，有钢使在那个刀刃上"。第5句唱到"刀如山来枪如林"，比喻武器之多，蔚为大观，为的是做好打仗的充分准备，打退蒋介石的反扑，保卫自己的家乡。第2段就不再用"你""我"了，可说是从第三人称视角来看，父送子妻送郎，上战场的战士都是那样年轻，年轻人参军，成为十分荣光的事。战场上的英雄，就是来自人民之中。这是使用武器的人的因素。词人在这段歌词也用了比喻，咱们千千万的子弟兵"好似长城万里长"，人民军队兵力强大，是无坚不摧不可战胜的力量。人民军队得到人民的支持，不仅要打退敌人的进攻，保住自己的家乡，还要更进一步，要战胜蒋介石，解放全中国，等到战胜了蒋介石回家乡，应是表现了人民子弟兵必胜的决心和英雄的气概。从刀山枪林，到万里长城，歌词段落之间还是有着密切的联系的。第一段歌词与第二段打老蒋的歌词，也是有程度的不同的。第一段为"打退"，第二段为"打败"，"打退"有可能敌人再来，而打败则标志着最终的胜利，可以凯旋。

数词有"千千万""万里"，把千千万的子弟兵比为长城也比较贴切，保卫着自己的家乡，使凶恶的敌军不能逾越半步。

此曲为F调，4/4拍。曲子较为短小，具有浓郁的民间小调的音乐元素。秧歌剧是当时我国群众喜闻乐见的音乐形式，共4句（4+4+4+3），第1乐句的曲调亲和流畅，在歌曲中承担"起"的功能，把人们坚强的品格和保卫家

---

❶ 贺敬之. 贺敬之文集（五）歌剧·歌词卷 [M]. 北京：作家出版社，2005：456.
❷ 贺敬之. 贺敬之文集（五）歌剧·歌词卷 [M]. 北京：作家出版社，2005：460.

乡的决心开门见山地抛了出来。歌曲的第 2 乐句和第 3 乐句旋律基本一样，在重复中引出了结束句。这 4 个乐句的结束音都在主音上，表现了人们坚定、勇敢的信念。第 4 乐句的前 3 小节时值略微延长，与最后 1 小节原速结束全曲形成对比。两段歌词最后用的是同一衬词"哎咳哪呀咳咳哪咿呀哈咳！"整首歌曲亲切动人、曲调明快，框架分明，语言朴实，这一秧歌剧选段把剧情和人物刻画得更加生动。"该剧曾由民间艺人王小旦用柳子腔调配曲，在冀中新老解放区演出，受到普遍欢迎。"❶

四

《光荣抗属李大娘》作词为贾克，是贺敬之 1947 年作曲于冀中束鹿的一首作品，制版简谱载《贺敬之词作歌曲集》。❷ 词作者贾克（1919—2007 年），原名曾志开，生于北京，祖籍江西省南丰。他 1938 年毕业于延安鲁迅艺术文学院戏剧系，1941 年开始发表作品，曾任华北联合大学文艺学院讲师、华北文艺工作三团团长。这首歌词歌颂了一个抗属李大娘的事迹。❸ 贺敬之在创作此曲子前后就创作过歌颂支前劳动妇女的歌词，❹ 他对贾克的这首词是认同的，配合了解放区的革命工作，他俩应有共同的创作追求。《光荣抗属李大娘》歌词共有 5 段。第 1 段歌词写道，李大娘就是村里的一位大娘，给人以街坊邻居之感。她有三个儿子，两个参军打仗，村里对抗属也给予了照顾，给予了精神嘉奖，把大匾挂在她家的大门上。李大娘的积极能动性也被充分

---

❶ 何火任. 贺敬之评传 [M]. 北京：社会科学文献出版社，2020：147.

❷ 贾克词，贺敬之曲. 光荣抗属李大娘 [M] //陈志昂，黄大岗，陆华编. 贺敬之词作歌曲集. 北京：中国文联出版社，2006：120.

❸ 与贺敬之相同的是，贾克也是一位剧作家。贾克写有秧歌剧《好军属》，1947 年 3 月初稿于晋察冀，1949 年 11 月修改于北京，剧本载《贾克剧作选》（北岳文艺出版社 1991 年版，第 35-51 页）。该剧共有三个人物，二十多岁的媳妇淑英、五十多岁的淑英婆婆和六十多岁的二大伯。写了二大伯换工帮助军属淑英、婆婆的事，突出了多生产、多劳动的主旨。淑英丈夫参加了解放军，她人勤快，是个好媳妇，参加劳动，为支前出力。可和歌词《光荣抗属李大娘》中的李大娘一比。淑英与李大娘不同的是淑英还不是母亲，但拥军支前之心都是一样的。

❹ 贺敬之 1946 年 12 月作于山西广灵、1949 年修改于北京的有说唱词《张大嫂写信》（李群曲），1948 年 6 月作于冀中的有小型合唱《绣慰劳袋》（张鲁曲），都歌颂了丈夫在前方的农村劳动妇女在后方支前的事迹。《张大嫂写信》载《贺敬之文集（五）歌剧·歌词卷》（第 749-753 页），《绣慰劳袋》载《贺敬之文集（五）歌剧·歌词卷》（第 744-748 页）。

地调动起来，她没有在荣誉上止步，而是焕发了热情，不断进步。第 2 段、第 3 段、第 4 段则是写李大娘主动做事。第 2 段她嘱托儿子好好打仗，不必挂念家，小儿子在身边，打败蒋介石才回乡，具有将革命进行到底，取得革命胜利的坚强意志。第 3 段写李大娘组织抗属纺线，自己种地先交公粮，第 4 段写她到伤兵医院洗衣裳，嘘寒问暖，伤兵们感谢李大娘的关心与帮助。第 5 段写令人高兴的结果，李大娘的事迹刊登在报纸上，儿子们在前方看到了消息，对儿子们也是一种激励，李大娘在报纸上也知道了上前方小儿子当了英雄。李大娘作为一个模范人物，送子参军，纺线种地，照顾伤兵，走在前面。

李大娘属于农村里有革命觉悟、有革命热情的妇女。赞颂她的句子不止一处，如第 3 段开头"大娘的生产是好榜样"，第 4 段开头"李大娘真是好大娘"，"人人心里记着那李大娘"，第 5 段"李大娘的美名到处扬"，李大娘能够独立生活，最终不用小儿子在身边帮忙。李大娘受到了革命思想的教育，已有无产阶级的觉悟。她一心为公，她的思想得到了解放，追求进步，向往光明，通情达理，吃苦耐劳，热心做事。李大娘具有了先进性，是妇女解放的一个代表。正是有了千千万万个李大娘这样的光荣抗属，有了千千万万个李大娘儿子的我军战士，解放战争赢得了胜利。李大娘的形象为当时解放区在农村的革命母亲的形象，符合群众心理的期待，每句歌词都唱到了群众的心里，与群众产生共鸣。歌曲对于鼓动青年参军、群众支前都有激励的作用。

每段歌词都有三处衬词，一处是第 3 句后第 4 句前有"哎"，一处是第 5 句后第 6 句前有"哎，哎，哎"，一处是第 6 句最后一个字后加"哎"。

此曲为 F 调，2/4 拍，分为两个阶段。第一阶段为 8 小节，共 2 个乐句，每乐句各 4 小节（4+4），方整对称结构，两乐句形成对比关系，旋律起伏有致。第二阶段与第一阶段紧密相连，为歌曲的后 12 小节，分为两个乐句（8+4），大跳和级进交替进行。两乐句的前 2 个小节基本相同，同头异尾。前乐句旋律更加舒展，浓缩了第一阶段两个乐句的音乐元素，结束音落在了主音上。全曲的最后一个乐句发挥了全曲的结尾功能，用感叹词衬托歌曲兴奋的情绪，在情绪高涨中结束全曲，结尾音落在了下属功能音的三级音上，与前乐句的曲调形成对比。歌曲的第一阶段比较欢快，兼有叙事功能，第二阶段的情绪随着旋律的走向更加高涨，曲调的推进充分表达了歌词的内容。全曲采取民间小调的音乐元素，表现了欢快、喜庆的情绪，用音乐语言塑造了李大娘的模范形象，里面就融入了民歌的元素，这种元素从唱腔上拉近了与人民群众的距离。

贺敬之创作的此曲音调带有叙事感，曲调流畅，感情真挚。整首曲子感觉亲切，没有机械、僵硬之感。

五

贺敬之在解放战争时期曾任华北联合大学文工团戏剧队副队长兼创作组组长，他创作的4首歌曲，从题材到创作手法都有时代的烙印，作品体现了解放战争时期的社会风貌和人民的精神状态，体现了很强的爱国情绪和保卫家乡的决心，表达了人民的所思所想，顺应了时代的潮流。他的歌曲作为精神武器驰援前线，给解放区的人民带来坚定不移的革命信念，激发人民的斗志，激励各阶层的人民保卫解放区，追求和平，起到了团结与鼓舞人民，打击与战胜敌人，迎接新中国到来的作用。贺敬之在张家口的歌词创作"贯串了一个共同主题，震响着一个鲜明的时代主旋律，那就是追求人民的解放、和平、民主、自由与幸福，建立新中国，开创新生活。歌词形式生动活泼，语言富有民歌风味，更有诗的神韵"。[1]

贺敬之在束鹿"认真搜集民歌、民间戏曲和群众语言，吸取各种民间文艺的营养"。[2] 贺敬之创作的4首歌曲符合他所尊崇的政治理想以及社会的主流价值观，成为解放战争时期的强音，充满着理想之光与激情之热，作为向新中国迈进的音乐进程之歌声，回荡在中国的大地上。贺敬之的歌曲创作手法形式多样，有进行曲风格，民间小调、戏曲的元素，在艺术的表达上更加接地气，同时也把鲜明的民族特色生动地展现出来。他创作的歌曲很有感染力，旋律动听，作品朗朗上口，便于传唱，演唱起来感觉亲切，能够深入人心，容易被人民群众所接受。贺敬之倾其所能创作的这4首歌曲，是他文艺才华的艺术记录，作为中国革命音乐史上出现的歌曲，具有一定的历史价值和艺术价值，是留给后人的精神财富。这4首歌曲作为历史歌曲，唱响了解放区革命音乐的主旋律，不仅关乎贺敬之等人文艺创作活动的完整评价，也是借以打开解放区革命音乐成就的一扇窗，我们

---

[1] 何火任. 贺敬之评传［M］. 北京：社会科学文献出版社，2020：138.
[2] 何火任. 贺敬之评传［M］. 北京：社会科学文献出版社，2020：145.

可从中为今天的歌词与乐谱创作汲取宝贵的经验,以赓续好红色文化的血脉,传承好红色基因。

(杜寒风,博士,中国传媒大学人文学院文学系教授、博士生导师;张伟娜,中国传媒大学人文学院文学系2020级博士研究生)

艺文天地

等待一首诗的降临
薛武

等待一首诗的降临,就像等待
根系喝饱了水,绿叶吸取足够阳光
灰兔啃食穿过地壳的小草,松鼠像闪电一样
抱起冬天的坚果
语言的世界,符号互相嵌套
纸面上流淌着墨汁,心底泛起词藻
神经网络,到处忽明忽暗的电波
我们活着,我们等待一首诗的降临
雨后,天空又燃烧起来
庆祝即将到来的黑幕
灯光,像屏幕
照亮,又遮蔽漫天繁星
他说,要一直等待
加满灯油,因为
不期而至的,永远不期而至

(薛武,博士,扬州大学外国语学院讲师)

古希腊罗马的绘画艺术与批评实践（上）

■ 郁火星

古希腊罗马是西方文明的源头，也是西方艺术和艺术批评的源头。在绘画艺术领域，希腊人"艺术模仿自然"的观念影响了长达2000多年的西方绘画史。直到20世纪初，在现代西方艺术的冲击下，它才逐渐丧失其影响力。由于处在西方文明发展的初期，古希腊罗马还没有出现专业的艺术史家和艺术批评家，然而，不少先哲倡导的艺术观念和范畴对整个西方艺术史和艺术批评产生了极为深远的影响。古希腊的绘画作品今天已基本不存，❶ 我们只能通过相关文字记载对其作出判断。古罗马绘画由于公元79年维苏威火山的喷发得到意外保存，火山灰将庞贝和赫库拉尼姆古城的建筑、壁画封存起来，直到18世纪人们才知道它的存在，这些壁画成了人们研究古罗马绘画的最好例证。此外，还有少量古墓遗存的板面绘画也给我们提供了珍贵的研究资料。本文在充分收集各种图像资料和文献的基础上，对古希腊罗马的绘画艺术和批评实践展开分析研究。

一、艺术理念与批评实践

虽然古希腊绘画难以直观地看到，文献资料却不乏记载。古希腊绘画以"艺术模仿自然"为准则。这一理念既反映在他们的艺术创作中，也体现在他们的艺术评论里。"艺术模仿自然"这一经典名言出自亚里士多德，其中的"自然"应该是大写的自然，即包括现实世界的一切对象。因此，它可以看作"艺术模仿现实"的同义语。"艺术模仿自然"亦即以自然为范本，画家通过

---

❶ 本论文不讨论古希腊瓶画，古希腊瓶画应归入工艺美术范畴。

观察，心追手摹，如实地表现外部世界。关于"模仿"，亚里士多德也作了阐释，他写道："史诗和悲剧、喜剧和酒神颂以及大部分双管箫乐和竖琴乐——这一切实际上都是摹仿，只是有三点差别，即摹仿所用的媒介不同，所取的对象不同，所采的方式不同。"❶ 亚里士多德的论述针对史诗、悲喜剧和音乐，没有提及绘画，然而绘画无疑是艺术的一个种类。事实上，绘画成了"艺术模仿自然"最鲜明有力的例证。此外，亚里士多德的论述还注意到不同艺术门类在媒介、对象、方式上的不同，这为门类艺术之间的比较研究打下了基础。同样，柏拉图把悲剧、喜剧、史诗、音乐、舞蹈和绘画统称为模仿的艺术。柏拉图从他的理念论出发，把艺术看作模仿的模仿。在他看来，画家笔下的"床"模仿了现实中的"床"（木匠制作的"床"），而木匠制作的"床"则是模仿了"床"的理念。虽然柏拉图一再贬低艺术的作用，但他并没有否认"艺术模仿自然"，只不过他认为唯一真实的是"床"的理念，而画家笔下的"床"是模仿的模仿，它和真理隔了两层。古罗马作家小菲洛斯特拉托斯（Older Philostratus，171—247）在《图画集》中对"模仿"也有过阐释，他说："对于一个具有批评眼光、善于揭示艺术之源的人来说，模仿被看作一个极为伟大的发明，它与自然有着密切的联系。聪慧而灵巧的人发现了模仿，或称为绘画艺术，或称为雕塑艺术。"❷ 和亚里士多德不同，斐洛斯忒拉图斯的论述直接针对绘画和雕塑，把它说成一个极其伟大的发明，它和自然（现实）有着密切的联系。在"艺术模仿自然"理念的强大影响下，西方绘画形成源远流长的写实主义传统。

古希腊罗马作家有关艺术家事迹和作品的记载，同样清晰地反映出"艺术模仿自然"理念的深刻印记。古罗马学者普林尼（Pliny the Elder，23—79）在《博物志》一书中记载了希腊著名画家宙克西斯（Zeuxis）和帕拉西奥斯（Parrasius）展开竞赛以决定谁是更伟大的画家：当宙克西斯拉开帘幕展示其作品时，画中逼真的葡萄引来天上的飞鸟啄食；而当宙克西斯要求帕拉西奥斯把遮盖画作的帘幕拉开时，却发现帘幕本身是画上去的。宙克西斯叹息道："我欺骗了鸟儿，但帕拉西奥斯欺骗了宙克西斯。"❸ 这则故事不仅

---

❶ 亚理斯多德. 诗学 [M]. 罗念生，译. 北京：人民文学出版社，1982：3.
❷ The Older. Younger philostratus：Imagines [M]. Harvard University Press，1931：4.
❸ The Older Pliny. Natural History [M]. Cambridge, Massachusetts：Harvard University Press，2006：36.

生动诠释了"艺术模仿自然"的理念，还涉及艺术幻觉问题。幻觉是西方绘画长期关注的核心问题，幻觉产生于极为逼真的描绘——画家在二维平面以色彩、透视等手段营造出以假乱真的效果。图像本身是平面的，由于出现了幻觉，它在人们脑海中留下的印象却是三维的。故事清楚地告诉人们，宙克西斯和帕拉西奥斯展开艺术竞赛的标准是"逼真"，即以作品的"逼真"程度决定画家的胜负。"逼真"是"艺术模仿自然"的直接产物，"逼真"在西方艺术史之父瓦萨里的著作《意大利著名画家、雕塑家、建筑师传》中成了衡量艺术品最重要的标准，其次才是"规则""秩序""比例""设计"和"风格"。

"艺术模仿自然"的理念针对现实世界的一切事物，包括绘画擅长表现的人物肖像。希腊人认为，人物肖像的逼真不仅在于外表的"形似"，更在于其内心世界的捕捉。艺术家必须通过敏锐的观察掌握人物的表情和姿态，努力"模仿心灵的特征"，达到人物性情上的"神似"。苏格拉底的弟子色诺芬在《回忆录》中记载了帕拉西奥斯和苏格拉底的对话，内容涉及绘画的对象和手法，他们还专门讨论了"模仿心灵特征"的问题：

> ……苏格拉底说："……绘画就是描绘看得见的事物吗？当然是借助色彩去描画形象，从而你模仿那些凹进的和凸出的、阴暗的和明亮的、坚硬的和柔软的、粗糙的和光滑的、年轻的和年老的事物。"
>
> "你说得非常正确。"帕拉西奥斯说。
>
> "再者，在描绘美丽的形象时，由于很难找到外貌上完美无缺的个人，因而你从许多模特儿中，选取各自最美好的特征，使得你塑造的形象看起来很美。"
>
> "我们正是这样做的。"帕拉西奥斯说。
>
> "那是怎样的呢？"苏格拉底问道，"你难道不模仿心灵的特征，那最令人信服、最亲切友好、最为人想望、被人敬爱的特征？……"
>
> "苏格拉底，这样一类事物怎么能够模仿呢？它既没有比例，又没有色彩，也没有刚才你所提到的任何一点，并且实际上，它甚至是不可见的。"❶

---

❶ 色诺芬. 回忆录（第3卷）[M] // 迟轲. 西方美术理论文选：古希腊到20世纪（上册）. 南京：江苏教育出版社，2005：25-26.

一番争论之后，帕拉西奥斯最终同意了苏格拉底的观点，即人的心灵特征可以通过眼神、表情流露出来，而眼神、表情是可以描摹的，正如人们为朋友的幸运而高兴，为厄运临头而忧伤。同样，高尚和慷慨，卑下和鄙弃，节制和沉思，傲慢和粗野，这些性情和行为都可以通过人物面部表情和身体的姿态表现出来。最后，帕拉西奥斯同意，显示美、高贵和可爱性情的人与那些显示可耻、邪恶、可憎性情的人有着很大的区别。可以看出，苏格拉底和帕拉西奥斯的讨论一环紧扣一环，层层深入，从最先承认绘画借助色彩描绘对象，刻画明暗关系，表现物体的质感过渡到选取对象身上各自最美好的特征，使之趋于完美；再到表现既无色彩，又无比例，甚至眼睛不可见的心灵特征。正如中国古代画论所描述的："以形写神，迁想妙得"。

除了"逼真"，古希腊罗马画家在绘画中追求的另一个至上目标是"美"。古罗马学者西塞罗（Marcus Tullius Cicero，公元前106—前43）在《论创作》中也记载了宙克西斯的故事：克罗顿人曾聘请宙克西斯以最杰出的绘画装饰天后赫拉的神庙。宙克西斯决定为他们画一幅美女海伦的作品。克罗顿人对此非常高兴，因为他们听说在描绘女性体态之美方面，宙克西斯超过其他所有画家。宙克西斯回答说："请求你们把最美丽的少女提供给我，以便把活生生的真实传达给无声的形象。"克罗顿人随即把少女们集中到一起，让画家随意挑选。宙克西斯从中挑选了五名少女，选择每个少女身上最美好的特征，据此创造了举世无双的绝美佳人。❶ 这一故事形象地说明了两个问题。第一，自古希腊罗马时期开始，"美"在西方艺术中就具有了普世价值。这和中国艺术明显不同，中国艺术由于儒家阐导"尽善尽美"，在"美"与"善"的关系上，"美"必须和"善"相互关联才是可取的。唯"美"而不善，被孔子弃之不取。第二，在理想美与现实美的关系上，古希腊罗马艺术家认为理想美高于现实美，理想美需要经过艺术加工方可获得，正如宙克西斯所言，"大自然不可能使单个对象在所有方面完美无缺"，而艺术美则可以超越现实，克服现实的缺陷。亚里士多德对此也有阐释："美与不美，艺术作品与现实事物，分别就在于美的东西和艺术作品里，原来零散的因素结合成

---

❶ 西塞罗. 论创作（第2卷）[M] //迟轲. 西方美术理论文选：古希腊到20世纪（上册）. 南京：江苏教育出版社，2005：20-21.

为统一体。"❶ 为了说明艺术加工的合理性,亚里士多德进一步解释说,"为了获得诗的效果,一桩不可能发生而可能成为可信的事,比一桩可能发生而不能成为可信的事更为可取。像宙克西斯所画的人物或许是不可能有的,但是这样画更好,因为画家所画的人物应比原来的人更美"。❷ 无疑,亚里士多德肯定艺术美高于现实美,而且肯定了艺术加工的合理性,艺术可以将分散的美汇聚到一处,虽然这在现实中也许不可能发生,然而是可信的,因此具有更高的审美价值。

对于"美"究竟是什么,古希腊的哲学家们有过多种解释。除了柏拉图的唯心主义"理式论",不少学派和哲学家都把美归结为事物的某种性质,尤其对于艺术家来说,美是可见可闻的东西。毕达哥拉斯学派和哲学家赫拉克利特(Herakleitos,公元前540—前480)都认为"美在于和谐"。毕达哥拉斯学派提出:"美是和谐与比例";"数的原则是一切事物的原则";"整个天体就是一种和谐和一种数"。❸ 如人体美,毕达哥拉斯学派认为身体美是各部分之间的对称和适当的比例。塞克都斯·恩披里柯对比例和数有过进一步的说明,他写道:

> 没有比例任何一门艺术都不会存在,而比例在于数中,因此,一切艺术都借助数而产生……于是,在雕塑中存在着某种比例,就像在绘画中一样;由于遵照比例,艺术作品获得正确的式样,它们的每一种因素都达到协调。一般说来,每门艺术都是由理解所组成的系统,这个系统是数。因此,"一切摹仿数",也就是说,一切摹仿和构成万物的数有相同的判断理性,这种说法是恰当的。这就是毕达哥拉斯学派的主张。❹

把一切艺术和模仿都看作比例和数,可以说是毕达哥拉斯学派独具特色的见解。细细分析,其中也不无道理。比例关系的确就是一种数的关系,如黄金分割就是在某一线条中找到一个特定的点,使短线与长线之比等于长线和整段线之比。再如古希腊人根据观察认识到,如果把人的手脚张开作仰卧

---

❶ 北京大学哲学系美学教研室. 西方美学家论美和美感 [M]. 北京:商务印书馆,1982:39.
❷ 北京大学哲学系美学教研室. 西方美学家论美和美感 [M]. 北京:商务印书馆,1982:40.
❸ 北京大学哲学系美学教研室. 西方美学家论美和美感 [M]. 北京:商务印书馆,1982:13-14.
❹ 塞克斯都·恩披里柯(Sextus Empiricus). 驳数理学家:第7卷106节 [M] //汝信. 西方美学史:第一卷. 北京:中国社会科学出版社,2005:44.

状,再把圆规放在其肚脐上作圆,那么人的手指、脚趾就会与圆弧相接触。人体中不仅可以画出圆形,而且可以画出方形:如果从脚底量到头顶,再从张开的左手量到右手,那么它们之间的距离相等。❶

毕达哥拉斯学派认为,比例的协调最终可以归结为数的协调。因此,他们主张"一切都摹仿数"也就顺理成章了。赫拉克利特也谈到了和谐,然而,他是从对立统一角度进行阐释的。他认为,美在于和谐,和谐在于对立的统一。"互相排斥的东西结合在一起,不同的音调造成最美的和谐;一切都是斗争所产生的","自然是由联合对立物造成最初的和谐,而不是由联合同类的东西。艺术也是这样造成和谐的,显然是由于模仿自然"。❷ 在此,赫拉克里特强调了事物中存在的差异性。事物的差异、对立是形成和谐的必要条件,不同的音调组成最美的音乐,对立统一是美与和谐的根本所在。

对于绘画创作中的具体问题,古希腊罗马学者也有探讨。卢奇安在评论宙克西斯时谈到,艺术的奥秘在于准确的线条、恰当的色彩、必要的阴影、合理的透视以及各部分之间的均衡协调。❸ 普林尼在《博物志》中特别提到,帕拉西奥斯是把"匀称"引入绘画,是使脸部生动、头发优雅、嘴唇美丽的第一人。最为精彩的是他在绘画中展示出极为成功的轮廓线。在卢奇安、普林尼看来,轮廓线是绘画造型最基本的手段。然而,画家绘画出正确的轮廓线并非易事。因为轮廓线不仅要使自身准确完美,还要表现物体被隐藏的部分,暗示出三维空间的延伸。❹ 也就是说轮廓线不仅代表了物体的边界,而且要暗示出对象块面的转折。在《名画记》中,小菲洛斯特拉托斯还谈到了诗与画的区别。他写道,"诗人描写出众神各自的真实情景,描写出他们所有的尊贵、神圣和贯注于其中的灵魂的欣悦。绘画也同样表现出所有的这一切,只不过它运用的是线条,而诗歌运用的是语言"。❺ 众所周知,德国美学家莱辛在《拉奥孔》一书中专门就诗与画的界线展开探讨,那是 1000 多年以后。生活于公元 3 世

---

❶ 威特鲁威. 建筑十书 [M]. 高履泰,译. 北京:知识产权出版社,2001:71.
❷ 北京大学哲学系美学教研室. 西方美学家论美和美感 [M]. 北京:商务印书馆,1982:15.
❸ 卢奇安. 宙克西斯和安提切欧斯 [M] //迟轲. 西方美术理论文选:古希腊到 20 世纪(上册). 南京:江苏教育出版社,2005:22.
❹ 普林尼. 博物志·第 35 章 [M] //迟轲. 西方美术理论文选:古希腊到 20 世纪(上册). 南京:江苏教育出版社,2005:23.
❺ 小菲洛斯特拉托斯. 画图集·序 [M] //迟轲. 西方美术理论文选:古希腊到 20 世纪(上册). 南京:江苏教育出版社,2005:37.

纪的斐洛斯忒拉图斯虽然只是谈到了二者的不同，但足以见其眼光的敏锐。

二、古罗马绘画作品

古希腊绘画作品今天已基本不存，古罗马却有为数不少的真迹保存下来，使我们的研究有了直观、生动的材料。通过对古罗马绘画作品的观察与分析，我们也可以推测古希腊绘画的基本状况，毕竟古罗马艺术是古希腊艺术的直接继承者，无论是艺术形态上还是创作理念上都是如此。在绘画艺术领域，古罗马人全面延续了古希腊"艺术摹仿自然"的传统，并将其发扬光大。除了庞贝、赫库兰尼姆古城和少量墓葬出土的板面绘画外，古罗马时期的相关记载和评论也进一步充实了我们的研究。

关于古罗马壁画，德国艺术史家奥古斯托·毛（August Mau）早在19世纪就将其分成四类风格，并一直沿用至今。第一类风格是用颜料涂刷墙面，模仿出大理石的纹理，该风格流行于公元前2世纪。第二类风格描绘写实的风景或人物，创造出鲜明的三维幻觉，该风格流行于公元前1世纪。这两种风格并非完全由古罗马人独创，它们在古希腊时期就已经流行。第三类风格用精致的线条将图案描绘在单色背景中，流行于公元前15年至公元45年。第四类风格兼有第二类、第三类风格的元素，它由各种图案组成饰带，并在空旷的墙壁上描绘具有幻觉效果的写实作品，如风景、人物、建筑局部等，画框也由颜料绘制，而非真实的画框，流行时间为公元40—90年。❶ 本文论及的古罗马绘画实例主要来自第二类、第三类、第四类风格中的写实性绘画。

位于赫库拉尼姆古城"神秘别墅"中的《狄俄尼索斯秘仪图》（见图1）绘制于公元前50年前后，属于第二类风格时期的作品。正是由于这些内容神秘而又形式精美的大型壁画，研究者将其命名为"神秘别墅"。狄俄尼索斯是希腊神话中的酒神、农神与狂喜之神，也是《狄俄尼索斯秘仪图》中受崇拜的对象。据专家考证，壁画的内容表现了"神秘"而独特的少女成年仪式——在该仪式中，受洗的少女要经历象征性的死亡与再生，在女祭司的引领下完成整个成年礼过程。壁画中的人物为真人大小，置于一个浅绿色的平台上。主要人物除了狄俄尼索斯，还有半人半羊的萨提儿以及参加膜拜的凡

---

❶ August Mau. Pompeii: Its Life And Art [M]. Kessinger Publishing Co., 2007: 15-34.

人——祭司、少女、老妪、幼童等。画中有受鞭打和狂舞的裸女形象,其中的一位穿着黄红两色的斗篷,似乎已通过了仪式的考验;在另一处,一位少女赤裸着身体,伏在神的面前失声痛哭。壁画将人物置于红色背景中并用廊柱隔开,使观众产生身临其境之感。

图1 《狄俄尼索斯秘仪图》(古罗马壁画,50.B.C.)

除神话故事外,历史人物和肖像也是古罗马壁画热衷表现的题材。《夫妇肖像》(见图2)是庞贝某民居会客室内的壁画,属于第四类风格时期的作品,现收藏于意大利那不勒斯国家博物馆。据考察,这一肖像被赋予了特殊的意义:画中男女二人手拿纸卷、铁笔和蜡板,代表了古罗马时期流行的结婚仪式。因此,该壁画相当于现代的结婚照——新郎和新娘摆出姿势,让画家绘此画像以证明婚姻的存在。这不禁让我们想起了文艺复兴时期扬·凡·艾克的著名作品《阿尔诺芬尼和他的新娘》。它是一幅用于见证阿尔诺芬尼夫妇婚姻的作品,画中墙壁上特意刻写了一行字:"扬·凡·艾克在此"——其含义在于,画家本人成了阿尔诺芬尼夫妇的证婚人。画中的各种物品也是有意识的

图2 《夫妇肖像》
(古罗马壁画局部,70.B.C.)

安排：木屐象征圣洁，橘子象征多产，小狗象征忠诚，扫帚象征对家庭的照料，床头的圣·玛格丽特像代表分娩守护神。虽然古罗马的《夫妇肖像》和扬·凡·艾克的《阿尔诺芬尼和他的新娘》相隔了1000多年，其表现形式也不相同，然而，让绘画充当婚姻的证明作用可以说异曲同工。

图3也是一幅古罗马人物肖像，画中的人物却名声显赫。他是古罗马皇帝赛普蒂默斯·塞维鲁（Septimius Severus，193—211年在位）的家族像，也是保存至今的唯一古罗马皇帝像，用蛋彩绘制在木板上。画中的塞维鲁和皇后朱莉娅·多姆娜（Julia Domna）并排站在两位皇子——卡拉卡拉和盖塔的身后。画家用简洁明快的手法绘制了这幅作品，但逼真性不如《夫妇肖像》。我们推测《夫妇肖像》用于证明男女双方婚姻的存在，画家尽其所能对他们的面部细节进行描绘，充分彰显人物的外貌和性格特征，而《罗马皇帝家族像》出于某种原因画得草率仓促，虽然塞维鲁双眼画得甚为有神，但皇后的描绘粗略了许多，几乎形同木偶；位于前排的两位皇子同样画得简略概括，而且盖塔的脸被抹去了。经研究发现，卡拉卡拉继承王位后谋杀了兄弟盖塔，并在所有绘画作品中把盖塔的脸抹去。可以说，该作品是"以图证史"的极好例证。

图3 《罗马皇帝家族像》（古罗马板面绘画［蛋清］，公元2世纪）

绘于同一时期的古罗马作品《青年像》（见图4）展示出比《夫妇肖像》《罗马皇帝家族像》更为精湛的技艺。画家笔下的那位青年面部表情生动，双

目炯炯有神,嘴唇微微上翘,口中似乎就要说出话来,其肤色细腻柔和,十分接近于真人。画家以鲜活的色彩,细腻的笔法向我们展示了一位颇具个性的古罗马青年。这是一幅蜡绘作品,画家将蜡加热溶入颜料后,以木片为画笔绘制在木板上,其艺术效果几乎可以和文艺复兴时期发明的油画❶相媲美。由于公元2世纪该肖像和木乃伊一起埋葬于干燥的沙土中,得以完好地保存至今。它也印证了古罗马帝国晚期埃及地区(埃及曾是古罗马帝国的行省)丧葬习俗的发展趋势:陪葬品由原来的雕像替换为绘制的肖像画。

图4 《青年肖像》
(古罗马板面绘画[蜡画])

除神话故事、历史人物和个人肖像外,建筑和自然风景也是古罗马壁画中常见的描绘对象。位于庞贝城北郊的博斯科雷尔别墅(Boscoreale Villa,建于公元前50—前40年)在维苏威火山喷发中毁坏严重,但保存下来的房间里绘有很多珍贵的壁画。博斯科雷尔别墅曾是卢修斯·赫伦尼乌斯·弗洛鲁斯(Lucius Herennius Florus)的居所,❷ 以第二风格时期的壁画著称于世。在1900年的挖掘中,残存的壁画被转移至世界各大博物馆,包括美国大都会博物馆、罗马国立博物馆、雅典博物馆等。2007年,美国大都会博物馆和伦敦国王学院根据菲利斯·巴尔纳贝(Felice Barnabei,1842—1922)1902年的挖掘笔记、菲利斯·莱曼(Phyllis Lehmann,1912—2004)1953年的研究以及

---

❶ 油画是以油为黏合剂的画种,有不少人把油画归于尼德兰著名画家扬·凡·艾克(Jan Van Eyck,1385-1441)的发明,虽然这一结论遭到反驳,但扬·凡·艾克无疑是油画形成时期的关键性人物之一,他对油画技巧的发展作出了独特的贡献。

❷ 据马尔热里·米尔恩(Margerie J Milne)的研究报告,别墅内出土有"L. HER. FLO"字样的青铜匾额,应该是别墅主人卢修斯·赫伦尼乌斯·弗洛鲁斯的字母缩写,可见古罗马人有用印章、牌匾表明物品的归属的习俗。见 Margerie J Milne. A Bronze Stamp from Boscoreale [J]. The Metropolitan Museum of Art Bulletin, 1930 (Spring): 188-190.

马克斯韦尔·安德森（Maxwell Anderson, 1956—）1987年绘制的三维立体图重建了博斯科雷尔别墅模型（见图5）。❶

图5　古罗马第二风格壁画实景（50. B. C.，大都会博物馆）

　　充满幻觉的《建筑风景》（见图6）位于博斯科雷尔别墅卧室的墙面上。作品以明快的色调、坚实的构形描绘了一组矗立的城市建筑。无论立柱、门窗，还是露台、塔楼都展示了强烈的三维特性，它由明晰的光影关系构成，辅之以几乎乱真的大理石肌理，由色彩绘制的画框更增添了作品的幻觉效果。然而，当人们仔细观察作品的各种细节、寻觅曲径通幽的路径，试图走进这些建筑时，一切都是枉然。这些建筑像一个巨大的魔方堆结在一起，它们的大小和远近关系难以确定；它如同一个仙境，矗立在我们无法企及的地方。虽然作品营造出了鲜明的三维效果，但它并没有真正解决空间和深度问题——没有在正确的透视关系下形成统一的画面。透视这一正确描绘空间关系的必要工具在古罗马时期还没有形成完善的理论，因此，画中的建筑如同魔方一样堆积起来，缺乏统一性，也没有构成真实可信的三维空间。我们知道，成熟的透视理论直到文艺复兴时期的布鲁内勒斯基方才提出。

　　时间稍后的古罗马壁画《花园》（见图7，公元前30—前20年）在幻觉

---

　　❶　它是一幢配有浴室、马厩和农用库房的三层乡村别墅。处于生活中心区的一楼（该遗址唯一保存较好的区域）由三十多个房间、柱廊围起的庭院和过道组成，整幢建筑有一个由宽大台阶组成的主入口，由此引向别墅的前庭。见 The Villa of P. Fannius Synistor at Boscoreale [J]. The Metropolitan Museum of Art Bulletin, 1987（Winter）: 17.

图 6 《建筑风景》（古罗马第二风格壁画，50. B. C.，大都会博物馆）

效果的营造上更进了一步。《花园》原本位于古罗马皇帝奥古斯都之妻利维娅别墅的卧室，同样由于火山灰的掩埋得以幸存，意大利国家博物馆以完全相同的尺寸重建了利维娅卧室，将壁画全部移入馆内。[1] 2018 年笔者曾亲临现场，徜徉其中，深切体验到被翠绿色壁画环绕带来的震撼效果。利维娅卧室面积约六七十平方米，呈长方形，除地面和顶部外，整个房间布满了由绿色植物组成的壁画。画家以敏锐的观察力、细致入微的手法展现了一个宛如世外桃源的罗马后院：疏朗有致的果树布满卧室四壁，硕大的果实——柑橘、石榴、苹果、杨梅压弯了枝条，鸟儿在树丛间栖息觅食。画的底部是一排篱笆，尔后又是一排矮墙。作品有效地展示出花园景色由近及远的朦胧效果：前景清晰明朗，树影婆娑；远景简约朦胧，青黛色的雾气隐蔽了各种细节。

除了神话故事、人物肖像和风景外，古罗马壁画中还出现了静物画。图 8 是赫库兰尼姆壁画的局部，画家以生动的笔法、鲜活的色彩描绘了搁在架子上的几个桃子和一个水瓶，通过表现物体在光线下呈现的丰富色调营造出鲜明的立体感。这种手法和利维娅卧室壁画描绘的柑橘、石榴、苹果、杨梅等如出一辙。二者都纯粹以光线造型，没有施加任何线条。可以说，西方绘画

---

[1] Jane Clark Reeder. The Villa of Livia Ad Gallinas Albas：A Study in the Augustan Villa and Garden [M]. Providence：Joukowsky Institute for Archaeology & the Ancient World Press, 2001：25.

图 7 《花园》（古罗马第二风格壁画，利维娅别墅，30-20. B. C.）

从一开始就显示出用光线造型的鲜明艺术特色。

图 8 《静物》（古罗马壁画局部，65. AD）

（郁火星，博士，山东华宇工学院设计艺术学院教授，东南大学艺术学院教授、博士生导师）

《宜黄县戏神清源师庙记》与《庄子》关系探论

■ 卢雨亭

《宜黄县戏神清源师庙记》（以下简称《庙记》）是研究汤显祖戏剧思想最重要的文献，是汤显祖应宜黄县的伶人朋友之请，为戏神清源师建庙所作。明代戏曲理论家沈际飞曾这样评价《庙记》："'小中现大，似庄子诸篇'……评'一汝神'十一句云：'归本于道，临川先生作文把柄处。'评'微妙之极'七句云：'几于化矣。'"❶ 这条时人的评论启发我们关注《庙记》与《庄子》之间存在怎样的关系。细细考察文本可知：《庙记》对于"戏道"的认识，对表演主体的要求以及对艺术境界的追求，均与《庄子》有密切的关系；但《庙记》的戏剧思想又不限于《庄子》的影响，二者对"道"的认识既有共性，又有差异。本文拟对此问题进行探讨。

一、汤显祖对道家思想的接受

汤显祖出生在一个道教氛围很浓的大家庭中，他的祖父懋昭"早综籍于精簧，晚言筌于道术"（《和大父游城西魏夫人坛故址诗（有序）》），他的祖母魏夫人也崇信道教，常诵习道家的经文。在这种家学背景的熏陶下，汤显祖表现出对道家思想的浓厚兴趣。他的第一本诗集《红泉逸草》，共收诗七十五首，是他12—15岁的作品，"其中有十一首流露出仙道思想"。❷ 如在《灵谷对客》中，汤显祖表达了对尘世的厌倦，对寻觅"丹诀"、"吹紫玉箫"

---

❶ 汤显祖，著．徐朔方，笺校．汤显祖集全编（三）[M]．上海：上海古籍出版社，2015：1599．

❷ 徐朔方．汤显祖评传[M]．南京：南京大学出版社，1993：6．

之事的向往："厌世转寻丹臼诀，怀人空散白云谣。拼将海日窥岑寂，定有人吹紫玉箫。"再如《和大父云盖怀仙之作》中，他因自己不能实现祖父的愿望而感到遗憾："第少仙童色，空承大父言。"在这种家学背景下，汤显祖完成了道家思想的启蒙。

汤显祖在进学和仕途中体现出来的"逍遥"哲学，也有浓厚的道家色彩。汤显祖少年成名，21岁中举。万历五年（1577）、万历八年（1580）两次会试，当朝首辅张居正想招揽汤显祖给自己儿子作陪衬，汤显祖拒绝了这一提议，结果名落孙山。"为累试不第以自广"，❶ 汤显祖写了一篇《广意赋》："余梦夫海若之陈珍兮，指为号而几真。"❷ 从此汤显祖便以"海若"为号。"海若"出自《庄子·秋水》："北海若曰：'井蛙不可以语于海者，拘于虚也；夏虫不可以语于冰者，笃于时也。'"北海若即传说中的北海之神。在科举不顺时，汤显祖借用"海若"这一形象所代表的宽广豁达，来寻求精神上的解脱。他的诗文中也时时体现出对道家哲学问题的思考。他向往道家"能婴儿"的境界，赞叹道："善哉庄生，人欲为婴儿，吾亦与之为婴儿。"（《寄前太守胡公》（并序））散步见到两具枯骨时，他立即联想到"庄子之楚，见空骷髅"（《庄子·至乐》）一事，慨叹道："人世露栖草，人生风落花。欢养有同尽，贤圣讵能赊？子今离缀宅，余亦昧专车。相逢即相主，谁问髑髅家？"（《七月四日天晴，步出城西门望红泉宝盖，折北而东，偕内戚一濬子橅回翔沙际，见两具枯骨，悽然瘗之，道歌一首》）汤显祖还专门研究过道家典籍。万历十二年（1584），汤显祖被派往南京任太常寺博士，"可能正是在这个时期，汤显祖写成了著名的道教哲学论文《阴符经解》"。❸ 在人生困顿之际，庄子的逍遥哲学也能给汤显祖以安慰。万历十九年（1591），汤显祖作《论辅臣科臣疏》，弹劾首辅申时行等人，被贬至广东徐闻县做添注典史，半年后返回临川时写下《新归偶兴》："越江初服映春丝，深院炉香隐几时。雨气夜薰青菌出，烟波晴浣白鸥知。逍遥正自投穷发，混沌何须与画眉。最好东陂事田作，农歌幽谷远相宜。"此诗颈联中的"逍遥""穷发"与"混

---

❶ 汤显祖，著．徐朔方，笺校．汤显祖集全编（一）[M]．上海：上海古籍出版社，2015：284．
❷ 汤显祖，著．徐朔方，笺校．汤显祖集全编（一）[M]．上海：上海古籍出版社，2015：281．
❸ 周育德．汤显祖论稿（增订本）[M] 上海：上海人民出版社，2015：65．

沌"三个语汇均出自《庄子》，❶表达投身自然、身世两忘的愉悦。从汤显祖的经历中能够看出，他受道家思想影响很深，对《庄子》也应颇为熟悉。

《庙记》当作于万历二十六年（1598）汤显祖弃官后至万历三十四年（1606）之前。❷从政的失败，使汤显祖对道家的逍遥境界更加向往："生死虚空一暮朝，由来得道始逍遥。"（《哭戴愚斋老师》）万历二十九年（1601），汤显祖完成道教度脱剧《邯郸记》。这一时期发生的两件惨案，对汤显祖打击很大。万历三十年（1602），李贽被冤入狱，自刭而死；万历三十一年（1603），达观也被诬陷，死于狱中。两位友人之死，使汤显祖陷入深深的痛苦之中，他作《庙记》时应该处于很需要禅道思想安慰的时期，因而《庙记》中《庄子》思想的痕迹很重。

二、《庙记》中的《庄子》思想

《庙记》谈到戏曲的起源、社会功能、戏神清源师的地位、戏曲声腔以及表演理论等多个问题，其中对"戏道"的认识、表演论和艺术境界论，都受到《庄子》的影响。

《庙记》之"戏道"源自《庄子》之"道"。《庙记》认为清源师发扬古代乐舞创立了"戏道"："奇哉清源师，演古先神圣八能千唱之节，而为此道。"❸《庙记》大赞清源师之"道"，认为它能够"生天生地生鬼生神，极人物之万途，攒古今之千变"，即戏曲能创造出丰富多彩的艺术世界，书写形形色色的人物命运，展现从古至今的世事变迁。这一观念显然受到《庄子》的影响，《庄子·大宗师》曰："夫道……自本自根，未有天地，自古以固存。神鬼神帝，生天生地。"庄子认为"道"是早于天地产生的，自古就存在，是世界的本源。在汤显祖心中，清源师的"戏道"与《庄子》之"天道"一样，是一种本源性的存在，而清源师则是"戏道"的化身。

《庙记》中的表演论《庄子》痕迹也很浓。汤显祖认为表演主体首先要

---

❶ "穷发"出自《庄子·逍遥游》"穷发之北有冥海者，天池也"，指的是不毛之地，此处代指远在广东的徐闻；"混沌"出自《庄子·应帝王》中"七窍出而浑沌死"的故事。

❷ 徐朔方．汤显祖评传［M］．南京：南京大学出版社，1993：185．

❸ 汤显祖．宜黄县戏神清源师庙记［M］//汤显祖，著．徐朔方，笺校．汤显祖集全编（三）．上海：上海古籍出版社，2015：1596-1598．下文同．

做到"一汝神，端而虚"，这一提法源于《庄子》。"一汝神"见于《庄子·知北游》："齧缺问道乎被衣，被衣曰：'若正汝形，一汝视，天和将至；摄汝知，一汝度，神将来舍。'"庄子认为想要达到"道"的境界，需要端正形体，集中视线，收敛智慧，专一思虑。"端而虚"出自《庄子·人间世》，颜回请行，孔子问他规劝"暴人"的办法，颜回答曰："端而虚，勉而一，则可乎？""端而虚"指外貌端谨而内心谦虚，《庄子·人间世》又曰："虚者，心斋也。"郭象注曰："虚其心则至道集于怀也。"❶"心斋"是空明虚静的心境，"端而虚"即达到"心斋"状态的条件。《庙记》将这两处归结到一起，"一汝神"和"端而虚"在《庄子》中的本意都是作为体悟"道"的方式，后被引申为对创作主体心理状态的要求。汤显祖认为，宜伶想要学习"清源祖师之道"，首先要排除一切杂念，做到恭谨的形容与谦虚的内心相统一，进入神归于一的状态。

《庙记》对演员如何处理生活与艺术之间的关系，也提出了明确的要求。汤显祖认为要"绝父母骨肉之累，忘寝与食"，这与庄子所说的"坐忘"有一致之处。庄子在《大宗师》中写道："堕肢体，黜聪明，离形去知，同于大通，此谓坐忘。""大通"就是道，"坐忘"能够得道。"徐复观先生说：'堕肢体'、'离形'，实指的是摆脱由生理而来的欲望。'黜聪明'、'去知'，实指的是摆脱普通所谓的知识活动"，❷也就是说摆脱世俗牵绊以及对智识的执着，才能达到与"道"合一的境界。《庙记》在这里明显受到《庄子》"坐忘"思想的影响，他认为演员在揣摩艺术时，要免受亲情的拖累，不因生活琐事分心，没有丝毫杂念，专注表演本身，达到忘我的境界。

针对戏班中常见的男子演旦角的情况，汤显祖提出角色体验法，即"为旦者常自作女想，为男者常欲如其人"。这一观念似受到庄子"物化论"的启发："昔者庄周梦为胡蝶，栩栩然胡蝶也，自喻适志与！不知周也。俄然觉，则蘧蘧然周也。不知周之梦为胡蝶与，胡蝶之梦为周与？周与胡蝶，则必有分矣。此之谓物化。"（《庄子·齐物论》）"庄周梦蝶"本指人与物同化，主观与客观没有明确的界限。在《庙记》中转化为"人与人同化"，即要求演员"应在忘我的状态下'移情'，以实现主客体的交流。在这种交流的过程

---

❶ 郭庆藩，撰．王孝鱼，点校．庄子集释［M］．3 版．北京：中华书局，2012：153．
❷ 陈鼓应．庄子今注今译［M］．北京：商务印书馆，2007：241．

中，客体也变成了主体，能够与主体自由对话",❶ 换言之，汤显祖认为演员只有真正融入自己扮演的角色中，去想他（她）之所想，才能表演得真实自然。此外，《庙记》中所写的"少者守精魂以修容，长者食恬淡以修声"这一要求，也有《庄子》养生之道的影子。

《庙记》认为戏曲表演的最高境界是"有闻而无声，目击而道存"。"有闻而无声"见于《庄子·天地》："视乎冥冥，听乎无声。冥冥之中，独见晓焉；无声之中，独闻和焉。"这是"道"的境界，视而深远，听而无声。深远之中，却能看见光亮；无声之中，又能听到协和的音韵。在戏曲中，"有闻而无声"指的是戏曲充分调动了演员和观众的情绪，表演虽已结束，但"舞蹈者不知情之所自来，赏叹者不知神之所自止"，演员还未从戏里走出来，观众也还沉浸在戏曲所带来的体验之中，是一种"此时无声胜有声"的状态。"目击而道存"则出自《庄子·田子方》："仲尼见之而不言……仲尼曰：'若夫人者，目击而道存矣，亦不可以容声矣。'" 疏曰："二人得意，所以忘言……夫体悟之人，忘言得理。"❷ 孔子认为像温伯雪子这样的人，视线所触而道自存，不容再有语言了，即"得意忘言"。故"目击而道存"所指的戏曲艺术境界是"得意忘言"的，不用借助任何语言解释，就能明白此刻展现的妙处。

《庙记》用《庄子》的"无怠"来比拟这种玄妙的艺术境界。"奏咸池者之无怠"来自《庄子·天运》所记载的北门成与黄帝论乐一事。《咸池》也叫《大咸》，周代"六舞"之一，相传为尧时代的乐舞。❸ 黄帝认为"乐"的最高境界是"无怠之声"，特点是"听之不闻其声，视之不见其形，充满天地，苞裹六极"（《庄子·天运》）。汤显祖认为戏曲表演的最高境界也是如此，观众似乎感受不到音乐和形体的存在了，而是被艺术所散发出来的无处不在的气息所吸引，沉浸其中。"若然者，乃可为清源祖师之弟子。进于道矣。"就像庖丁所说的那样："臣之所好者道也，进乎技矣。"（《庄子·养生主》）汤显祖认为只有创造出"无怠"的艺术境界，才称得上是清源师的弟子，才算是掌握了清源师之"道"，而非仅是一种"技艺"。

---

❶ 章必功，李健. 中国古代审美创造"物化"论 [J]. 文学评论，2007（1）：24.
❷ 郭庆藩，撰. 王孝鱼，点校. 庄子集释 [M]. 3版. 北京：中华书局，2012：703.
❸ 叶长海. 汤学刍议 [M]. 上海：上海人民出版社，2015：317.

三、《庙记》与《庄子》之"道"的异同

《庙记》与《庄子》对"道"的认识有契合之处,也有差异,这取决于二者哲学观的差异。《庙记》所言"戏道"的根基在于"至情",《庄子》所言"天道"的根基在于"自然"。

《庙记》鲜明地体现了汤显祖对"情"的崇尚,"至情"是"戏道"的根基。首先,汤显祖认为戏曲是"情"的产物。《庙记》开头第一句就宣布"人生而有情","情"是与生俱来的,是自然而合理的存在。当"思欢怒愁,感于幽微",人情有感于外物的刺激时,就会"流乎啸歌,形诸动摇",就产生了以歌舞为主要特征的戏曲活动。其次,《庙记》认为正是因为戏曲是"情"的产物,才会有如此感人的力量:"使天下之人无故而喜,无故而悲……无情者可使有情,无声者可使有声。"最后,在创作实践中,汤显祖也高举"情"之大旗,并提出"情"之最高境界是"至情"。其《牡丹亭》题词曰:"情不知所起,一往而深。生者可以死,死可以生。生而不可与死,死而不可复生者,皆非情之至也。"❶ 这种"至情"可以超越生死与时空,是人发自内心的一切真情实感。如此,"言情就成了汤显祖文艺观的最鲜明的标志"。❷《庄子》天道观的核心是自然。"'朴素而天下莫能与之争美。'(《天道》)这是庄子审美观与文艺思想的纲。"❸ 庄子崇尚自然之美,反对人为雕琢的艺术。庄子云:"牛马四足,是谓天;落马首,穿牛鼻,是谓人。故曰,无以人灭天,无以故灭命,无以得殉名。"(《庄子·秋水》)牛马生来有四只脚,这是天然,用辔头络在马头上,用缰绳穿在牛鼻子上,这就是人为。庄子反对用人事去毁灭天然,反对因人的欲望破坏自然与万物的本性,要"既雕既琢,复归于朴"(《庄子·山木》)。庄子还通过"三籁"的比较,来阐述"自然美"的思想。他说:"地籁则众窍是已,人籁则比竹是已。敢问天籁……夫吹万不同,而使其自己也,咸其自取,怒者其谁邪!"(《庄子·齐物论》)庄子将"地籁""人籁"的凭借外物和"天籁"的"咸其自取"对

---

❶ 汤显祖,著.徐朔方,杨笑梅,校注.牡丹亭[M].北京:人民文学出版社,1998:作者题词.

❷ 周育德.汤显祖论稿(增订本)[M].上海:上海人民出版社,2015:112.

❸ 顾易生.庄子的文艺思想[J].上海社会科学院学术季刊,1987(3):168.

比，强调"天籁"的独特之处就在于"自然"。汤显祖崇尚"至情"，是看到了处于正统地位的程朱理学对人的束缚，故要以情反理；庄子追求"自然"，是看到了战国中期社会混乱，圣智礼法成为破坏人的本性的工具，故要以自然反对人为。可以看出，《庙记》与《庄子》对"道"的表达虽有不同，但都有反对社会礼法、崇尚自然天性的一面。

《庙记》与《庄子》对达于"道"的途径认识不同。《庙记》认为戏曲是达于"道"的途径，戏曲能够"生天生地生鬼生神，极人物之万途，攒古今之千变"，寓教于乐，教化功能非常突出，"可以合君臣之节，可以浃父子之恩，可以增长幼之睦，可以动夫妇之欢……人有此声，家有此道，疫疠不作，天下和平"，有助于社会和家庭的和谐稳定。戏曲能有如此强大的力量，是因为它体贴人情，"以人情之大窦，为名教之至乐也"。正因如此，汤显祖推崇戏道，把戏神清源师和孔子、佛老二氏相提并论。"诸生诵法孔子，所在有祠；佛老氏弟子各有其祠。清源师号为得道，弟子盈天下，不减二氏，而无祠者。岂非非乐之徒，以其道为戏相诟病耶。"《庙记》把戏神清源师提升到与儒释道三教圣人并列的地位。《庄子》肯定顺应自然的文化艺术，认为只有这样的文化艺术才合于天道，如前文所言"《咸池》之乐"和"天籁"；反对人为的艺术，故提出"绝圣弃智"，"擢乱六律，铄绝竽瑟，塞瞽旷之耳，而天下始人含其聪矣；灭文章，散五采，胶离朱之目，而天下始人含其明矣。"（《庄子·胠箧》）《庄子》并非否定艺术本身，只是更看重艺术对养护生命本真的作用。《庄子·天运》写道："孔子谓老聃曰：丘治诗书礼乐易春秋六经，自以为久矣，孰知其故矣……老子曰：幸矣子之不遇治世之君也！夫六经，先王之陈迹也，岂其所以迹哉！""六经"固然好，但以不变的道理应对变化的世界，有违自然规律。只有"与化为友"，才能得"道"。可见，《庙记》吸收了《庄子》哲学中的天道观以论戏道，摒弃了《庄子》艺术无用论的层面，其戏剧功能论、实践论部分融汇儒道思想，形成独特的戏剧观。

总之，《庙记》与《庄子》对"道"的认识同中有异、异中有同。汤显祖的戏剧思想既受到《庄子》的深刻影响，又突破了《庄子》的哲学体系，以其他思想作为补充，构建了属于自己的戏剧观。

（卢雨亭，中国传媒大学人文学院文学系2021级硕士研究生）

社交媒体时代的戏曲文化传播
——以微信表情包为例*

■ 杜丽萍

社交媒体时代,如何有效地传承、传播与发展传统戏曲文化,是戏曲研究者关注的重要议题。近年来,表情包中融入戏曲元素,并在人际传播中广泛使用,表明传统戏曲在当下依然具有强大的生命力。戏曲表情包成为戏迷群体之外受众尤其是青少年群体接触传统戏曲的重要方式之一。以微信为例,戏曲表情包积极参与了社交媒体的日常交流活动,展现出颇富韵味的文化内涵,并具有符号化拓展的深度空间。

一、微信表情包与戏曲文化的互动功能

随着移动互联网的发展,社交媒体逐渐成为人们日常交流的重要媒介。在原有的语言和文字之外,符号、图像、动画等作为社交媒体交际工具的作用被凸显出来。作为一种直观、即视化形式,"表情包"是人们交流情感、传递态度、表达心情的载体,在社交媒体交流中起到不可或缺的辅助作用。附着于表情包本身的人际沟通功能,戏曲表情包也使戏曲文化元素得以"破圈"传播。

1. 戏曲文化元素丰富微信日常表情用语

数字化社交媒体构建了一个新型的交流场域,但仍不可避免地沿袭着口头和书面时代的文化内核。正如汤姆·斯丹迪奇说:"今天社交媒体的用户不

---

* 本文为中央高校基本科研业务费资助项目 "中国戏曲传播生态研究"(3142015016)、中国传媒大学教育教学改革项目 "基于新文科的汉语言文学专业人才培养模式研究"(JG21039)阶段性成果之一。

自觉地继承了一个有着惊人久远的历史渊源的丰富传统。"❶ 中国传统戏曲长期以来一直以题材和要素的形式活跃在人们的日常交流之中,在社交媒体时代,传统戏曲也进入表情包日常用语的取材范围。2017年,京剧坤生王珮瑜用表情包形式模拟戏曲演员的表情,演绎惊、怒、喜等情绪,很快引起年轻人争相模仿,并在网络上迅速传播开来。戏曲程式化表演固化了丰富的情态内涵,与微信表情包对大众情绪的提取形成密切交集和有效共振。

由于戏曲本身的行业门槛,戏曲微信表情包的制作以戏曲文化从业者和爱好者为主体。他们积极地向微信表情包输送特色内容,表现出更加主动的传播姿态。例如,我们常用的"谢谢",在微信表情中有9个戏曲表情可供选择,其中只有个别来自综合性时尚表情包(如"晴天手工酱")的制作,而更多的则来自"戏曲宝""戏码头""戏曲小精灵"和李文培等戏曲从业方和爱好者的创意。

除了专门创制并发布到表情栏的戏曲表情包,依托微信公众号发布的系列表情包也比较多见。公众号"农家四季"(后迁至"渭视农家四季")2017年2月15日发布了山西皮影传承人汪天稳以皮影戏的一些动作为素材制作的一组带字动态表情包。皮影戏本身具备动感丰富、形象幽默等适于大众娱乐特征,作者又加上了"美出新高度""年年有鱼"等具有亲切感的祝福语和其他流行语,丰富了受众微信表情表达的选择。"梨园精舍"公众号2019年3月15日上线的"戏曲小精灵"微信表情包精致小巧,满足日常表达用语需要,也是比较成功的设计。

2. 延展戏曲活动的传播空间

社交媒体出现之前,戏曲演出及相关活动以剧场、剧院海报为主,后拓展至报纸、电视及网络。由于戏曲表情包的出现,戏曲活动得以搭载社交媒体向更多非戏迷票友群体传播,产生更加广泛的效应。公众号"闽声传媒"于2021年11月30日发布了一篇《满满都是爱啊!闽剧微信表情包,绝了!》的文章。其中"表情包一"的素材来自闽剧经典《贻顺哥烛蒂》,主人公是一个抠门爱钱而又不乏热心肠的码头小老板贻顺哥,以普通老百姓生活中的日常表达用语为主。"表情包二"的素材来自闽剧经典《荔枝换绛桃》,以

---

❶ 汤姆·斯丹迪奇. 社交媒体简史:从莎草纸到互联网[M]. 林华,译. 北京:中信出版社,2019:4.

冷霜蝉和艾敬郎的恩爱生活来丰富当代青年人的爱情表达。"表情包三"的素材来自闽剧经典《陈婧姑》，以励志色彩为主。制作这些表情包的核心目的在于推广闽剧，提高闽剧的知名度，扩大闽剧的传播范围，增强闽剧的影响力。戏曲具有鲜明的地域文化特征，在设计造型时，如果能尽量融入地域文化的因素，必然会获得更多的共鸣。

微信表情包对戏曲活动传播空间的拓展可以从团体和个人两个方面来考察。一方面，戏曲团体的演出及节庆活动的推广都可以使用微信表情包来制造热点。天津北方演艺集团2017年在官方公众号上发布了一篇题为《放假啦！戏曲主题表情包祝您斗图成功（附近期戏曲类演出信息）》的文章，在戏曲演出的现场图片上配上了节庆、家务、购物、婚恋、美容等生活气息十足的短句，最后附上了天津演艺网近期戏曲类演出信息。另一方面，戏曲表情包也可以助力戏曲演员个人形象的传播。昆曲演员施夏明有"昆曲小明""昆曲小明日常篇""昆曲小明日常篇2""昆曲小明吃货篇""昆曲小明打工篇"五个表情专辑和两个新年表情单品，成为微信用户了解昆曲文化的一个独特窗口。

二、戏曲文化表情包的生成路径

深植于人类视觉心理的普遍功能之上的表情包是社交媒体中情绪、态度的表达符码，而传统戏曲也自有一套艺术化的表达体系。作为网络表情话语体系的组成部分，戏曲文化表情包的建构方式要经历娱乐化、趣味化、碎片化的萃取和选择，要遵守社交媒体时代青年亚文化消费的心理机制，才能进入社交媒体的日常交际之中。

1. 戏曲元素的凝练化

中国传统戏曲是最具综合性的舞台艺术，融汇了绘画、雕塑、舞蹈等造型艺术的精华。微信的"表情"功能与戏曲的"脸谱"文化存在天然的联系。如"中国京剧脸谱表情包"将京剧脸谱卡通化，配图的文字除日常的交际口语外，也包含"呔"等戏曲念白中的语词。基于京剧脸谱的整体情绪特征，这类表情配合的文字以负面情绪和疑问语气的表达为主。

如何结合人们日常交流中情绪表达的需要抓取戏曲节目中最具代表性的人物形象特征，是戏曲文化与微信表情包相配合的关键之处。早在2016年3

月 19 日,"京剧艺术"公众号就发布了《专属戏迷票友们的京剧元素表情包》(上、下),其中包含"呆萌老千岁""萝莉李凤姐""猥琐李克用""倒霉张别古""诙谐猛将军""滑稽娄阿鼠"等分系列、可下载的京剧漫画表情。从戏曲人物和故事中凝练出的典型化表达正是戏曲微信表情包的创意特色,将戏曲文化的丰厚内蕴集中展现在微小生动的表情符号之中。

2. 戏曲形象的软萌化

社交媒体中的表情以诙谐幽默为主,正如刘涛《视觉修辞学》指出:"表情包之所以成为一种亚文化意义上的视觉文本,是因为它在视觉形式与风格上表现出明显的幽默、戏谑和'魔性'特征。"❶ 这种幽默诙谐的要求落实到戏曲形象的改造上,即表现为"软萌"化的处理。2021 年中山大学南方学院莫蓓怡开发出一套"戏曲娃娃表情包",造型活泼可爱,又配以"看我真挚的小眼神"等流行用语,极富亲和力。再如"小芝士"开发的"海派牡丹亭"表情包,包含"小姐姐好""好想你""要抱抱"等表情,充满了甜蜜香软的恋爱气息。这类软萌化改造几乎涉及所有戏曲文化表情包。

戏曲表情包的软萌化,与中国传统戏曲的总体美学特征具有一定的内在冲突。传统戏曲尽管也有喜剧,也有丑角,也有插科打诨,但总体上是严肃的、悲壮的,演员的训练是艰苦的,表演是严谨的。微信表情包因其自身的青年亚文化属性,在触及传统戏曲的核心人物和关目时,难免带有一定程度的调侃意味。对此,微信戏曲表情包开发者在公众号后也使用了附加"副文本"的方式进行一种互文式的调节。比如天津北方演艺集团的戏曲主题表情包公众号在文章末尾加上:"小娱乐一下下,不要拍我哦。向可爱戏曲工作者致敬!你们冬练三九、夏练三伏,才能为观众献上一处处精彩的大戏,辛苦了!五一劳动节快乐!"这样与表情包形成的对照关系,在轻松戏谑后也表达了对戏曲从业者的谦敬之意。

3. 戏曲内涵的修辞化

戏曲造型的脸谱化、戏曲动作的程式化、戏曲服饰的标准化、戏曲表演的夸张化等具体表现形式,使戏曲文化的内部交流存在"共同话语",这构成戏曲微信表情包修辞表达的底层架构。基于戏曲形象的进一步抽象、变形,戏曲表情包着眼于视觉表象,体现出极具创意的属性。周宪《视觉文化的转

---

❶ 刘涛. 视觉修辞学 [M]. 北京:北京大学出版社,2021:113.

向》指出:"视觉因素一跃成为当代文化的核心要素,成为创造、表征和传递意义的重要手段。"❶ 戏曲文化基于视觉元素与社交媒体表情包之间产生传播关联。如"脸谱兔儿爷"表情包将萌嗒嗒的兔儿爷和传统京剧脸谱创造性地设计为一体,实现视觉修辞上"拟物"与"用典"的结合。再如"金蛋京剧脸谱版"表情包以金蛋形象与微信自身提供的圆脸表情形成类比,用金蛋形状将京剧脸谱元素加入戏曲表情包。

"视觉夸张"是微信表情包的主要修辞手段,戏曲表情包也不例外。如"张飞桂剧脸谱"表情包对我们熟知的张飞脸谱进行变形与夸张,融入时尚表情特征,从可爱、风趣和热忱的角度重新塑造了张飞的形象,与传统戏曲舞台上勇猛、鲁莽和粗豪的张飞形象形成一定的反差效果。实际创作中,视觉夸张经常与象征和转喻相结合,共同构成微信戏曲表情包的修辞生成路径。公众号"中华戏曲"2017年推出了"虎豆哥"名为"您好,您有一周的表情包待接收"的文章,其中的动图表情取自"十年之约"京剧全明星戏曲《龙凤呈祥》舞台形象。文章以动图的形式截取特定的戏曲动作,并辅以"看我翻手为云覆手为雨,把工作妥妥滴搞定"等文字,生动地呈现出上班族一周七天的心态变化,极易引发上班族的共鸣。

三、微信戏曲表情包的拓展方向

伴随着社交媒体语言自身的演进,表情包的功能不断强化。传播学者邹振东认为:"某种意义上说,表情包是互联网时代最高层次的储存方式,也是最具传播力的储存方式。"❷ 微信戏曲表情包与戏曲文化的结合还有广阔的发展前景,还需要创作者不断强化意识与创新方法。

1. 设计:造型主体 IP 化

传统戏曲中的人物形象和故事内容本身已形成一系列经典 IP。这些 IP 影响力大,在移动互联网时代仍然具有历久弥新的文化价值。从碎片化的戏曲表情包设计到规模化的戏曲 IP 生产,是延展戏曲生命力的有效方式。2020年,第八届武汉"戏码头"中华戏曲艺术节结合戏曲经典人物形象"贵妃杨

---

❶ 周宪. 视觉文化的转向 [M]. 北京:北京大学出版社,2008:7.
❷ 邹振东. 弱传播:舆论世界的哲学 [M]. 北京:国家行政学院出版社,2018:118.

玉环""小生柳梦梅""老生包拯""丑角时迁"设计完成了潮流 IP 形象,不但以表情包的形式发布,还制作了卡通人偶,代表了戏曲传播在消费文化领域由"表情"设计到"IP"构建的探索和尝试。以微信表情包为入口,采取 IP 化发展策略,实现戏曲跨媒介传播,形成社交媒体与戏曲文化在传播链上的全方位融通,也是戏曲文化传播拓展的方向之一。

2. 内涵:提升文化载量

从历史上看,戏曲传播活动是以舞台为主体的。随着技术的发展,电影、电视、电脑和手机等媒介不断增加,受众讨论交流戏曲的场景也从剧场、剧院、茶舍等实体空间转换到网络上的专门社区,形成崭新的传播链条,建构起不同的戏迷文化圈层。微信戏曲表情包是人们接受戏曲文化的"冰山一角",我们希望引领受众挖掘"冰山"下更为深厚的戏曲文化。海德格尔说:"从本质上看来,世界图像并非意指一幅关于世界的图像,而是指世界被把握为图像了。"❶ 以图像为核心的戏曲表情包沟通功能较强而文化景深较浅,如何以更加精准巧妙的视觉设计为用户提供可供延展的戏曲文化内涵,也是戏曲表情包设计者应当思考的方向。

社交媒体对戏曲文化的传播包含着解构,也孕育着建构。"传播所带来的文化增殖,实际上是传播媒介的信息符号的方法作用。它一方面表现为量的增放,一方面表现为质的扩充。"❷ 依托微信的戏曲表情包传播速度快,传播范围广,传播内容也具有一定的文化增殖作用。传统戏曲的民间性特征,与社交媒体时代表情包的亚文化属性存在底蕴互通的可能。随着戏曲剧目的普及传播,结合当下的社会语境,精彩的戏曲片段或元素被固化在表情包中,将成为戏曲文化传播的重要窗口。

3. 触点:添加源增加扫码方式

相比网络上海量的表情包,戏曲表情包仍然属于小众文化。目前微信使用者基本上是通过微信内的交流、浏览和检索接触戏曲表情包的,还可以通过增加不同 APP、网站、演出场所及各种实体空间扫码的方式,打通创造者和使用者的壁垒,有效地扩大戏曲表情包的传播范围。2017 年戏曲动漫作者

---

❶ 海德格尔. 林中路 [M]. 孙周兴,译. 上海:上海译文出版社,2004:91.

❷ 刘双,于文秀. 跨文化传播:拆散文化的围墙 [M]. 哈尔滨:黑龙江人民出版社,2000:157.

王小东在 ZCOOL（站酷）上发布戏曲动画《天师钟馗》表情包，以钟馗为形象设定，改软萌为"凶萌"，在发布作品的同时提供扫码下载功能，吸引用户使用。也就是说，微信戏曲表情包不仅可以居于戏曲文化传播的前台，也可以置身于全部戏曲文化活动的链条之中。例如，戏曲演出现场不便拍照，但散场时刻提供本场次舞台人物的表情包，让意犹未尽的观众扫码下载并分享到朋友圈，既可以增强观看演出的记忆，又可以在社交媒体中进行戏曲文化的二次传播。

四、结　论

戏曲表情包多采用鲜明的戏曲脸谱、重要的人物形象、经典的戏曲动作等元素，利用夸张、变形等艺术手法，制作成活泼可爱、生动有趣的外部形式，在微信等社交媒体上传播。面对传播方式的转变，植根于民间的传统戏曲以其开放性和变通性努力迎接并拥抱新变化，展现出传统文化与时尚文化融合的自觉尝试。当前，我们不能夸大社交媒体表情包对戏曲文化传播的功能，但及时观察和总结两者相关联的现象，对丰富社交媒体文化要素、传承和发扬中华优秀传统文化都具有重要的意义。

（杜丽萍，博士，华北科技学院文法学院中文系副教授）

艺文天地

运河春雪

杜寒风

雪花疾疾落，巡舟悄悄移。
闸坝徐徐走，佛塔默默立。
天色抹阴郁，行人裹浸衣。
河岛多水汽，堤路少土泥。

（杜寒风，博士，中国传媒大学人文学院文学系教授、博士生导师）

电影社会学视野下的《武训传》及其批判研究

■ 林吉安

电影自诞生以来，就与社会现实存在紧密联系。作为一种聚焦电影与社会关系问题的理论学说，电影社会学早在20世纪初就开始兴起并受到中外学者的广泛关注。笔者曾总结了学界关于电影社会学研究的四种取向，即反映取向、塑造取向、互动取向和系统取向，并在此基础上提出了"中介论"的构想，指出电影与社会的相互作用需要借助诸多复杂的中介因素，如电影创作者、电影投资者、电影管理者、电影发行放映商、电影观众、电影技术、电影评论、电影教育、电影节展、电影行业协会，等等。它们与电影和社会共同构成一个纵横交错、纷繁复杂而又变动不居的关系网络。[1] 在这诸多中介因素中，政治因素在我国电影发展过程中扮演着极为重要的角色。这在电影《武训传》及其批判事件中得到了鲜明体现。

围绕电影《武训传》及其批判运动，电影学、历史学、政治学、传播学等多个学科均对此展开了深入研究，积累了丰富的研究成果。其中既有对电影文本的解读，也有对历史史实的考证，还有对事件原因的追问及社会影响的分析，以及由此引申出来的关于艺术评价标准、艺术与政治关系问题的讨论。但已有研究大多是将《武训传》作为政治权力干预下的牺牲品，而较少关注电影自身对政治意识形态的趋附与迎合。对于批判运动的研究，也大多是从文化史和思想史的角度反思这一事件对文艺创作造成的影响，而较少从政治史的角度考察其在政治社会化进程所发挥的作用。有鉴于此，本文试图从电影社会学的视角出发，重新考察《武训传》及其批判事件，着重探讨电

---

[1] 林吉安．电影社会学的发展历史、研究取向与"中介"构想［J］．华中学术，2021，13（1）：260-270．

影与政治的互动关系。

一、《武训传》：人物传记的意识形态书写

正如片名所示，《武训传》是一部关于武训❶的人物传记片，主要讲述其行乞兴学的感人事迹。虽然故事发生在晚清年间，但正如有学者所言："重要的是讲述神话的年代，而不是神话所讲述的年代。"❷ 因此，对《武训传》的解读，离不开对其创作时代背景的分析。

根据导演孙瑜自述，他最初是在 1944 年夏天，因为看了著名教育家陶行知送给他的《武训先生画传》之后而萌生创作欲望。剧本初稿完成于 1948 年 1 月，当拍摄进行到约三分之一的时候，电影却因中国电影制片厂陷于经济困境而停拍，随后低价转卖给了昆仑影片公司（以下简称"昆仑公司"）。然而，由于当时昆仑公司正忙于拍摄其他影片，无暇顾及，因此影片被一度搁置，直到 1949 年 12 月才再次启动。为适应新的时代环境，孙瑜对剧本作了大幅修改，并于 1950 年年初得以顺利通过上海市电影管理处的审查。但在影片即将拍摄完成之时，昆仑公司老板又出于票房的考虑，要求将电影拍成上下两集。于是，为增加影片时长，他又再次修改剧本，添加了一些故事情节。最终，影片于 1950 年年底完成，并于翌年 2 月正式公映。❸ 由此可见，影片的创作经历了漫长的 7 年时间，跨越了从抗战到战后再到中华人民共和国成立这一新旧政权更迭的转折年代。可以说，《武训传》是当时中国社会风云变幻、剧烈转型的时代产物，因而也必然带有时代的烙印。

首先，从剧本创作过程来看，孙瑜历经数年，三易其稿，不断调整影片的人物、情节、主题乃至风格，充分显示其为适应时代环境而做出的努力。在剧本初稿中，"主调完全是歌颂性的"，❹ 后来却改为"批判结合歌颂"，即"一方面评述武训'兴学的失败'，同时又用一种夸张的艺术手法歌颂他为穷

---

❶ 武训（1838—1896），山东堂邑县人（今属山东冠县），出生于贫苦农家，因在家中排行第七，故名武七。他 7 岁丧父，后来母亲也不幸病故，于是独自一人靠打长工维生。但因不识字而遭受欺骗，遂决心行乞兴办义学，致力于让穷苦人家的孩子也能念书。他一生节衣缩食，共兴建了三所义学。去世后，清廷为了嘉奖他的义行，为其修墓、建祠、立碑，并赐名为"训"。

❷ 戴锦华. 电影批评［M］. 2 版. 北京：北京大学出版社，2015：177.

❸ 孙瑜. 我编导电影《武训传》［J］. 春秋，1996（3）：16-20.

❹ 孙瑜. 我编导电影《武训传》［J］. 春秋，1996（3）：17.

孩子艰苦奋斗一生的'精神'"。❶ 之所以这么改，主要是为了表明一种批判性的政治立场。如果说"歌颂"主要是导演个人情感的真实表达的话，那么"批判"则更多是为了迎合官方话语而做出的妥协。另外，为了反衬武训的失败，孙瑜不仅虚构了周大这个人物，而且突出强化了他领导武装革命的戏份，从而使其与武训行乞兴学构成"一武一文"的正副两条叙事线。通过这种对比，影片试图表明只有革命才能推翻封建统治，而"'兴学'绝不可能夺取政权，从根本上改变穷人的地位"。❷ 这显然是站在阶级斗争的革命立场上对历史进行意识形态化改写，从而迎合新的政治话语。而这种改写恰恰是孙瑜在听取昆仑公司编导委员会（包括陈白尘、蔡楚生、郑君里、陈鲤庭、沈浮等人）和上海电影事业管理处主管领导（包括夏衍、于伶和陆万美）的建议后所作出的。❸ 这说明《武训传》不只是孙瑜个人的艺术表达，而是集体创作的产物，影片也因此成为不同话语相互碰撞和杂糅的混合体。

其次，从影片文本来看，无论是说教式的旁白解说，还是概念化的人物塑造，抑或图解式的情节设计，均显示出孙瑜对官方意识形态的主动迎合。在叙事方面，影片设置一个新中国成立后的小学教师作为叙事者，从而将武训的故事嵌套在其讲述当中，并通过她的口吻对武训行乞兴学的事迹进行历史评述。在此，黄宗英饰演的小学教师既是故事的讲述者，更是导演的代言人。她在讲述中采取"忆苦思甜"的叙事模式，将历史与现实进行对比，从而试图唤起影片内外听/观众对旧社会的苦难记忆以及对新中国的政治认同。另外，影片在刻画人物形象时，采取概念化的二元对立模式，一方面将武训、周大、小桃、钱妈等人塑造成善良友爱而又受苦受难的劳苦大众形象，另一方面则将张举人及其爪牙塑造成贪婪无耻而又相互勾结的地主恶霸形象，由此形成穷人与富人、好人与坏人、善良与邪恶、底层民众与统治阶级的尖锐对立。为了进一步强化这种矛盾冲突，影片还设置了一场重头戏，表现武训因不识字而遭受张举人的欺骗和毒打，进而在破庙昏睡时做了一场噩梦。在这场长达约 9 分钟的噩梦中，张举人变成凶残的恶魔，把他和无数穷人打下

---

❶ 孙瑜．影片《武训传》前前后后［C］//吴迪（启之）．中国电影研究资料（1949-1979）（上卷）．北京：文化艺术出版社，2006：109．
❷ 孙瑜．影片《武训传》前前后后［C］//吴迪（启之）．中国电影研究资料（1949-1979）（上卷）．北京：文化艺术出版社，2006：101．
❸ 孙瑜．我编导电影《武训传》［J］．春秋，1996（3）：16-20．

苦海和地狱，使其遭受痛苦的折磨。武训回忆起母亲讲"义学"的话之后，便幻想通过兴办义学来带领民众脱离苦海，进而将张举人赶下神坛。从情节叙事的角度来讲，这场噩梦无疑是一个重要的转折点，它是武训最终"醒悟"并下定决心行乞兴学的重要原因。从主题表达的角度来说，它也暗示了武训试图通过兴学来改变穷人命运的幻想本质。

从上面的分析可以看出，孙瑜为适应急剧变化的时代语境，在其改良主义的思想基础上努力嫁接起阶级斗争的革命话语，在影片中控诉封建社会的黑暗，强化阶级矛盾，突出武装斗争。这种做法尽管比较生硬且带有较为明显的说教意味，却是孙瑜努力迎合官方意识形态的一种话语策略。然而，"它的风格、气派、主题思想和意识形态的要求还有相当的距离"，"在艺术与政治关系的处理上，还没有融合和统一"。❶ 另外，"批判结合歌颂"的创作立场，也暴露了孙瑜在个人情感和政治立场上的矛盾与纠葛。由此，也造成影片在主题表达上呈现出某种含混性，艺术话语与政治话语、道德改良与武装革命、现实主义与浪漫主义等多重话语杂糅其间，从而呈现出一种繁复的文化景观。而这种多元混杂的状态，恰恰表征着历史转折时期人们复杂而激烈的思想冲突。

二、从赞誉到批判：两极化的电影接受情况

说起《武训传》，人们往往首先想到的便是其惨遭批判的悲剧命运。但事实上，影片公映后也曾一度备受赞誉。当影片克服重重困难，终于在1951年2月在上海、南京公映后，"观众反应极为强烈……好评潮涌，'口碑载道'"。即便是后来孙瑜带着拷贝到北京，在中南海给周恩来、胡乔木等一百多位中央首长放映后，同样"获得不少掌声"，甚至朱德还亲口对导演说"（片子）很有教育意义"。随后影片在北京公映，照样大获好评，"称誉和推荐的文章，在报刊上接踵而来"。当时许多学校还组织教师、学生集体观看，使得"一些原来不安心、不热爱教育事业的教师看了《武训传》以后，开始

---

❶ 陈友军. 略论《武训传》的"解禁"与当代文学评判的价值尺度 [C] //张鸿声，杜寒风. 语言文学前沿（第3辑）. 北京：中国传媒大学出版社，2013：215.

安心教育，热爱孩子，纷纷表示要'把毕生的精力贡献给人民的教育事业'"。❶可见，电影在公映之初，曾受到包括中央领导在内的社会各界的普遍好评。而借助电影上映的热潮，当时上海的几家出版社还适时推出孙瑜写的电影小说《武训传》和李士钊编的《武训画传》。由此，社会上掀起了一股"武训热"。

然而，在这一片叫好声中，毛泽东突然在《人民日报》发表社论文章，对《武训传》给予严厉的批判：

> 像武训那样的人，处在清朝末年中国人民反对外国侵略者和反对国内的反动封建统治者的伟大斗争的时代，根本不去触动封建经济基础及其上层建筑的一根毫毛，反而狂热地宣传封建文化，并为了取得自己所没有的宣传封建文化的地位，就对反动的封建统治者竭尽奴颜婢膝的能事，这种丑恶的行为，难道是我们所应当歌颂的吗？……承认或者容忍这种歌颂，就是承认或者容忍污蔑农民革命斗争，污蔑中国历史，污蔑中国民族的反动宣传，就是把反动宣传认为正当的宣传。❷

基于上述分析，毛泽东认为"电影《武训传》的出现，特别是对于武训和电影《武训传》的歌颂竟至如此之多，说明了我国文化界的思想混乱达到了何等的程度！"因此，为了统一全党全国人民的思想，他号召社会各界应当展开大讨论，以"求得彻底地澄清在这个问题上的混乱思想"。❸这篇社论文章发表后，社会各界对《武训传》的评价立即出现戏剧性的反转，大量批判之声汹涌而来。由此，影片被扣上了各种政治帽子。时任中宣部副部长周扬将其定性为"反人民、反历史的思想和反现实主义的艺术"。❹

而之所以出现前后两种截然相反的社会评价，根本原因在于批评标准的不同。前者是一种艺术批评，即从艺术审美的角度来评判电影的创作水准和

---

❶ 孙瑜. 影片《武训传》前前后后 [C] //吴迪（启之）. 中国电影研究资料（1949-1979）（上卷）. 北京：文化艺术出版社，2006：105-107.
❷ 毛泽东. 应当重视电影《武训传》的讨论 [N]. 人民日报，1951-05-20 (1).
❸ 毛泽东. 应当重视电影《武训传》的讨论 [N]. 人民日报，1951-05-20 (1).
❹ 周扬. 反人民、反历史的思想和反现实主义的艺术——电影《武训传》批判 [N]. 人民日报，1951-08-08 (3).

艺术成就；后者则是一种政治批评或者"政治索隐式批评"，即"以明确的政治功利为批评目的，以影片是否具有'资产阶级思想倾向'为批评标准，采用主观武断和轻率定性批评方式的电影批评模式"。在这种批评模式下，"电影批评工作者在对某一具体的电影作品进行赏鉴、分析的时候，没有也不愿意将批评对象仅仅看作一部电影作品，而是直接从自身明确的政治功利性出发，将作品的政治倾向性单独剥离出来，予以严厉的剖析甚至肢解，最终达到打击、遏止非主流意识形态，传播自身政治思想，形成全党全民思想统一的目的"。❶ 正是在这种"政治索隐式批评"的视野下，《武训传》的艺术问题被转变为政治问题，进而引发一场席卷全国的批判运动。

这场批判运动波及范围十分广泛。上至周扬、夏衍等文化领导人，下至孙瑜、赵丹等电影主创人员，甚至此前赞扬过《武训传》的评论者们，都被迫纷纷作出检讨。这一事件给广大电影人造成巨大的心理阴影，以至于"剧作者不敢写，厂长不敢下决心了，文化界形成了一种不求有功、但求无过的风气。"❷ 而作为《武训传》的编导，孙瑜更是抱着一种赎罪的心态参与下一部作品《宋景诗》（与郑君里联合导演）的拍摄当中，以至于因精神压力过大而患上了高血压，身体日见不支。❸ 在这种紧张的创作环境下，1952年中国电影产量从前两年的二十五六部骤减到两部。尽管后来产量有所回升，但在中华人民共和国成立前三十年里，中国电影人始终处于一种"带着镣铐跳舞"的状态下艰难前行。有学者说："《武训传》批判，给中国电影带（戴）上了三十年的紧箍咒。"❹ 事实确实如此，这个"紧箍咒"直到改革开放之后，随着国家文艺政策的调整才有所松动，而《武训传》也直到20世纪80年代中期才得以平反。❺

除了电影界，《武训传》批判还对整个文化界、教育界和知识界产生了巨

---

❶ 李道新. 中国电影批评史：1897—2000 [M]. 北京：中国电影出版社，2002：228-229.
❷ 夏衍.《武训传》事件始末 [C] //吴迪（启之）. 中国电影研究资料（1949—1979）（上卷）. 北京：文化艺术出版社，2006：199.
❸ 孙瑜. 影片《武训传》前前后后 [C] //吴迪（启之）. 中国电影研究资料（1949—1979）（上卷）. 北京：文化艺术出版社，2006：112-114.
❹ 罗艺军，徐虹. 中国当代电影：补阙与反思 [M]. 北京：中国民族文化出版社，2012：50.
❺ 1985年9月6日《人民日报》刊登了胡乔木在陶行知研究会上发表的一段关于《武训传》批判的讲话，他说："当时这种批判是非常片面、极端和粗暴的。因此，这个批判不但不能认为完全正确，甚至也不能说它基本正确。"1986年4月29日，国务院办公厅还专门下发《关于为武训恢复名誉问题的批复》的文件。

大影响。"它在中国的舆论演变和思想发展史上留下了沉闷的一笔,在中国受过较高教育的知识群体的头顶蒙上了一层阴影,而且为此后通过批判文艺作品引发政治批判打开了不良通道"。❶ 同时,从文化史的角度来看,它还从两个维度上为新中国开创了崭新的局面:第一,它结束了新中国成立初期的文化多元状态,奠定了思想一元化的基础。第二,它为极"左"思潮开辟了道路,成为政治/文化激进主义的前驱先导。❷

可见,围绕《武训传》展开的批判运动,不仅是一个"电影事件",还演变为一个"社会文化事件"和"政治事件"。它波及的范围远远超出了电影界,而蔓延到了整个社会文化界,其影响广泛而深远。

三、电影作为政治社会化的工具

正如前文所述,虽然孙瑜在创作《武训传》时曾积极地向官方意识形态靠拢,但这种迎合并没有获得官方的认可,反而招来一场大规模的批判。这显然是孙瑜没有预想到的。但从当时中国共产党亟须巩固新生政权的现实情况来看,这场批判运动又有其历史的必然性。《武训传》只是恰巧充当了官方用来整顿文艺思想和改造知识分子的工具,进而被卷入"政治社会化"的进程当中。

所谓政治社会化,是指"社会个体在社会政治互动中接受社会政治文化教化,学习政治知识、掌握政治技能、内化政治规范、形成政治态度、完善政治人格的辩证过程"。❸ 一般而言,它包括政治信息传播、政治观念内化、政治态度演进和贯穿个体一生的阶段性发展等不同过程。❹ 而推动政治社会化的机构主要包括家庭、学校、大众传播媒介和政府宣传机构。其中,大众传播媒介在政治社会化过程中扮演着重要角色,它"通过信息提供、意见表达、榜样示范和方向引导等方式,直接地影响个体政治知识的获取、政治态度的形成与改变、政治技能的强化和政治行为模式的取向,促进个体更好、更快

---

❶ 钱江.《人民日报》与武训历史调查——新发现的袁水拍笔记揭开一个谜(四)[J]. 世纪, 2016(5):63.

❷ 启之. 毛泽东时代的人民电影(1949—1966)[M]. 台北:秀威资讯科技,2010:111.

❸ 李元书. 政治社会化:涵义、特征、功能[J]. 政治学研究,1998(2):18-19.

❹ 李元书,杨海龙. 论政治社会化的一般过程[J]. 政治学研究,1997(2):14-22.

地适应社会，扮演政治角色"。❶ 电影作为一种大众传播媒介，自然也在政治社会化过程中发挥着重要作用。

基于上述理论视角，我们可以发现对《武训传》的批判，实质上是当时新生政权试图借助电影这一大众媒介来实现政治社会化的目的。换句话说，就是通过电影来教育广大民众，尤其是对知识分子进行思想改造，改变其原有的自由主义、改良主义思想，进而使其接受马克思列宁主义思想。正如1951年《人民日报》"党的生活"栏目对社论所作的阐释中所指出的，希望"通过这一场原则性的讨论，将使每个党员懂得了革命者与封建统治拥护者的原则区别，人民民主主义和改良主义的区别，民族传统中落后的、消极的、反动的东西和进步的、积极的、革命的东西的区别。同时，也会提高我们的政治觉悟性，使我们了解一个共产党员站在马克思列宁主义立场应当表扬什么，反对什么，对于错误是应当采取革命的斗争态度"。❷ 由此可见，批判《武训传》的根本目的在于整顿思想，而非探讨艺术。

事实上，这种通过电影批判来实现政治教育和思想改造的目的，也被大家普遍意识到。正如有文章指出："我们讨论和检讨，不仅是针对着《武训传》这部影片和武训这个人物，更重要的是针对着我们自己的思想，是为了要挖出形成我们不正确的思想认识的根源来，消灭它。"❸ 而这种思想改造主要针对的群体便是知识分子，尤其是那些来自国统区的知识分子。夏衍在回忆文章中就曾指出，当时周恩来特意让他向孙瑜和赵丹转达中央意见，说"《人民日报》的文章（即指毛泽东的《应当重视电影〈武训传〉的讨论》——笔者注）主要目的是希望新解放区的知识分子认真学习，提高思想水平"。❹ 可见，对知识分子尤其是新解放区的知识分子进行思想改造和政治教育才是发动这次大批判的主要出发点。

如果说《人民日报》发表社论文章是政治社会化过程的第一步——政治信息传播的话，那么接下来的大规模检讨和批判则可以说是进入第二步——

---

❶ 张昆. 大众媒介的政治社会化功能 [M]. 武汉：武汉大学出版社，2003：53.
❷ 《人民日报》编辑部. 共产党员应当参加关于《武训传》的批判 [N]. 人民日报，1951-05-20 (3).
❸ 杨谆. 讨论《武训传》是思想斗争，不认真分析不能解决问题 [N]. 人民日报，1951-05-29 (2).
❹ 夏衍.《武训传》事件始末 [C] //吴迪（启之）. 中国电影研究资料（1949—1979）（上卷）. 北京：文化艺术出版社，2006：198.

政治观念内化,即"社会个体通过一系列的心理行为过程,加工、转化政治信息传播过程中所获得的政治信息,完善政治人格、充实政治自我、更新政治观念"。❶ 据统计,从 1951 年 5 月底至 8 月底,全国各大报刊发表了 850 多篇批判《武训传》的文章。❷ 这些文章虽然只是一种政治化的表态,并非完全出自作者的肺腑之言,但检讨本身其实就是一种对自我思想的清理与改造。例如,文学评论家李长之在检讨文章中就说道,他以前作了电影《武训传》和《武训画传》的"思想的俘虏",直到看了贾霁、杨耳、汪曾祺等人的批判文章❸之后,才使他"从许多错误思想里解放出来"。❹ 同样,著名戏剧家田汉也说:"通过这一具体问题上的深入考察,寻根究底,的确把我们对马列主义的学习提高了一步。"❺ 时任中共河北省委宣传部长王之在总结当地批判《武训传》的报告中更是明确指出:"开展对武训和'武训传'的讨论批判,是一课具体丰富的马克思列宁主义教育",而"所有在这次讨论中,积极参加讨论的一些同志,都进一步明确了自己的立场,学到了辩证唯物论与历史唯物论的观点和方法,提高了马克思列宁主义水平"。❻ 可见,经过这次批判,不少人开始主动学习新的政治观念,从而将自己"改造"为社会主义新人。

对广大电影人来说,他们更是在这次批判运动中经历了革命思想的"洗礼"。诚如夏衍所言:"《武训传》电影创作者和歌颂者所暴露出来的错误,不仅唤起了我们,使我们懂得有加强对于资产阶级反动宣传展开坚决严格的批判的必要,有加强对于小资产阶级思想展开严正的批判与教育的必要,而且唤起了我们,使我们懂得,必须对于两年多来上海整个文化艺术工作上的思想领导,作一次深入的检查,必须在上海革命文化艺术的领导工作中坚决贯彻毛泽东同志的文艺为工农兵服务的正确方向。"❼ 时任中央电影局艺术委

---

❶ 李元书,杨海龙.论政治社会化的一般过程 [J].政治学研究,1997 (2):15.

❷ 张明.武训研究资料大全 [M].济南:山东大学出版社,1991.

❸ 贾霁.不足为训的武训 [N].人民日报,1951-05-17 (3);杨耳.陶行知先生表扬"武训精神"有积极作用吗? [N].人民日报,1951-05-16 (3);汪曾祺.武训的错误 [N].人民日报,1951-05-22 (3).

❹ 李长之.我在关于《武训传》的讨论中获得了教育 [N].人民日报,1951-05-27 (5).

❺ 田汉.《武训传》使我猛醒 [N].人民日报,1951-06-10 (5).

❻ 王之.在讨论"武训传"的基础上继续加强马列主义的学习 [N].人民日报,1951-10-08 (3).

❼ 夏衍.从《武训传》的批判检讨我在上海文化艺术界的工作 [N].人民日报,1951-08-26 (3).

员会副主任兼艺术处处长陈波儿则告诫电影人"今后不但加强马列主义和政治学习是完全正确与必要的,而且还要把所学到的正确的观点贯穿到作品的思想里去"。❶ 当然,这种政治观念的内化不可能一蹴而就,而是要经过长年累月地不断学习。这也是为什么中央在开展《武训传》批判之后,同年又紧接着在文学艺术界开展整风学习。❷ 即便如此,后来电影界依然一再出现与政治话语不合拍的创作现象。

当然,在《武训传》批判事件中,电影作为政治社会化的工具,不是作为"榜样示范"来教育大众,而是作为"反面教材"供大家批判,使人们在批判的过程中改正错误的思想观念,进而接受马克思主义思想和官方意识形态。尽管在这一过程中,电影只是被政治所裹挟和利用,却鲜明体现了电影与政治的密切关系。

四、结　语

从前文对电影《武训传》及其批判运动的分析可以明显看出,电影与政治之间存在一种复杂的"动力学"关系。虽然《武训传》的遭遇令人感慨,但我们也不能仅看到它被政治权力干预的一面,而忽视它对官方意识形态主动迎合的一面。无论是从电影的创作过程和文本策略来看,还是电影充当政治社会化的工具,《武训传》都曾主动或被动地介入新中国的政治进程当中,与政治发生着紧密的联系。由此,《武训传》及其批判事件也成为电影社会学研究的极佳案例。同时,它也在一定程度上反映了当代中国知识分子与政治权力相互纠缠的复杂关系。

(林吉安,博士,华中师范大学新闻传播学院副教授)

---

❶ 陈波儿.从《武训传》谈到电影创作上的几个问题[C]//吴迪(启之).中国电影研究资料(1949-1979)(上卷).北京:文化艺术出版社,2006:115.
❷ 1951年11月24日,中华全国文学艺术界联合会在北京召开文艺界整风学习动员大会,号召广大文艺工作者认真学习马克思主义,改造思想,整顿文艺工作。

贾樟柯：县城与声音叙事

■ 范丽萍

贾樟柯作为中国第六代导演的代表，从电影《小武》开始，就努力探寻社会中普通人最真实的生活状态和内心世界，并在贴近生活底层的素材中挖掘到了全新的表现母体和文化支持，以他的"乡村三部曲"（《小武》《站台》《任逍遥》）为主要代表，场景基本上安排在山西的小县城中，透过最平凡的捕捉视角，展现底层民众奔波劳碌的生存现状。贾樟柯是一位特别会使用电影声音的导演。作为电影中县城空间文化建构的主要呈现因素，人物语言、流行音乐、广播电视声音等在贾樟柯的影片中承担极为重要的叙事功能，在一定程度上是对县城这一空间叙述的有效延展，获得一个与县城本身的影像叙述构成对位关系的文化空间。在小县城的空间范围内，声音元素的展现往往是自身与外来、个体与官方、小城与大城的相对与相容，看似拥有时代记录感的声音元素，拓展了县城空间。本文试图以此为论述中心，结合贾樟柯以县城为主要场景的电影，进一步阐述声音在这一空间构造中的作用。

电影导演是影片的意义创造者。作为一种视觉艺术与听觉艺术结合的产物，电影对声音的选用与处理尤为谨慎。如果要让声音表达特定的意义、传递特定的情感，就必须运用声音的表现技巧来创造性地选择与组合，从而表现出电影深刻的内在意义。贾樟柯电影中对声音的运用具有一定的特殊性和代表性，也是贾樟柯个人对自己个体生命体验的表达，在画面的铺展下，声音往往具有深厚的拓展力度。山西方言的运用、流行音乐的不断穿插以及电视台、广播等媒体传播的声音成为贾樟柯电影中声音的主要表现方式。

一、县城的原生态语言表达：方言

贾樟柯的"故乡三部曲"《小武》《站台》和《任逍遥》无一不是运用的

山西方言。2015年上映的《山河故人》中，主人公沈涛、张晋生和梁建军也是操着一口山西方言。方言的运用是地域感的最鲜明表达，也更为切合贾樟柯的记录风格，凸显了电影的艺术魅力。我们发现，作为县城最为原生态表达方式的山西方言，一方面和谐地与破旧的县城场景融为一体，画面感真实且不矫揉造作；另一方面，在社会的不断发展和个体的四处流转中，主流语言普通话或其他各地方言逐渐淹没本地方言，距离感和边缘化成为激发故土情感的直接导火索，这在贾樟柯的电影中有鲜明的体现。

1998年上映的电影《小武》，主人公是一个游手好闲，整天双手插入口袋，叼着香烟，游逛在县城街头的青年。小武说的是山西汾阳话，显然是那座小县城的产物，他也深深融进了这座小县城。与之形成鲜明对比的是歌厅的梅梅和老板娘，她们操着普通话，代表着外来者的形象，外来的流行文化在他们身上诠释，超短裤、新式发型、浓烟装扮与小武的形象形成鲜明的反差。作为贾樟柯第一部真正意义上的影片，《小武》在人物的语言和场景的设置上定下了基本的格调，这在后来的《站台》和《任逍遥》中都有继承。《站台》的视角放在汾阳文工团几个成员身上，崔明亮、尹瑞娟、张军以及钟萍随着文工团出城进城，影片主人公在使用汾阳话的同时，也会穿插说普通话。钟萍就是一位。虽然故事依旧在小县城之间辗转，钟萍等人口里操着普通话并不是代表外来人员，而是代表县城人对于外面世界的向往。另一部电影《世界》则将场景安排在北京，赵小桃和成太生来自山西小县城，他们在公众场合操着普通话，而在私下则说的还是山西话，这说明，身处大城市普通话才是主要交流的工具，小县城的语言处于边缘化的状态。《三峡好人》表现"寻找"的主题。主人公走出小县城，南方重庆方言、普通话更为普遍。近年上映的《山河故人》，三段不同的场景设置，人物始终在各地游走，甚至到了大洋彼岸，语言更为复杂。第一段故事基本是在小县城，方言占主要成分，随着梁建军出外打拼、张晋生与沈涛离婚出国，语言变得更为混杂，故乡与异乡，曾经与现在交织，在语言的错综转变中表达电影主题。

贾樟柯电影创作主要采用的是现实主义手法，尤为重视小县城的芸芸众生，特别是边缘人的生活与心理。方言的运用在一定程度上是作者切身体验在电影上的映射，也为电影打上了厚重的故土文化之感。尤其是方言与普通话在同一场次出现时，一方是代表主流地位的普通话，另一方是代表边缘地位的方言，更为加深了彼此之间的距离与对立，正如小武与梅梅之间、沈涛和儿子到乐之间，永远存在一种隔阂。另外，方言对人物塑造起着非常重要的作用，地方色彩的腔调配合着鲜明的地方特色标志，使整个电影画风和谐而又意蕴丰厚。

二、外来文化的声音展现：流行歌曲

贾樟柯电影除了对方言的运用到位，流行歌曲和影视剧的声音穿插在影片中不仅带有时代感，更具有深刻的文化内涵。目前，学界对贾樟柯电影中音乐的阐释，往往停留在音乐和影视剧所具有的时代感上。试想，如果截住一个时间点，在空间的横向把握上阐释这些声音的运用，那么它们便拓展了这些局限于一隅的小城空间，最鲜明地表现在外来流行文化的进入。与此同时，音乐在这里也是个体情感的释放。

"对许多人而言，流行音乐几乎是个人在成长道路上第一次接触到的大众文化样式，甚至会一直陪伴他们一生，成为个人成长道路上不可或缺的一部分。"❶ 流行音乐元素在贾樟柯电影中并不是作为背景音乐加以呈现，因为在县城的歌厅、舞厅，在家中的电视机中，在路上人们的口中，在 DVD 中……处处呈现音乐这一元素。并且，导演主要采用走音的演唱和现场外放的实录加以呈现，于是，流行音乐在这里已经作为一个角色融入贾樟柯的电影，它不仅寄托着主人公的某种情感，而且在一定程度上展现出一种格格不入的感觉。在《小武》中，歌曲《心雨》成为主要的演唱对象，不管是歌厅梅梅稍有走音的演唱，还是小武在澡堂的学唱，抑或葬礼上的对唱，都与小武的心情有关。尤其是陌生人的演唱，走音与围观的群众形成一种沉闷的格调，耳旁却是流行音乐流动的音符。这样一种反差，呈现出县城在接纳外来流行文化时的无所适从。《山河故人》中，叶倩文的《珍重》可以说是从 DVD 机中传递出来的，粤语歌曲更是进军到小县城。正如沈涛说："好听，就是广东话听不懂。" 20 世纪 90 年代末，随着家庭音响在县城家庭中的不断普及，越来越多的流行音乐进入底层群众的生活当中。《珍重》在影片中不仅从侧面烘托电影所要表达的人们在亲情爱情友情之中选择的主题，也在一定程度上说明人们势必要走出县城，去另外的空间生活，或者会与外面的人有关联。至于

---

❶ 陶东风. 大众文化教程（修订版）[M]. 桂林：广西师范大学出版社，2012：231.

以歌曲名直接作为电影名的《站台》和《任逍遥》，更是将流行音乐的元素贯穿电影始终，这里不再赘述。

流行歌曲作为大众文化的一种集中性代表，与权威话语位置不同，更切合表达个体的生命体验和心灵感受。当不具有话语权的个体受到压制时，流行文化恰恰是获得内心释放的一种途径，因此，在这里也更能够找到真实的民众生存状态。此外，与这些流行文化形成鲜明对比的是破败的小城，同一首歌指向着繁复的视觉表象，在类似于汾阳的小县城里充斥着现代的因素，这种被称作"雅俗混杂的赝品气氛（Kitsch）"❶的悖谬现象，标志着在急速化发展的社会下的不平衡，也象征着生活在小县城的边缘人物向往外面世界的心灵写照。

三、主流意识形态的媒体声音

在方言和流行音乐之外，贾樟柯还应用了电视、广播等媒体传播的声音。与上述声音元素不同，这种传播的声音主要为主流意识形态的象征国家权威代表。影片中出现广播或者电视新闻的声音时，常常会存在声音与画面不对称的现象，尤其在《小武》《站台》和《任逍遥》中表现突出，就像在对贾樟柯的一篇访谈中陈晓云说的："影片所呈现的视觉空间基本上都是那种古旧、残破的小县城，但是声音却特别地多元混杂，传达出了另外一种信息，跟我们看到的影像构成了强烈的反差和对位关系"。❷这种新的审美感受带来一定的嘲讽性，也丰富了电影的表达内涵，令人深思。

电影《小武》中，街道上嘈杂的人声和汽车声、广播里"严打"的声音，还有电视上的新闻报道，都成为贾樟柯运用的对象。小武作为游荡街头的浪荡青年，始终与这些广播电视中宣传主流意识形态的声音相对立。广播里播放汾阳县敦促犯罪嫌疑人自首的广播，小武依旧全然不顾地叼着香烟走在路上；电视上出现香港回归和党的十五大召开的新闻时，小武离家；电视台荧屏点播栏目进入小勇的家为小勇贺新婚之喜，而小武一个人喝着闷酒观看电视节目……声音与电影画面在某种关联之中存在一种对立，宏大的广播

---

❶ 王斑. 全球化阴影下的历史与记忆 [M]. 南京：南京大学出版社，2006：185.
❷ 贾樟柯，饶曙光，周涌，等. 三峡好人 [J]. 当代电影，2007（2）：20.

电视声音传播的是主流意识形态。小武作为边缘人物，他的小偷小摸与这种主流形成反差。影片中充满正义性的电视广播声音声势浩大，而小武作为渺小的一员并不值得注意，恰恰是这样的反差才使影片有了文化内涵，并对主流意识形态起到一定程度上的解构作用。另一部影片《站台》中，县城小青年张军、钟萍相爱，钟萍意外怀孕但不想去流产，打了张军一巴掌，无奈去医院做手术，这时候广播里传来"建国35周年阅兵"的声音。这本来是毫无关系的两者，一个属于私人，另一个属于公共/国家，而贾樟柯把这两者放在一个电影叙述空间中。那一年是1984年，整个社会在巨变，国家也在发生转变，当然个体也在转变。每个人都开始寻求自身的追求，逐渐摆脱过去被束缚的集体意识，个体意识愈发强烈，国家大事也与自己的个人生活愈来愈远，形成一定的距离感。这种设置给人一种错觉，浅层次地理解这种声音的展现，我们或许会给事件打上1984年的时代印记，而在深处思考，这样的设置其实是对当时个体追求自我意识的诠释，哪怕是在小小的县城。此后，贾樟柯一直采用这种记录视角，比如说在《山河故人》中，当沈涛骑着摩托车给梁子送结婚请柬，经过田间时，一架播种的飞机不幸失事，坠落到自己面前的土沟里，惨状不忍直视。当她到了梁子家门口时，画外音广播传来的声音却是"省林业厅出动十二架次飞机在晋中、吕梁地区播种"以及"山西煤炭部传来喜讯"的利好新闻，这也是一种活脱脱的社会写照。《任逍遥》中广播中播放"三晋风采"电脑福利彩票的宣传广告时，画面是警察在街边抓获一名小偷。

  由此也可看出，贾樟柯在表现底层人物时，并不会忽略那些意识形态在生活中的渗透。可以看得出来，他是一个全面的导演。这种基于底层人物，却又不会抹去国家意识形态的表达的记叙方式，得益于贾樟柯的深刻思索，这也就能够理解他所说的："在接近四年的学习过程里，我们每个星期会看到两部新的国产电影。这几年看下来，我看不到一部电影跟当下有真正的关系，看不到一部电影跟当代中国人的情感有什么关联，特别是基本上看不到有什么电影能够跟县城、跟处于城乡交界的那样一个地方的人民的生活有什么关联。所以我感觉这种生活是被遮蔽掉的，是银幕上缺失的东西"。❶

---

❶ 丁宁. 对话：中国新生代影像［J］. 电影艺术，2003（1）：39.

四、声音作为县城空间的表达与延展

正如前文所说,贾樟柯的很多电影立足于汾阳这座小县城,方言、流行音乐和广播电视等媒体声音充斥其中,产生全新的审美感受。细细看来,贾樟柯电影中声音一方面与画面保持和谐一致,另一方面却是代表着外来的或者主流的或者与自身有距离的对象存在。如何用声音表达和拓展"县城"这个空间,值得进一步思考。

电影空间的生产就是一个导演和观众双向地拆解、选择和重构的体验过程。贾樟柯的"故乡三部曲",不管是《小武》中拆迁破落的汾阳小城,还是《站台》中记录时代变迁的汾阳,还是《任逍遥》中的煤炭工业城市,这些空间的设置都有着鲜明的地域色彩。它们既不整洁干净、高楼林立,也不灯红酒绿、摩登现代,或破落,或狭小,或尘土飞扬。导演会给这座县城一个俯视的镜头,从一个较为高的地方远眺发生故事的场景。比如《站台》中几个年轻人或站在城墙上,或站在高坡上,放眼望去,周围是低矮的房屋;《山河故人》中,沈涛站在高处看县城街道上的人流也是一种俯视,县城的形象在这样的镜头设置中一览无余。因此,县城并不像大城市般复杂,让人无法捉摸。贾樟柯电影中,在县城的大空间里容纳了几个最鲜明的小型空间意象,比如歌厅、街道、城墙、舞台等。那些代表现代性的外来流行文化场所,比如歌舞厅、台球厅等往往与这些个县城格调不搭,它们却恰恰延展了这些小县城的空间,极大地调整着人们对县城的记忆与想象。

贾樟柯电影《小武》中的歌厅看起来像是家庭住房改造的,有些拥挤和狭小,却是每日唱卡拉OK的娱乐场所。贾樟柯对空间有所思考:"空间气氛本身是一个重要的方向,另一方面最重要的就是空间里面的联系。在这些空间里面,我觉得很有意思的是,过去空间和现在空间往往是叠加的。……空间叠加之后我看到的是一个纵深复杂的社会现实。"❶ 在影片所呈现出的现实社会空间中,我们看到的表层物质性以及所体察出来的深层社会文化性,都能够集中展现在影片的文本中。对歌厅来说,流行歌曲成为阐释社会文化的载体,

---

❶ 张亚璇,贾樟柯. 去一个传说中的城市[M]//贾樟柯,著. 赵静,编. 任逍遥. 济南:山东画报出版社,2017:5-6.

梅梅演唱的《心雨》，歌厅是这首歌在影片中开始出现的空间场所。随后，这首歌也出现在葬礼上，在以花圈为背景的送终场合，这首歌曲又具有了死亡的含义。当小武在澡堂子里洗澡大声唱这首歌时，又象征着小武对梅梅的爱。直到最后小武和梅梅在歌厅合唱了这首《心雨》，梅梅离去，恋情告终。总体看来，歌厅、葬礼现场、澡堂子等县城空间中，同一首流行歌曲指向了不同的含义，这也充分显示了异质空间下的深刻文化内涵，时尚的流行元素代表着想象性的视觉幻象，而这又与县城的破落碰撞形成一种不和谐的审美体验。

如果我们把这样的判断放在电影《站台》上同样适用。虽然说《站台》没有将场景固定化，几个年轻人随着文工团不断流动在乡村、煤矿和县城街道，但贯穿电影的烫头、流行歌曲、喇叭裤等意象是稳定不变的。除此之外，还有汽车后车斗上的舞台，我们也可将其视为稳定不变的空间存在。于是，视觉意象或者空间意象（"站台"）与听觉意象（《站台》）成为这部电影的结构中心，共同指向20世纪80年代的文化拼贴的中心元素。另外，其他伴奏或者歌曲在《站台》中都有体现，这既代表城市的现代性对乡村文化的侵入，也表达出县城空间凭借流行文化元素在逐渐走出闭塞现状的内涵。"站台"是流动地，对某些人来说，它可以是起点，也可以是终点，还可以是过站，但就是在这样的意象中，人生百态在这里展现，由此增强了这样的空间意义。

对于广播电视中代表主流意识形态的声音来说，这是一种无形的权利规范并制约着县城这个空间。《小武》中，关于"严打"的广播声音、电视上对"小武被抓"的报道和对路人的采访，《站台》中崔明亮家中响起的通讯社报道、内蒙古自治区的通缉令，《任逍遥》中福利彩票的广播宣传以及京大高速公路山西段通车的喜报，等等，从主流意识形态层面通过广播电视这种媒体传播途径进入寻常百姓家，并在隐形的作用下制约并规范着县城中人们对信息的接受。由此可见，县城并不只是老百姓生活的场所，更多的主流意识形态通过各种"现代性装置"介入底层群众的日常生活，这样的声音记录方式在贾樟柯电影中表现得尤为深刻，已经不仅仅是"声画对位"的问题，更有对绝大多数群众的制约和规范。

贾樟柯的电影在一定程度上为我们打造出了独属于贾樟柯风格的电影声音呈现形式。这些声音不仅是构成影片关于县城记忆的重要组成部分，而且是观众时代记忆中最容易引起共鸣的所在。贾樟柯电影空间呈现具有独特性，县城空间的表述并不仅仅简单停留在实物性描写上,更有对充斥于其间的声音的刻画与表现。于是,县城的含义逐渐丰富。电影作为视觉效果与听觉效果结合的产物,声音的处理尤为重要。之所以说贾樟柯是表达底层民众生活最有成就的电影导演之一,很大原因就在于他对声音和画面的处理非常到位。记录性质的声音与画面突破了传统的电影制作方式,外加方言的运用,真实感扑面而来,和谐而又一致。演员并非当红影星,较为粗糙的演技丝毫不会影响观众深入影片中深思故事表达的内涵。

贾樟柯巧妙地运用方言、流行歌曲以及广播电视等媒体传播的声音为手段叙述县城,在县城空间的既定性范围内展开富有内涵的挖掘,声音在这里上升到文化解读的层面。这既是时代的历史记忆,更是县城空间的侵入与错位,底层群众的生活与这些声音处于若即若离的关系之中。

(范丽萍,郑州大学西亚斯国际学院副教授)

艺文天地

村居
王永

欲断残情酬知己,
旧缘未解新因生。
栖惶落魄惭行色,
夜宿深村目如灯。

(王永,博士,中国传媒大学人文学院文学系教授)

空间生产理论视域下沂蒙题材影视剧的地缘文化探赜

■ 石 航

"地缘文化的风貌在很大程度上规定着艺术作品的美学情态"。❶地缘文化理论以空间为立足根本,但其文化属性的价值和意义又超越了单纯的空间本身。当下的地缘文化理论更要求我们于空间之中窥探地缘,由地理概念拓展到政治、经济以及文化领域。

"地缘不像地域(或区域)那样,指涉某个有确定边界的空间范围,而是指涉地域(或区域)之间的某种关联性。更进一步,地缘这个词也不是一般地指地域(或区域)之间的关联性,而是特定地指地域(或区域)之间在地理上的关联性。地缘政治是指地域(或区域)之间政治关系的地理缘由,而地缘文化当然也就是指地域(或区域)之间文化关系的地理缘由。"❷沂蒙题材影视剧的地缘文化分析必然需要立足于沂蒙地域文化的分散性,也需把握沂蒙地域文化之间、地缘政治、文化、经济等各方面的同一性、联系性,借助沂蒙题材影视剧历史神话与现实寓言中文化样本的探究、当代沂蒙"红色"类型片视野下的历史神话重述以及新时代民族精神在沂蒙地缘文化中的想象性建构,最终实现对沂蒙地缘文化整体性的把握。

一、历史神话与现实寓言中的文化样本

人这一主体在某一地理区域的重要文化意义,在空间或地缘文化研究中,人可视为一种实在的物质性空间的存在。而通过沂蒙题材影视剧的人物形象、

---

❶ 章旭清. 地缘文化与亚洲新电影的美学取向 [J]. 江苏社会科学, 2006 (3).
❷ 颜纯钧. 影人迁徙·空间流动·地缘文化 [J]. 电影理论研究(中英文), 2021 (2).

家国理念的探讨，将有助于沂蒙地缘文化样本在历史神话与现实寓言中的导引。

（一）人物形象：人性化、高认同

当代沂蒙题材影视剧的人物形象早已超越了"高大全"的固化模式，而迈向了扁平化、人性化的人物形象塑造道路，从而更易引起观众的心理认同和情感共鸣。电影《红嫂》便选择从人性化视角切入，在重点呈现沂蒙红嫂明德英乳汁救八路军战士的感人事迹时，成功地塑造了影片中"德红"的人性化人物形象，细致刻画了其内心情感世界，面对负伤的八路军战士，不畏牺牲、无私奉献，家中的小儿子却只能忍饥挨饿，红嫂"德红"的无奈与愧疚写在脸上，面对丈夫吴二的猜忌与误会，她终于打破了善意的谎言，为了家庭，为了抗战事业，红嫂"德红"靠自己的勇与谋，赢得了丈夫和乡亲们的赞叹和敬佩，同时赢得了观众的高度认同，而还乡团团长李贵却死于自身的道德败坏。这样的二元对立叙事模式中构筑起充满着冲突和矛盾的空间，在正与邪、善和恶、勇敢和懦弱的空间结构内故事张力不断扩充，故事情节便在其中得到推动和发展。

龙迪勇认为，空间与人物性格及其所导致的行动之间确实有着千丝万缕的内在关联。如果作家们不是有意识地利用"地点""场所"或"环境"这样的空间性元素，而仅仅单纯或机械地用展示行动、描写人物的外貌、"专名的暗示与粘结"这三种主要方法来塑造人物的话，那么他们所创造的人物形象难免会因抽象和朦胧而不易为读者所把握。❶ 依托沂蒙山高水长的地理空间环境，勤劳淳朴的沂蒙红嫂群体人物形象在沂蒙题材影视剧中得到进一步显现，在人性化人物形象塑造中，复杂的人性特征得到淋漓尽致的展现，空间表征出沂蒙题材影视剧中单个人物的独特性，也通过其表征使沂蒙人物群像更加真实鲜活，从而更易为观众认同和接受。

（二）家国理念：崇高性、历史感

"国家形象是一个综合体，而最直观的形象是人的形象。"❷ 在有着高度认同感的人性化人物形象基础之上，人物崇高的家国理念得到不断凸显，沂蒙题材影视剧历史神话与现实寓言中的文化样本的探究得以不断深入。

---

❶ 龙迪勇. 叙事作品中的空间书写与人物塑造 [J]. 江海学刊，2011（1）.
❷ 丁亚平，董茜. "红色题材"电视剧的现代审美趋向 [N]. 中国艺术报，2010-08-20（4）.

在成功的艺术作品中，仅有令人印象深刻的人物形象是远远不够的，超越人物性格特征之上的情感和信仰必然需要得到表现。如电视剧《沂蒙》中的于宝珍在拥军支前的思想斗争中也有过愚昧无知的传统思想，多面化的人物形象更体现复杂的人性特征，在舍小家、为大家的无私奉献中，于宝珍一家前仆后继，为了革命战争的胜利做出了巨大牺牲，却守住了于宝珍心中崇高的家国情怀，最终再次唤起观众内心对角色强烈的认同感。不论是反映革命斗争景象的电视剧《沂蒙》、电影《沂蒙六姐妹》，还是映射新时代乡村振兴的电影《梦想沂蒙》、电影《沂蒙老兵》，均是创作者借助人性化的人物主题形象，架构起崇高的国家观念和社会主义核心价值观，在个人感性和人性伦理的空间演绎下，富有人文光辉和人性深度的"人的形象"转化为有着强烈历史感和崇高性的"国家形象"，从而在大众文化逻辑的层面引起观众的不断认同和共鸣。

正如西摩·查特曼在《故事与话语：小说和电影的叙事结构》一书中所说，"我虽不是第一个但是很坚决地主张把人物概念看作特性的聚合……'特性'是在'相对稳定而持久的个人品性'这一意义上的，承认它既可以展开，即在故事过程中早晚会浮现出来，又可以消失或者被其他特性所取代。""事件作为矢量，'水平地'从早前向后来行进。特性则扩展到遍及由事件所标出的时间跨度内。它们对于事件链条来说是一个参量"。[1]沂蒙题材影视剧历史神话与现实寓言中的文化样本内化为沂蒙人物群像的当下阐释，并在家国理念的体认下不断凸显出自身历史真实的深邃和对大众心理归属的召唤，也体现出艺术创作者立足沂蒙地缘文化，并在传统和现代之间进行价值选择的创新性表达，而对于国家主流意识形态和社会主义核心价值观的弘扬，深刻地契合了中国大众的审美文化心理和价值认同。

二、"红色"类型片视野下的历史神话重述

众所周知，"红色"影视剧自电影诞生以来便承担了主流文化传播和国家意识形态宣介的重要使命，而从列斐伏尔的"空间三元辩证法"视野出

---

[1] 西摩·查特曼. 故事与话语：小说和电影的叙事结构 [M]. 徐强, 译. 北京：中国人民大学出版社, 2013：110, 113.

发,"红色"的社会空间正是与民众日常生活空间相链接的象征而又真实的空间。沂蒙题材影视剧中尤以"红色"类型片为主要题材,尤其新时代,在以"红色"为背景的结构中,诸多创新型现实元素和内涵不断注入,现实和历史的双重空间得到缝合演绎,完成了沂蒙题材影视剧"红色"文化的现代书写。

(一) 突围探微:元素杂糅与内涵注入

列斐伏尔认为,"空间已经在当前的生产模式中成为一种现实,与商品、金钱和资本一样承担着全球化进程的使命。空间不但是生产,而且是一种思考和行动的工具,还是一种生产方式和统治方式"。❶ "社会空间将和精神空间、物质空间共同出现,它既不是事物的罗列,不是时间的聚集,也不是很多内容的简单叠加,它是一种不可简化的结构强加于现象、事物和物质。"❷ "索亚强调,在第三空间里,一切都汇聚在一起:主体性与客体性、抽象与具象、真实与想象、可知与不可知、重复与差异、精神与肉体、意识与无意识、学科与跨学科等等,不一而足"。❸ 列斐伏尔所说的三层空间是相互融合的,并非相互割裂分离或简单叠加而成的,其中社会空间的异质性、反抗性色彩尤为突出。21世纪以来的沂蒙题材影视剧依然以"红色"文化为主要叙事背景,并在此基础上不断进行叙事元素与内涵的探索和突围,以期完成新时期沂蒙题材影视剧"红色"类型片视野下的历史神话重述。

在历史再现的过程中注重微观视角,关注小人物在革命斗争中的真实状态表现,已经成为现代革命历史题材影视剧叙述视角的共同选择,影视剧叙事架构中的每一个人物,都可充当一个独特的透视视角,如在电影《金刚川》中,导演管虎多次使用片中人物的主观视角镜头,"目视化"望远镜镜头视角不断望向被炸毁的桥梁、艰难复建桥体的士兵以及天空中嗡嗡鸣响的美军轰炸机,营造出真实、紧张的异质化战争影像空间和一个个有血有肉的鲜活生命形象。而沂蒙"红色"类型影视剧中也不乏微观的历史视角,革命战争年代的沂蒙母亲、沂蒙红嫂、沂蒙六姐妹,电影《沂蒙之恋》中的军官易南和

---

❶ Lefebvre H. The Production of Space [M]. tans by Donald Nicholson-Smith. MA:Blackwell Publishing,1991:65.

❷ Lefebvre H. The Production of Space [M]. tans by Donald Nicholson-Smith. MA:Blackwell Publishing,1991:190.

❸ 陆杨. 析索亚"第三空间"理论 [J]. 天津社会科学,2005 (2):35.

大学生娟子，以及电影《梦想沂蒙》《沂蒙老兵》中的不忘家乡、乡村振兴内涵，均可视为历史与当代视野下异质化的个体生存状态和社会空间图层展现，沂蒙的红色文化血脉在新时代有了新气象，微观视角下的个体革命浪漫主义精神得到淋漓尽致的展现，沂蒙"红色"类型片不断糅合爱情、亲情等元素，并不断注入新时代乡村振兴等重大主题内涵，实践着沂蒙"红色"题材影视剧社会空间异质化塑造的类型突围。

（二）叙事底色：历史空间的缝合演绎

列斐伏尔的空间认识论，尤其是他对于社会空间的深入研究，将有助于我们进一步思考社会、历史和空间的共时性及其复杂性与相互依赖性。而作为列斐伏尔的学生，爱德华·索亚提出的"第三空间"概念，也在一定程度上可以帮助我们理解列斐伏尔所谓的社会空间理论，索亚强调"第一空间"是经验性、物质性的，"第二空间"是想象性、精神层面的，而"第三空间"是一种异质空间，具有强烈的后现代意味，这一异质空间强调去超越真实与想象的二元对立，把空间把握为一种差异的综合体，一种随着文化历史语境的变化而改变着这一空间外观与意义的"复杂关联域"。索亚的"第三空间"理论较为倚重福柯的空间问题思考，"后殖民主义""后现代""他者"以及"女性主义"等都是"第三空间"理论的重要依托，其意义在于消解传统理性主义主体。就像福柯所说，去打破历史主义专制，敞开空间想象，空间内部充斥着权力、知识、性欲等，可构筑成话语权力体系，他还进一步强调把人们引向"他者"，建构起"异型地质学"，同样强调在"空间-历史-社会"三维间达到某种平衡，他的这一"权力道德谱系学"生命权力空间指向一种差异性的、断裂的、充满文化危机的反面乌托邦空间类型，可以说，福柯的空间问题思考某种程度上也继承了列斐伏尔的社会空间理论观点，并在此基础上注入了更多有价值的内涵和后现代思考。

列斐伏尔的社会空间理论，以及空间问题研究的新语境，得到了空间问题研究的后来者如索亚、福柯的不断深入和发扬光大，将有助于我们当下对沂蒙题材影视剧历史空间缝合演绎的再思考，可为我们审视"红色"类型片视野下的历史神话重述提供重要的空间理论支撑。我们细分沂蒙"红色"类型影视剧文本叙事建构，可清晰地揭示出沂蒙"红色"题材影视剧的两个主要类型的叙事底色：第一个类型是对传统经典红色故事文本的再解读、再演绎，这一类的沂蒙"红色"类型影视剧借助逼真化的影像空间架构，感人至深的红色革命英雄事迹,还原出革命年代的峥嵘岁月和那些历历在目的感人往事,以此将观众带回风云激荡年代里沂蒙地域那片红色的热土,最终实现对沂蒙地域历史空间的再演绎。可归于此列的沂蒙"红色"题材影视剧包括电影《沂蒙山》《红嫂》《斗牛》《沂蒙六姐妹》《沂蒙红嫂祖秀莲》《沂蒙红嫂俺的娘》《崮上情天》电视剧《沂蒙》,作为对沂蒙红色文化历史空间再演绎的典型,此类影视剧均透过自身对于沂蒙地域空间的历史想象,实现了沂蒙地域历史空间社会关系与红色文化的再解读,并在构筑沂蒙地域"空间—历史—社会"的三维平衡中完成对沂蒙地域历史空间叙事底色的描摹。第二个类型则强调对红色历史文化的当代性重塑,其侧重在新的文化历史语境中关联起历史空间文化,即前文所提到的索亚的"复杂关联域",可视为一种社会空间的再生产,并且具备了"他者"视角完成重构的含义,可称为塑造了一种实在的"异质空间"。可归纳为此列的沂蒙"红色"题材影视剧包括电影《梦想沂蒙》《沂蒙老兵》《沂蒙之恋》以及《沂蒙小调》,此类沂蒙"红色"影片均借助对沂蒙红色历史文化空间缝合的视角,并结合时下政治、经济背景,融合爱情、亲情元素,不断添入乡村振兴、农业发展等新时代语境和内涵,做到了对于沂蒙红色历史文化空间的新时代转换,此意义的当代重塑逐步消解了沂蒙红色历史空间的固化问题域,其再定义着沂蒙"红色"类型影视剧的历史空间与现代空间,超越了当代想象与历史真实的二元对立矛盾,真正营造出一种随着沂蒙地域文化历史语境变化而不断改变自身外观和意义的、异质性的沂蒙社会空间历史与当下的"复杂关联域"。

三、民族精神坐标的想象性建构

"地缘涉及的是由地理位置上的相互联系及其在人类生存方式中的特定作用而构成的人地难以分割的紧密关联状况,如此产生的从地理上分别寻找人类生存方式中的政治、经济、文化等方面缘由的状况,常常被称为地缘政治(学)、地缘经济(学)、地缘文化(学)等。由此,可以把植根于当地民众地缘生存方式内部的生存欲望或生命力称为地缘内生力,包括基于当地独特地缘环境而生成的生产或劳作方式、交通或传播方式、日常言行举止、生存方式愿景、民间习俗、风土人情及性格特征等"。❶ 而地缘内生力可以最终上升到地域精神和文化的层面，沂蒙地域地缘内生力哺育了沂蒙红色精神的不断生长、演变，最终促成了沂蒙红色精神的当代重塑。

（一）价值依托：红色沃土的历史想象

习近平总书记说："历史给了文学家、艺术家无穷的滋养和无限的想象空间，但文学家、艺术家……有责任告诉人们真实的历史，告诉人们历史中最有价值的东西。"❷ 正所谓 "以铜为镜，可以正衣冠；以古为镜，可以知兴替"。❸ 艺术作品的创作更加离不开历史文化的滋养，沂蒙题材影视剧的历史想象也必然需要立足于沂蒙地域红色沃土之上，才可以清晰地找到自身的价值依托。

正如本文所提到的对于传统经典红色故事文本的再解读、再演绎和对红色历史文化的当代性重塑两种类型建构，能发现它们都在不同程度上实现了对于沂蒙地域红色沃土的历史想象，在以革命战争故事为主要叙事背景的一类沂蒙题材影视剧作品中，这样的红色文化与历史想象来得更为直观和猛烈，电影《红嫂》中的村妇救会积极分子"德红"直接以沂蒙红嫂明德英为人物原型，在尊重历史故事的基础上做出了影视作品应有的艺术探索，较为真实地还原了沂蒙红嫂乳汁救起八路军战士的感人事迹，同样是依托于沂蒙地域红色的沃土，管虎导演的电影《斗牛》则更为注重对沂蒙农村个体生存状态的细致描摹，影片中破落户"牛二"的角色设置贴合沂蒙山区穷困的历史现实背景，想象的真实给予了沂蒙地域红色沃土更多发扬的空间，沂蒙红色精神与文化价值也显得愈加真诚和动人。此外还有电影《沂蒙六姐妹》等沂蒙"红嫂"类型影视剧均于沂蒙地域红色沃土之上生长起较为稳定坚韧的沂蒙地缘内生力。

就像哈尔福德·麦金德所说的那样，如果地缘文化探讨的是历史的地理枢纽作用，展示的是世界这个有机体系的一部分的人类的历史，那么我们在电影领域所做的则是在探讨电影历史的地理枢纽作用，展示在中国电影的有机整体中地缘关系形成的区域电影的自身历史。它强调的不仅是地理对于电

---

❶ 王一川. 地缘内生力与地缘美学密码——兼谈减贫主题电视剧的美学效果 [J]. 中国高校社会科学，2021（3）.

❷ 习近平. 论党的宣传思想工作 [M]. 北京：中央文献出版社，2020：263-264.

❸ 《旧唐书·魏征列传》.

影艺术发展的重大影响，也在强调着电影艺术本身就是地缘文化中不可分割的一部分。沂蒙题材影视剧在沂蒙地缘文化中扮演着历史文化地理枢纽角色功能，它帮助我们更为直观、准确、形象地理解沂蒙地缘文化的地理属性和各类元素内涵，而沂蒙题材影视剧实现此作用所依托的便是对于沂蒙地域红色沃土的当代与历史想象，沂蒙红色革命战争历史提供给沂蒙题材影视剧广阔的创作背景，而随着时代迭进与历史文化变迁，沂蒙红色精神价值的历史想象迫切地期望得到新时代语境下的重塑。

（二）价值转向：红色精神的当代重塑

"空间显示了它的本质，即它作为政治空间，是各种战略的场所和对象"。❶ 而沂蒙题材影视剧所塑造出的精神空间领域的政治意义完全是立足于后革命时代，或者说借助消费时代的大众趣味、逻辑和价值观认同来客观真实地想象和重塑革命年代的人物和事迹。那么在新时代的背景下，沂蒙题材影视剧的精神空间营造与沂蒙红色精神价值的再书写也亟须融合新时代的新内涵。而当下主流意识形态或价值观的传播已然不是靠直接的宣介，已然不再是一种可以被指认的外在的灌输，而是一种由衷的认同。《战狼》系列电影、电影《红海行动》《湄公河行动》以及重大革命历史题材电影《金刚川》《长津湖》等，均借用影视艺术逼真丰富的视听语言手法，糅合了中国军人勇往直前、无畏牺牲的形象特点，在观众心中重新唤起家国至上的认同感，并构筑起中华儿女强烈的民族归属意识。

在红色经典电视剧《激情燃烧的岁月》之前，我国红色题材影视剧的运作及主流意识形态传播靠国家来引导、完成，影视剧内部塑造的"高大全"式英雄人物形象也与人民大众的日常生活空间相去甚远，造就了红色题材影视剧与大众认同、接受之间的隔阂。红色题材与现实生活的交融和平衡，在当代沂蒙题材影视剧中得到了实现，电视剧《沂蒙》以及电影《沂蒙六姐妹》《梦想沂蒙》《沂蒙老兵》《沂蒙之恋》等都通过真实有温度的历史想象辅以恰当的影视艺术表现手法，实践着对于沂蒙红色精神与文化价值的再探究和再弘扬，不需要去靠人物冗杂的台词和惨烈的战争场面来烘托红色价值的存在，人物所赖以存在的自然物质性空间，包括沂蒙地域特色的服装、房

---

❶ 亨利·列斐伏尔. 都市革命 [M]. 刘怀玉, 张笑夷, 郑劲超, 译. 北京：首都师范大学出版社, 2018: 47.

屋、农村建设环境等均是一种指示符号，是沂蒙人民的身份表征，也是对沂蒙红色文化的直接意指，这样直观的视觉印象可清晰地构筑起观众心中的沂蒙自然物质性空间结构，沂蒙红色精神、文化价值便依此得到重塑和显现。"列斐伏尔用一种空间的思考方式，把物质的、精神的、社会的空间看作是一个事物的整体，无论是自然、精神还是社会只有通过总体的方法才能得到正确的理解，它们三者同时被看做是真实的和想象的、具体的和抽象的、实在的和隐喻的。"❶ 列斐伏尔空间研究视野中的三层空间是相互交融又相对独立的，而在新媒体传播时代，沂蒙题材影视剧可视为塑造沂蒙红色文化与精神性空间最为直观和有效的方式，就像索亚所认为的那样，"它（第二空间也即精神空间——引者注）假定知识的生产主要是通过话语构建的空间再现完成，故注意力是集中在构想的空间而不是感知的空间。第二空间形式从构想的或者说想象的地理学中获取观念，进而将观念投射向经验世界。精神既然有如此十足魅力，阐释事实上便更多成为反思的、主体的、内省的、哲学、个性化的活动。所以第二空间是哲学家、艺术家和个性化的建筑家一显身手的好地方"。❷

正如本文所提及的电影《梦想沂蒙》《沂蒙老兵》《沂蒙之恋》，均是在新时代语境下的沂蒙红色精神已然融合了人才引进、乡村振兴等主题内涵，又结合爱情、亲情等表现元素成功地唤醒了当下观众的认同感，在契合大众日常生活的接受度基础上实现了对沂蒙红色精神的重塑，完成了在沂蒙红色沃土的历史想象这一价值依托的基础之上的沂蒙红色精神、文化价值的转向。社会空间、精神空间均是由人类社会生产出来的，反过来又对人类社会产生着深刻的影响，沂蒙红色精神的当代重塑与价值转向是对沂蒙历史文化空间的传承与回应，也是对新时代主流意识形态和核心价值观的彰显和弘扬。

四、结　语

当前中国电影正从市场主导走向价值观主导、从娱乐行业走向舆论中心，

---

❶ 赵海月，赫曦滢. 列斐伏尔"空间三元辩证法"的辨识与建构［J］. 吉林大学社会科学学报，2012（2）.

❷ 陆杨. 空间理论和文学空间［J］. 外国文学研究，2004（4）：32.

在这一新的历史节点上,沂蒙题材影视剧也必须更加根植于沂蒙地域的历史和现实,深深扎根于沂蒙地缘文化的土壤之中,在弘扬主旋律的同时继续探索影视剧作品的多样化创新,表达好新时代背景下的沂蒙故事和沂蒙精神。沂蒙题材影视剧的地缘文化探赜必然有助于观照沂蒙地域电影产业发展与沂蒙地方经济、文化的良好互动关系,甚至助力沂蒙地域文旅融合与经济繁荣发展。沂蒙题材影视剧地缘文化呈现受到沂蒙地缘政治、文化构型的影响,同时也是沂蒙地缘政治与文化构型的影像化体现。而沂蒙题材影视剧的地缘文化研究,将成为历史与当下沂蒙地缘政治与文化图层的映射和显现,亦可以进一步拓展观照到当下中国区域电影的地缘文化属性。

区域电影本就不只是空间地理层面的,更具有文化的含义,而当下将视野放置于沂蒙题材影视剧中个体到乡土空间、历史神话重塑的诸多元素与内涵以及沂蒙精神文化诉求的深情描摹,自然关系到沂蒙影视发展甚至中国区域电影发展的现代化进程,也更需要沂蒙题材影视剧在进行主题性表达的同时能够不断探索题材的丰富多样性,挖掘并融合沂蒙地缘文化内部更加丰富的审美意蕴,区域电影与类型电影之间的研究壁垒也亟须击破,从而在更广阔的研究领域溯源出沂蒙地缘文化的空间表征,为确立沂蒙题材影视文化在中国区域电影文化中的主体性和审美性提供有效途径。

(石航,山东艺术学院传媒学院 2019 级硕士研究生)

中国马克思主义文艺源泉论对电视剧对白写作的启示*

■ 逄格炜

创作经验告诉我们，写电视剧对白不难，写好电视剧对白却有一定的难度。对于初学者来说，要写好电视剧对白，非下一番功夫不可。那么，功夫应该下在哪里呢？首先，是多写。悉德·菲尔德说："写对话像学游泳一样，也需要扑腾一番，但是你越写得多，就越容易。"❶ "越容易"意味着越能熟练掌握这项技能，而"写得好"就蕴含在熟练掌握这项技能之中。其次，是多看。俗话说，熟读唐诗三百首，不会作诗也会吟。多看优秀作品对提高电视剧对白写作水平是很有帮助的。还有，多接触一些相关理论成果。这些相关理论成果是人类智慧的结晶，接触多了，理论水平提高了，实践能力也会跟着提高。马克思主义文艺源泉论就是这样一种理论成果。在多写、多读的基础上，沿着马克思主义文艺源泉论指引的方向去努力，我们的电视剧对白写作水平必能有长足的进步。

一、中国马克思主义文艺源泉论

在我国，马克思主义文艺源泉论可以追溯到延安时期。1942年，毛泽东《在延安文艺座谈会上的讲话》中指出："人民生活中本来存在着文学艺术原料的矿藏，这是自然形态的东西，是粗糙的东西，但也是最生动、最丰富、最基本的东西；在这点上说，它们使一切文学艺术相形见绌，它们是一切文

---

* 本文为青岛农业大学资助项目"青岛农业大学2021年中青年教师访学研修"阶段性成果之一。

❶ 悉德·菲尔德. 电影剧本写作基础——从构思到完成剧本的具体指南 [M]. 鲍玉珩，钟大丰，译. 北京：中国电影出版社，2002：171.

学艺术取之不尽、用之不竭的唯一的源泉。"❶ 在这样的文艺思想指导下，解放区广大的文艺工作者深入生活，走到人民群众中去，创作了大量的人民群众喜闻乐见的优秀文艺作品。赵树理的《小二黑结婚》、丁玲的《太阳照在桑干河上》、周立波的《暴风骤雨》就是其中的杰出代表。

"文化大革命"结束后，中国文学艺术工作者第四次代表大会在北京召开。邓小平代表中共中央和国务院在大会上的祝辞中说："人民需要艺术，艺术更需要人民。自觉地在人民的生活中汲取题材、主题、情节、语言、诗情和画意，用人民创造历史的奋发精神来哺育自己，这就是我们社会主义文艺事业兴旺发达的根本道路。我们相信，我们的文艺工作者一定会坚定不移地沿着这条道路不断前进。"❷ 邓小平在这里虽然没有明确指出"文艺源于生活"，但是重申了毛泽东文艺源于生活所指引的道路。2001 年，中国文联第七次全国代表大会、中国作协第六次全国代表大会在北京召开。江泽民在大会上说："希望广大文学艺术工作者牢记人民是文艺工作者的母亲、生活是文艺创作的源泉这个真理。坚持深入群众，深入生活，努力把握时代的脉搏，充分认识建设有中国特色社会主义的时代意义，充分认识最广大人民群众的根本利益，充分认识人民群众对文艺发展的基本要求。脱离人民、脱离生活的艺术，矫揉造作、无病呻吟的作品，不可能有感召力，也不可能有生命力。"❸ 在这里江泽民又一次明确指出"生活是文艺创作的源泉"，希望广大文学艺术工作者"深入群众，深入生活"。2011 年，中国文联第九次全国代表大会、中国作协第八次全国代表大会在北京召开。胡锦涛在大会上指出："要把人民作为文艺的表现主体，着力歌颂人民生动实践、展示人民精神风貌，走到生活深处，走进人民心中，把艺术才干的增长、艺术表现能力的增强深深植根于生活、植根于人民，用人民创造历史的奋发精神哺育自己，从社会生活中汲取营养、挖掘素材、提炼主题，在人民的创造性实践中进行艺术创造、实

---

❶ 毛泽东. 在延安文艺座谈会上的讲话 [C] //毛泽东. 毛泽东选集（第 3 卷）. 北京：人民出版社，1991：860.
❷ 邓小平. 在中国文学艺术工作者第四次代表大会上的祝辞 [C] //邓小平文选（第 2 卷）. 北京：人民出版社，1994：211-212.
❸ 江泽民. 在中国文联第七次全国代表大会、中国作协第六次全国代表大会上的讲话 [C] //中国作家协会. 中国作家协会第六次全国代表大会文件汇编. 北京：作家出版社，2003：6-7.

现艺术进步。"❶ 在这里胡锦涛又一次重申了毛泽东文艺源于生活所指引的道路。也是在这次大会上，胡锦涛提出了"坚持贴近实际、贴近生活、贴近群众"的文艺主张，丰富了马克思主义文艺源泉论的内涵。

习近平更是多次强调文学艺术的生活源泉。2014 年，习近平《在文艺工作座谈会上的讲话》中说："人民生活中本来就存在着文学艺术原料的矿藏，人民生活是一切文学艺术取之不尽、用之不竭的创作源泉。"❷ 在这里习近平集中概括了毛泽东《在延安文艺座谈会上的讲话》中的"源泉论"，表达了他对这一观点的充分肯定。2021 年，《在中国文联第十一大、中国作协十大开幕式上的讲话》中，习近平指出，"文学艺术的成长离不开人民的滋养，人民中有着一切文学艺术取之不尽、用之不竭的丰沛源泉"，"广大文艺工作者只有深入人民群众、了解人民的辛勤劳动、感知人民的喜怒哀乐，才能洞悉生活本质，才能把握时代脉动，才能领悟人民心声，才能使文艺创作具有深沉的力量和隽永的魅力"。❸ 由此可见，习近平对文学艺术的生活源泉是非常重视的。

综上所述，马克思主义文艺源泉论，在领导全国文学艺术工作者的文艺创作上，自毛泽东，历经邓小平、江泽民、胡锦涛，到习近平，是一以贯之的。

二、学习写电视剧对白，要深入生活，从人们的谈话中得到教益

在看电视剧的时候，我们经常叹服于对白的精彩。如果留意生活中的谈话，我们就会发现，原来生活中的谈话可以比电视剧对白更精彩。以下是 2014 年 12 月上旬的一天，笔者在某高校教学楼传达室附近无意间听到的谈话：

---

❶ 胡锦涛．在中国文联第九次全国代表大会、中国作协第八次全国代表大会上的讲话［M］．北京：人民出版社，2011.

❷ 习近平．在文艺工作座谈会上的讲话［EB/OL］．（2014-10-15）［2022-02-13］．http：//www.xinhuanet.com/politics/2015-10/14/c_1116825558.htm.

❸ 习近平．在中国文联十一大、中国作协十大开幕式上的讲话［EB/OL］．（2021-12-14）［2022-02-13］．http：//www.gov.cn/xinwen/2021-12/14/content_5660780.htm.

【基层领导（女，50岁左右）检查完后勤工作，向传达室的值班人员（男，年龄与基层领导相仿）辞行。她把传达室的门推到半掩的程度，也不进去，就站在门槛的位置。

基层领导：我走咪！

值班人员：您常来啊！

基层领导：要不我替你值班得了。

值班人员：哎哟！您的工作我可做不了！

……

整个谈话亲切，自然，生活气息浓，就像来自北京的胡同，活脱脱就是到邻居家串门临走的时候说的话。虽然谈话者之间存在上下级关系，但是基层领导没有用命令的口气，值班人员也不是一味称是，曲意逢迎。他们的谈话不乏中国人的智慧，透露着和气，体现了浓浓的人情味。基层领导临走时跟值班人员辞行，一句"我走咪！"体现了她对工作人员的尊重，一句"要不我替你值班得了"则是"没大没小"，不分彼此，进一步拉近了她与值班人员的心理距离，让人听了特别舒服。而值班人员也没把基层领导当外人，所以才会说"您常来啊！"这句话客气中透着亲切。如果他说"您走好！""欢迎领导下次再来！"虽然客气了，但是不亲近。如果他说"您不再待会儿了?!"虽然亲近了，却有不恭之嫌。总之"您常来啊！"是再合适不过了。基层领导说："要不我替你值班得了。"意在拉近与值班人员的距离，但是领导毕竟是领导，基层领导也是领导，值班人员不能把基层领导不当干部，于是他说："哎哟！您的工作我可做不了！"这一句话接得好——不驳基层领导的面子，还在客气中透着恭维。这哪里是拍马屁？这是中国式管理研究专家曾仕强所说的"马屁味道"，拍得让人心里熨帖，乐得接受。如果值班人员说"好啊！"，潜台词就是："可能吗？"这样接话很容易让基层领导无话可接，下不来台。如果值班人员说"不行，我的工作您可做不了！"潜台词就是"在这方面，你不行，我行！"这说的或许是实话，却不中听，让人听了不舒服。稍有点脾气的基层领导就会说："就这点事，我怎么不行了？"从而导致对立情绪。总之，还是"哎哟！您的工作我可做不了！"接得最妙。

这样精彩的谈话只不过是生活海洋里的一朵小浪花。生活中的谈话就像浩瀚的大海。它是电视剧对白写作取之不尽用之不竭的源泉。编剧要写出好的电视剧对白，就要深入生活，从生活里的谈话中汲取素材，获得营养。很多编剧在介绍对白写作经验时都谈到了这一点。芦苇说："农民语言的丰富多彩是我终生的源泉。"❶ 据芦苇介绍，在下乡的时候，他认识了当地的牙客，为他们能说会道的本事所折服，也认识了当地方言土语的魅力，虚心向他们以及周围的人学习语言。芦苇的对白写得好，原因就在这里吧。老舍的对白写得好，这是有口皆碑的。谈到创作经验，他说："没有生活，即没有活的语言。"❷ 他进一步解释说："我们的话剧里的语言往往欠结实，欠生动，话里没有色彩，没有形象，一句只是那一句，使人不能联想到生活的各方面，不能使听众听到话就看见图像。这恐怕又不是单纯的技巧问题。有了生活，学习了有生活气息的语言，才好谈技巧——怎么运用。"又说："人民大众的语言里富于生活的气息与色彩，正是我们知识分子的语言里所缺乏的……我们真该到农村去，学些活泼生动的语言。"❸ 据了解，老舍是从旧社会走过来的人。他认识茶馆里的、拉车行里、北京胡同里的那些人物，知道他们做什么，也知道他们说什么。在此基础上，这里夸大一些，那里润色一下，人物的台词即成为他们自己的，而又是老舍的。❹

问渠哪得清如许？为有源头活水来。是生活中的谈话为写作者提供了源头活水，他们的对白才写得这样精彩。编剧要写出好的电视剧对白，就要向生活中的谈话学习。那么，电视剧对白写作者怎么向生活中的谈话学习呢？

（一）做生活的有心人，随时留意生活中的谈话

邹静之说："为什么几句台词就能非常准确地把人物给说出来，我觉得就是生活里的那种感觉，特别动人。不是咱们受的音乐啊戏曲的教育得来的，就是在生活中你有没有眼睛，有没有耳朵。"❺ 如果是做生活的有心人，随时留意生活中的谈话，在写电视剧对白的时候，你一定会受益无穷。而如果电视剧对白的写作者不是生活的有心人，对生活中的谈话充耳不闻，或是习焉不察，那么生活中很多精彩的谈话随着时光的流逝就白白流走了。这岂不

---

❶ 芦苇，王天兵. 电影编剧的秘密 [M]. 上海：上海交通大学出版社，2013：160.

❷ 老舍. 答复有关"茶馆"的几个问题 [J]. 剧本，1958（5）.

❸ 老舍. 语言与生活 [C] // 老舍. 出口成章：论文学语言及其他（增编本）. 舒济，编. 沈阳：辽宁人民出版社，2011：(21).

❹ 老舍. 答复有关"茶馆"的几个问题 [J]. 剧本，1958（5）.

❺ 朱伟，邹静之.《五月槐花香》与邹静之的娱乐观 [EB/OL].（2004-07-01）[2022-02-13］. http://www.lifeweek.com.cn/2004/0701/9132.shtml.

可惜？

对于电视剧对白的写作者来说，留意生活中谈话的过程就是发现生活中谈话里的美的过程。有人说："夫美不自美，因人而彰。"❶ 笔者非常赞同这一观点。电视剧对白的写作者要去感受，去体味，才能发现生活中谈话里的美。没有电视剧对白的写作者的积极参与，主动摄取，生活中的谈话再美，也与其无关，不会转化为电视剧对白写作的素材和营养。

（二）好记性不如烂笔头，随时记下生活中出彩的谈话

好的生活中的谈话，听一听固然有收获，但是如果养成做笔记的习惯，随时把听到的好的来自生活的谈话记下来，那将是更大的收获。芦苇就说："我会把别人说什么，我如何应答写到日记里去。"❷ 茅盾也说："我们在开始写作（还没有发表你的处女作，你还没有发生材料恐慌以前）的时候或以前，就应当时时刻刻身边有一支铅笔和一本草簿；无论到哪里，你要竖起耳朵，睁开眼睛，像哨兵似的警觉，把你所见所闻随时记下来，你要找你的生活圈子以外的人做朋友，和他们多谈，记录他们的谈话，记下你随时随地对他们观察的所得。"❸ 笔者手里有一本贾植芳翻译的《契诃夫手记（增订本）》。❹ 在这本书里，契诃夫记录了1892—1904年观察生活的一些收获。其中，生活中人物说的话的记录占了很大的篇幅。契诃夫的《海鸥》《三姊妹》《樱桃园》等作品里的对白，很多都能在这里找到出处或端倪。后人赞赏契诃夫作品中的人物语言的精彩，其秘诀于此可窥一斑了。

随时用笔记下生活中出彩的谈话有很多好处。其一，可以战胜遗忘，经得起时光的裁汰；其二，记录的过程就是整理、润色的过程，它可以令璞玉生辉；其三，记录的过程也是进一步思考、发现的过程，听的时候想不明白的一些东西写的时候就想明白了，听的时候发现不了的一些东西写的时候就发现了。

（三）把自己融入某种语言环境中去，让这一语言的魅力从骨子里渗出来

学习对白写作最好的方式恐怕是把自己泡在那些极富魅力的语言环境中，

---

❶ 柳宗元. 邕州柳中丞作马退山茅亭记 [M] //柳宗元. 柳宗元集. 易新鼎，点校. 母全才，马建农，主编. 北京：中国书店，2000：384.

❷ 芦苇，王天兵. 电影编剧的秘密 [M]. 上海：上海交通大学出版社，2013：159.

❸ 茅盾. 创作的准备 [M]. 上海：上海生活书店，1938：30.

❹ 契诃夫. 契诃夫手记（增订本）[M]. 贾植芳，译. 杭州：浙江文艺出版社，1983.

让那种语言环境中语言的魅力浸润全身。这样,不管走到哪里,编剧在说话的时候、写作对白的时候,骨子里都会透露出那种语言的魅力,没有矫饰和做作。这才是语言学到家了。芦苇就说:"我插队插两年以后,也会用本地话流畅地与人对阵了,谁都听不出来我是外地人。"❶ 这样,他写的对白才会很地道。我们经常听到号称"原汁原味的某方言"的电视剧,其对白普通话不像普通话,方言不像方言,确切地说是普通话里夹杂着方言,走了方言的形,又失了方言的神,让人听了别扭。这就是电视剧对白的写作者方言没有学到家的表现。须知,语言背后是文化。三两天的,学几句方言出去显摆一番也就罢了。要想得其神髓,最好的办法就是在方言的语言环境中生活较长一段时间。

总而言之,以上三种学习生活中的谈话的方法是逐层深入的。如果说电视剧对白的写作者随时留意生活中的谈话是走马观花的话,那么随时记下生活中出彩的谈话就是驻马看花,而把自己融入某种语言环境中去则是下马栽花。这就是说,随时记下生活中出彩的谈话比随时留意生活中的谈话进了一步,把自己融入某种语言环境中去又比随时记下生活中出彩的谈话更进了一步。

当然,我们在强调深入生活,从生活的谈话中得到教益的同时,也不能忽视其他途径的对对白的学习,如看书、看影视剧、听戏等。芦苇说:"台词的功夫应该研究老作家的戏剧作品,应该把曹禺的《雷雨》、老舍的《茶馆》、四川方言的《抓壮丁》认真学习拜读一下。我当年下功夫了,关注过他们台词的功力和特点。"❷ 倪学礼在介绍自己的电视剧对白写作经验的时候也建议学生多看看元杂剧、《世说新语》、契诃夫的作品等。另外,倪学礼编剧的电视剧,如《有泪尽情流》《小麦进城》《平凡岁月》,其对白机智、幽默,写出了农民般的狡黠。据了解,他早年生活在内蒙古中部的农村。那里二人台非常流行。从小耳濡目染,二人台的影响深入骨髓。从事编剧工作后,自然把这种影响带到电视剧本中,在电视剧对白中尤为明显地表现出来。这说明,其他途径的对白学习是很有用处的。

对电视剧对白来说,生活中的谈话是源,其他途径的对白是流。流出自

---

❶ 芦苇,王天兵. 电影编剧的秘密 [M]. 上海:上海交通大学出版社,2013:161.
❷ 芦苇,王天兵. 电影编剧的秘密 [M]. 上海:上海交通大学出版社,2013:162.

源。因此我们可以按波讨源。这是流的价值。但是如果停留于流，甚至用流代替源，像某些电视剧对白的写作者那样抄来抄去，那就是舍本逐末。既违背了法律、职业道德，又伤害了艺术。因此，我们说其他途径的对白学习固然重要，但是最根本的还是要深入生活，从生活的谈话中得到教益。

三、衡量电视剧对白写得好不好，还是要回到生活，回到生活的谈话中

生活中的谈话是一把尺子，它可以从一个角度衡量出电视剧对白的优劣。虽然我们不能说那些符合生活中的谈话的电视剧对白就是好的——因为成就好还要有其他条件，但是我们可以肯定那些不符合生活中的谈话的电视剧对白是不好的——因为成就不好有一点就够了。

示例1（出自电视剧《康熙王朝》第2集）

在一处僻静的院落里孝庄太后救下行将被活埋的苏麻拉姑，在即将离开的时候，苏麻拉姑不停地喊："婆婆！婆婆！婆婆！"孝庄太后停下脚步说："丫头，别喊了！你记着，我不是你婆婆，我是孝庄太后，是当今皇上的母亲。母仪天下，四海为尊……"问题出在"孝庄太后"这个称呼上。"孝庄"是死后的尊称，活着的孝庄太后不可能称自己为"孝庄"。

示例2（出自电视剧《宝贝》第1集）

张嘉平正在开会，接到冯莹的电话，马上告诉满会议室的人："对不起啊，那个，我得速回——太太排卵了。"然后在其他与会人员贴心的理解与帮助、热烈的鼓掌中跑步离开会议室。有人认为，"太太排卵了"的潜台词是"我得回家做爱了"，这样的对白太露骨了。的确有这个问题，因为我们的电视剧播出平台是不分级的，这意味着在这个平台上播出的内容都应该是老少皆宜的。即使从生活的角度讲，"太太排卵了"这样隐秘的话也不大可能在大庭广众之下从一个公司领导的嘴里非常高兴地、毫不避讳地说出来。

示例3（出自电视剧《蜗居》第20集）

宋思明把失魂落魄的郭海藻送到郭海萍的住处。郭海萍问郭海藻怎

么了。郭海藻痛哭流涕地说:"小贝看见我们了。"郭海萍竟然说:"好了,好了,好了,给堵床上了?"郭海藻摇了摇头。其他都没有问题,有问题的是郭海萍说的"给堵床上了?"这句话。既然郭海萍很容易就想到宋思明与郭海藻会上床,那么她为什么不阻止郭海藻与宋思明一起去外地,还要为他们隐瞒,送他们走呢?这只能说明,郭海萍对此是默许的。理由明摆着:郭海萍与家人正住着宋思明提供的大房子,受着宋思明的大恩大惠。这样想来,郭海萍就是置妹妹的幸福于不顾,用妹妹的色相来换取自家物质条件改善的极端自私自利的人。而在本剧里,郭海萍是一个自尊、自爱、自立、自强的人。根据我们的生活经验,她根本不可能说出这样的话来。

总之,有些话,在生活中特定的人处于特定的情境中是根本不会去说的。如果说了,那就违背了生活常理,进而伤害了电视剧的艺术世界的真实性。这样的电视剧对白就是不好的。这样说来,作为一种衡量标准的生活中的谈话就是符合我们经验范围内的常理的生活中的谈话,也就是美学家车尔尼雪夫斯基所说的"依照我们的理解应当如此的生活"。❶

作为艺术,电视剧对白反映的不是生活中已经发生的谈话,而是可能发生的谈话,即"根据可然或必然的原则可能发生"❷的谈话。怎么判定在生活中什么谈话可能发生,什么谈话不可能发生,即可然或必然的原则何以成立呢?判断的标准就是我们经验范围内的常理。我们经验范围内的常理不是个别人经验范围内的常理,也不是某个人说了算的。因此电视剧《蜗居》的编剧六六出来辩解也消除不了人们心中的质疑。人人心中都有一杆常理的秤。这一杆杆常理的秤具有很大的一致性。因此,我们经验范围内的常理具有相当的客观性,可以成为一种较为客观的衡量标准。按照符合我们共同经验范围内的常理的生活中的谈话这把尺子,我们可以区辨不好的电视剧对白。符合我们共同经验范围内的常理的生活中的谈话这把尺子也可以帮助我们识别那些好的电视剧对白。那就是:只有符合我们共同经验范围内的常理的生活中的谈话的电视剧对白才有可能是好的电视剧对白。

---

❶ 车尔尼雪夫斯基. 艺术与现实的审美关系 [M]. 周扬, 译. 北京: 人民文学出版社, 1979: 6.
❷ 亚里士多德. 诗学 [M]. 陈中梅, 译注. 北京: 商务印书馆, 1996: 81.

示例4（出自电视剧《贫嘴张大民的幸福生活》第1集）

【张大民家准备吃饭。古大妈拿着炒菜勺子站在门槛处说闲话。

古大妈：没走之先呐，说不吹呀！走后来了八封信。头七封还说不吹呢！第八封信说，还是吹了好。多缺德呀！搁谁也受不了啊！

张大雨：大雪，端菜来。（大雪走出去）

古大妈：您看，云芳那丫头又傲。哼！您瞧走道儿那劲儿。呵！就跟天底下呀找不出比她还漂亮的来了。乓叽，迎头给她这么一杠子，她是得晕些日子。

张大军：嗨，古大妈！（出门）

古大妈：嗯。（又对张大妈）这啊也好！省（得）她眼里头没人！您说，可着这一院子、一胡同，她拿眼皮夹过谁呀，啊？大前年，我们古三呀想跟她搞对象。我呐，就托人跟她妈提了一句半句的。嚯！云芳那丫头愣半年没理我。

张大妈：一块儿坐下吃吧。

古大妈：哎，不用。我那火上做着呢。还有邪的呐！开头呀，她摔东西。后来不摔了，也不说话了，披着块绸子，往床上一坐，俩眼珠儿都不会转了。

张大军：真的？

古大妈：嗯！把她妈给急的！

……

在这段对白里，我们听到一个爱传闲话的老太太又在传闲话了。她也不管别人爱听不爱听，只管把自己听来的闲话，裹挟着私心、鲜明的好恶，没完没了地说给别人听。而其他人呢？有客气的，有当真的，有敷衍的，也有爱答不理的……身份不一样，反应就不一样。性格不一样，反应也不一样。这样的电视剧对白充满了浓郁的生活气息，是从生活里流出来的，一听到它，我们不由地想起曾经那些熟悉的生活。

示例5（出自电视剧《小麦进城》第1集）

【青年社员们在往筐子里盛土。王小麦拄着锹棒睡着了。队长走向王小麦。

马红梅：（跑到王小麦跟前）小麦！小麦！

队　长：醒醒！

马红梅：小麦！

队　长：醒醒！小麦。

马红梅：（对王小麦）队长！

队　长：醒醒！

马红梅：小麦！

队　长：醒醒！

马红梅：小麦！这，这睡的！

秦朝阳：哎！小麦！小麦！林木的活儿还没人干呢！

王小麦：（睁开眼睛）林木怎么了？

秦朝阳：林木的活儿没人干呢！

马红梅：哈哈！

王小麦：我干呀！活儿在哪儿呢？队长，林木（的）活儿在哪儿呢？我去干。

队　长：行行行，行了！你可真行！你把这干渠当你家热炕头了？

王小麦：（对秦朝阳）笑什么笑？

队　长：别笑了！干活儿了。

马红梅：睡那么死呢你！

王小麦：我睡了？

马红梅：啊！你可真行！你睡着了。

王小麦：我睡了？

某男青年：睡了。

王小麦：妈呀！我睡了。（拍拍自己的脸颊，继续干活）

　　这段电视剧对白是农村生产队时期社员们集体劳动中的一个小插曲。这个小插曲让我们听到了队长训话的声音，听到了社员们拿某人打趣的声音，听到了某人傻里傻气的声音，也听到了女青年社员叽叽喳喳、嘻嘻哈哈的声音。电影《阳光灿烂的日子》里有这样一句旁白："有时候一种声音，或是一种味道，可以把人带回真实的过去。"的确是这样。时代在前进，农村生产队时期社员们热火朝天的集体劳动场面渐渐离我们远去。而今，听到集体劳动时人们说话的声音，我们一下子又记起了那段生活，那样热闹、敞亮的说话的情景。我们相信，即使没经历过那个时期，不知道集体劳动是个什么样的人，也能从上面的电视剧对白里感受到那样的生活、那样的谈话。

车尔尼雪夫斯基说："任何东西，凡是显示出生活或使我们想起生活的，那就是美的"。❶ 无论是示例4，还是示例5，都让我们感受到了浓厚的生活气息。从这个角度讲，示例4和示例5都是美的。好的电视剧对白就应该是这个样子的。

当然，电视剧对白不能一好遮百丑，也不能一眚掩大德。（符合我们共同经验范围内的常理的）生活中的谈话不是衡量电视剧对白好不好的唯一标准。我们的电视剧对白写作不能停留于符不符合生活中的谈话这一个方面，衡量电视剧对白写得好不好也不能仅停留于符不符合生活中的谈话这一个方面。

（逄格炜，博士，青岛农业大学动漫与传媒学院副教授）

---

❶ 车尔尼雪夫斯基. 艺术与现实的审美关系 [M]. 周扬，译. 北京：人民文学出版社，1979：6.

论齐泽克对希区柯克电影的研究策略：对症候的症候式解读

■ 章 静

"症候"的法语原文是"sinthome"，雅克·拉康（Jacques Lacan）在研讨班 XXIII 症候（1975—1976）中第一次提出这个词，并指出就是"症状"（symptom）的古体字，借以将其与"症状"相区别。"症状"是西格蒙德·弗洛伊德（Sigmund Freud）进行精神分析的起点，用以指示"占据病人心内的'无意识观念'"。❶ 斯拉沃热·齐泽克（Slavoj Žižek）引出拉康对于症状和症候的区别，即"症状是一个密码，它拥有某种被压抑的意义，而症候没有确定的意义；它只是以一种重复的模式，实现了某个关于享乐或过度享乐的基本矩阵"。❷ 同时，齐泽克指出症候是无所阐释的，它使我们获得"感官快感"，症候是这种快感的踪迹，"它超越任何分析"。❸

齐泽克认为，在阿尔弗雷德·希区柯克（Alfred Hitchcock）的不同电影中常出现相同的场景、主题或拍摄模式，它们通过一种不可思议的强迫来突显自身并重复自身，并且不只是"形式的模型"，而是"浓缩了一定的力比多投入"。❹ 希区柯克的独特之处就在于，他的场景形式先于故事，这些作为症候的形式"提供了希区柯克影片的电影构造的特殊资质和实质密度"。❺ 因

---

❶ 弗洛伊德. 精神分析引论 [M]. 高觉敷, 译. 北京：商务印书馆，1987：202-203.
❷ 齐泽克. 享受你的症状！好莱坞内外的拉康 [M]. 尉光吉, 译. 南京：南京大学出版社，2014：250.
❸ 季广茂在译者后记中所谈. 齐泽克. 斜目而视，透过通俗文化看拉康 [M]. 季广茂, 译. 杭州：浙江大学出版社，2011：332.
❹ 齐泽克. 享受你的症状！好莱坞内外的拉康 [M]. 尉光吉, 译. 南京：南京大学出版社，2014：251.
❺ 齐泽克. 享受你的症状！好莱坞内外的拉康 [M]. 尉光吉, 译. 南京：南京大学出版社，2014：251.

此，试着找出希区柯克影片中的症候，成了一个关键所在。

一、典型的希区柯克式症候

（1）典型场景。其中一个典型场景就是"众人凝视的无能"，我们可以发现三种凝视及其对应的三个主体的位置——正在行动着的主角；此举动所针对的敌对者，他清楚地认识到其意义，但被迫只能看着而不能行动；还有在场的公众（大对体），对于正在发生的事情一无所知。这场互动的关键特征就是公众的仁慈和无知，主角和他的对手在无知的公众面前互斗，而公众不知道（并且不应该知道）对峙的真正重点；对峙双方不得不把他们的举动限制在社会礼仪、行为规范内，这正是主角得以成功的原因。如《美人计》（Notorious，1946）的结局，迪普在诸多纳粹分子的注视之下带走了艾丽西亚，而塞巴斯蒂安投鼠忌器，不敢阻拦这一行为。类似的行动还有《三十九级台阶》（The 39 Steps，1935）中的政治聚会、《西北偏北》（North by Northwest，1959）中的拍卖会等场景。

（2）典型情节。希区柯克电影中有以下几个标志性的情节。①一个即将下坠的人抓住了他人的手。②一辆汽车停在悬崖边上的主题。③"知道太多的女人"的主题：这个女人智慧，富有洞见，但缺乏性吸引力，戴着近视眼镜，并且在外貌上像希区柯克自己的女儿，有时甚至直接由她来扮演。④干瘪的骷髅头的主题。⑤哥特式房子的主题：男主角走上巨大的楼梯，但房间里什么也没有。

（3）典型镜头——推拉镜头。希区柯克式的推拉镜头不是简单的推镜头与拉镜头的常规组合，它包含快速向前或退后的动作组合，齐泽克将其分为快速的"癔症化"推拉镜头、逆向推拉镜头、不动的推拉镜头。齐泽克认为："希区柯克式推拉镜头要在田园般的画面上制造斑点。……我们从现实的全景推向斑点，而斑点为现实的全景提供了框架。"❶ 推拉镜头的终点处显示的是两类东西。一是他者的凝视。《群鸟》（The Birds，1963）中男主人公的母亲走进一间被鸟蹂躏过的房间，她首先看见的是一双充满血迹的腿，进去之后

---

❶ 齐泽克. 斜目而视，透过通俗文化看拉康 [M]. 季广茂，译. 杭州：浙江大学出版社，2011：162-163.

看到了一具骷髅，快速推进的镜头通过两次突兀的剪辑，让我们的目光跳跃着扑向了那个"画面的污点"———一双被啄掉了眼球的眼窝。二是希区柯克式客体。比如《美人计》中女主人公手里拿着的钥匙、《惊魂记》（*Psycho*, 1960）中的四万美元，这些客体在电影中是启动或者扭转故事的动力性因素，是一个"突然闯入的实在界碎屑"。❶

齐泽克提到的"不动的推拉镜头"这个悖论式的概念是指：镜头本身并不移动，而让一个外来之物突然侵入电影画面，使观众等同于电影中的人物。《群鸟》和《惊魂记》中，鸟和尖刀从电影画面外部、就像从摄影机后面那样直接发动袭击，事先并没有被纳入叙事，也没有被某个人物的视角所看见。齐泽克认为，鸟与尖刀是从叙事体现实（电影现实）和观众的现实世界之间的中间空间闯入的。这是希区柯克式惊悚的秘诀：推翻观众作为纯粹凝视的安全位置，拉近观众与叙事体现实的距离，从而使观众丧失安全感。

二、希区柯克式症候的功能

齐泽克认为希区柯克式症候的功能体现在"寓言性"上，希区柯克的电影因其症候而呈现为一出现代寓言。现代寓言的特点是：叙事体内容被构思和设置为它自身讲述过程的寓言。

希区柯克式寓言有以下几个特点：（1）它具有神学维度，暗含了基督教冉森派❷教义，而希区柯克本人则扮演着"仁慈的恶神"这一角色；（2）每一部希区柯克电影都是一场寓言表演，叙事体系中的内容皆为导演或者观众的替身；（3）对"污点"的凝视体现出实在界与象征界的对立，这是希区柯克式寓言的本质；（4）希区柯克影片最强烈的"意识形态批判"潜力体现在其寓言性质中，而非影片自动进行意识形态批判时。

第一点，对希区柯克影片的神学维度的探究始于艾力克·侯麦❸和克劳德·麦布洛尔❹所著《希区柯克的前44部影片》，齐泽克将神学维度的探索范

---

❶ 齐泽克. 不敢问希区柯克的, 就问拉康吧［M］. 穆青, 译. 上海：上海人民出版社, 2007：8.

❷ 建立在英国经验主义之上的冉森派是17世纪出现的一个达尔文教派的变种，曾对那个时期的知识分子阶层产生过较大影响。

❸ 艾力克·侯麦（Eric Rohmer），法国《电影手册》主编，著名影评人、导演。

❹ 克劳德·麦布洛尔（Claude Chabrol），法国导演，新浪潮电影运动的奠基人之一。

围锁定在了建立在英国经验主义之上的冉森派。齐泽克认为，冉森派教义包含了人类功德与神圣恩典/惩罚的分裂，简单来说，恩典/惩罚成了纯粹的偶然性事件，而这一在外人看来纯粹偶然的事件被信徒回溯性地指认为神迹的显现，上帝存在于人类的象征秩序之外，仁慈与恶并存，因而被齐泽克称为"仁慈的恶神"。在希区柯克的影片中，希区柯克乐于运用拍摄和剪辑技术操纵观众的感情，导演本人就是这个造物主的"'美学化'的镜像"。❶

第二点，齐泽克在威廉姆·罗斯曼（William Rothman）的观点，即希区柯克所有影片都是导演与观众之间的"仁慈的虐待狂"关系的一场寓言表演这个观点上更进一步，"希区柯克的影片最终只包含导演和观众这两个主体位置"，❷ 这个"更进一步"是利用拉康图式❸实现的，第一个图式见图9。

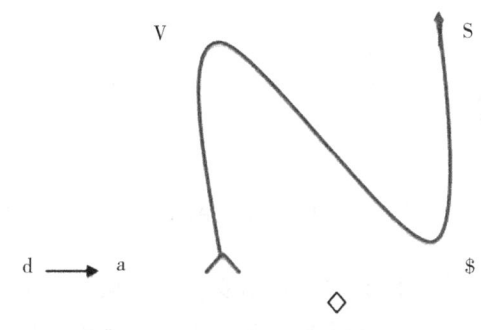

图9 拉康图式

拉康使用这个图式来展示萨德式幻象表演的母体，V 指示享乐意志——虐待狂的基本态度，d 指示虐待狂的真正欲望，这个欲望是对象 a——大他者快感之客体的工具；S 是作为受难者、牺牲者的主体，而 $ 则是分裂的主体，是虐待的结果性产物。

拉康将第一个图式旋转90度，产生第二个图式（见图10）。

齐泽克通过对旋转之后的图式以及此旋转过程的分析，阐述了"希区柯

---

❶ 齐泽克. 不敢问希区柯克的，就问拉康吧 [M]. 穆青，译. 上海：上海人民出版社，2007：220.

❷ 齐泽克. 不敢问希区柯克的，就问拉康吧 [M]. 穆青，译. 上海：上海人民出版社，2007：222.

❸ 图式出自拉康的《康德与萨德》一文。J. Lacan, J. B. Swenson. Kant with Sade [J]. October, 1989, 51：62.

克式"虐待狂的逻辑，此逻辑展现在第二图式中：图式的旋转将虐待者置于牺牲者的位置，也就是说，观众从虐待狂的位置滑向了牺牲者的位置。希区柯克利用对象a（其电影中的客体们）激发起观众的虐待狂欲望，也就是把观众放置在了V的位置上，一旦观众填补了享乐意志的空位，希区柯克便提供比观众想要的更多的虐待（比如《群鸟》中那个长到不可思议的女主角被鸟攻击的镜头），观众的虐待狂欲望（d）使观众的主体性产生分裂（分裂的主体：$）——观众在观看那些期待看到的画面时同时产生快感与不适。观众的欲望被满足，却付出了主体产生分裂与矛盾的代价，最终的产物，也就是第四项上的S是关于希区柯克电影的研究成果。

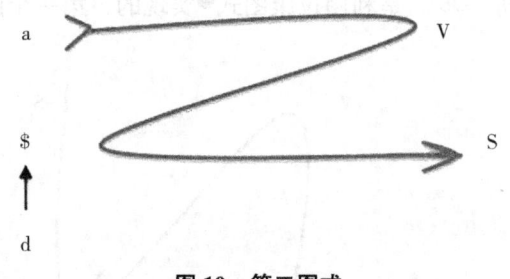

图10　第二图式

第三点，对"污点"的凝视体现出实在界与象征界的对立，这是希区柯克式寓言的本质。在这里，齐泽克引入了拉康的"绝对他异性"理论，这种"绝对他异性"就是"超越主体化的主体"，❶ 这是未被纳入象征契约的主体，存在于语言之墙之外，因而等同于"大他者的凝视"，如《惊魂记》中被母性超我吞噬后的诺曼看向摄像机的最后一眼。"超越主体的主体"在象征界中是没有能指的，与这种主体相对应的称为"惰性客体"，齐泽克形容"惰性客体"是一块阻止主体进入象征界的哽喉之骨，也就是原质，或称"污点"。希区柯克"强制"观众对"污点"进行凝视，迫使观众通过"污点"的视角直面实在界的深渊，从而使观众的欲望认同于叙事体内角色的欲望。希区柯克的特点还在于，他努力使这种"污点"的凝视看不到任何想看的东西，我们与诺曼的最后一眼相对，除感受到恐惧之外却看不到任何内容，这便是绝对他异性对观众造成的创伤，也是希区柯克式寓言的特点所在。

---

❶　齐泽克. 不敢问希区柯克的，就问拉康吧［M］. 穆青，译. 上海人民出版社，2007：246.

第四点，齐泽克通过对比《伸冤记》（The Wrong Man，1956）和《惊魂记》这两部他认为分别是希区柯克最糟和最好的作品，得出了希区柯克式寓言的社会功能并不在于进行意识形态批判、社会教化，其寓言的深层意义要用精神分析学来寻找。希区柯克式寓言致力于揭示作为大他者的"法"与其淫秽的超我反面之间的莫比乌斯环式的关系。希区柯克的电影魅力在于他对"法"的僭越，与巴赫金（M. M. Bakhtin）的狂欢理论不同，齐泽克认为这种僭越之所以具有凝聚社会认同的作用，是因为大家"认同于法的特殊僭越形式、即其悬置"，也就是"认同于快感的特殊形式"。❶ 此处悬置的是狂欢游行之外的私刑处死大会，也是希区柯克式的残忍谋杀，对"悬置"的认同来源于人的死亡驱力。死亡驱力与欲望的对立统一是拉康欲望理论中的一对基本矛盾，欲望是大他者的欲望，经象征秩序结构而成，欲望永远得不到满足，因为它总在追寻"在别处"的某物；驱力属于实在界，是"自我中心的"，在一种意义上总是已经得到了满足。齐泽克认为，希区柯克的电影展现了这一对立统一，他还揭示了希区柯克电影中这个对立统一结构所隐含的社会意识形态批判：现代社会和传统社会的对立统一、美国主流意识形态与人性之深渊的对立统一。因此，只有通过希区柯克式的"僭越"才能获得深邃的意识形态批判，而当他自动站在法的同一面进行有意识的意识形态批判时（如同他在《伸冤记》中所做的那样，通过某个小人物被冤枉的经历批判官僚主义），反倒流于空洞说教。

三、齐泽克的症候式解读

齐泽克在研究电影时，不仅重视对症候的研究，他的研究方法也呈现出症候式解读的特征。

路易·皮埃尔·阿尔都塞（Louis Pierre Althusser）在《读〈资本论〉》中第一次提出了"症候式阅读"，他认为看似完整的文本其实存在裂缝与缺失，症候式阅读就是通过深度挖掘，找到一种"诸结构的结构"，❷ 阿尔都塞

---

❶ 齐泽克. 不敢问希区柯克的,就问拉康吧 [M]. 穆青,译. 上海: 上海人民出版社, 2007: 229.

❷ 阿尔都塞,巴里巴尔,等. 读《资本论》 [M]. 李其庆,冯文光,译. 北京: 中央编译出版社, 2001: 6.

原文为"诸结构中某种结构的作用的听不出来、阅读不出来的自我表白"。即回到著作本身去寻找隐含的"大写的一"。齐泽克把阿尔都塞的症候式阅读的公式"回到……"改造成"从……回到……，然后再返回来"，从而开创了一种新的症候式阅读，这个新的症候式阅读不指向一个文本的"大写的一"，而是穿越对"大写的一"的幻象，从文本中挖掘更多开放性的、指向未来的材料。

齐泽克解读电影的基本策略，就是从拉康和马克思的理论回到电影文本，然后再返回二者，并且走得更远。齐泽克首先向读者肯定地说"存在一个希区柯克世界"，并且运用拉康的精神分析法解读一系列希区柯克症候，这个想象性的希区柯克世界成为驱动齐泽克重复谈论希区柯克的动力，反过来说，齐泽克对那个真正的希区柯克世界存在一种欲望，这毋宁说是一个哲学家对理论的欲望。

齐泽克的症候式阅读体现得最为清晰之处就在其编写的《不敢问希区柯克的，就问拉康吧》，书名即指示了他的基本态度，即从拉康的角度回到希区柯克。在该书导言的最后，齐泽克说，希区柯克的功能是"假定知道的主体"，他对希区柯克研究的狂热是一种"移情关系"的标志，因此他表示，他必将"追踪移情虚构直到尽头"。❶

"假定知道的主体"出自拉康的论文《能指的隘路中的性欲》："一旦假设知道的主体（sujet supposé savoir，简写为 S. s. S.）存在于某处……就有移情"，❷ 拉康将"移情"（transference）的概念运用在对精神分析的临床境况的讨论：分析者去找一个分析师，"移情"体现在他的选择（选择心理分析而不是其他的治疗方式、选择某个特定的分析师）与他的言说（把他的痛苦转移为症状），分析者假定分析师是一个能够"知道"症状含义的主体，而不在意他拥有哪些特定的"知识"，这就造成分析师与分析者归于他的"知道"之间的分裂。因此，分析师必须认识到他只是占据着一个假设知道的位置，事实上，对于分析者归于分析师的"知道"，分析师其实一无所知，因而拉康把"无知"看作分析师的激情。齐泽克对希区柯克的研究，就始于这种激情，

---

❶ 齐泽克. 不敢问希区柯克的，就问拉康吧 [M]. 穆青，译. 上海：上海人民出版社，2007：12.

❷ J. Lacan. Le Séminaire XI: Les quatre concepts fondamentaux de la psychanalyse, 1964: 305.

他也深知，移情的秘密就在于："要产生新意义，有必要预先假设它在他者中的存在。"❶ 在《不敢问希区柯克的，就问拉康吧》的结尾，齐泽克看似非常突兀、实则水到渠成地总结道："在精神分析中，为了让分析师允许我们奉上自己的此在，我们必须付出报酬。"作为全书的最后一句话，与导言中的发愿相呼应，齐泽克将他的希区柯克研究当作一场精神分析之旅。

四、齐泽克症候式解读的方法

拉康说："症候是像语言那样结构的，因为它就是语言。"❷ 电影语言是一种特殊的语言，首先这个语言是集体书写的成果，而非导演的个体独白；其次这个语言的生成与表达是和机器密不可分的。齐泽克在面对电影这个特殊文本的时候，也采取了一些特别的分析方法。

1. 互　文

齐泽克的电影批评具有突出的互文性特征，哲学、精神分析、政治学、文化研究等各式各样的理论在他的著作中融会贯通。他还将互文性视为一种阐释工具，其著作中有跨越了通俗文化和高雅文化的自由联想，如为了说明"歌剧魅影"中面孔的恐怖性，齐泽克引入希区柯克的《群鸟》和爱德华·蒙克（Edvard Munch）的绘画；有电影之间的互文：《德意志零年》（*Germany, Year Zero*, 1948）、《夺魂索》（*Rope*, 1948）、《火山边缘之恋》（*Stromboli*, 1950）、《一九一五年的欧洲》（*Europa' 51*, 1952）这几部电影互相阐释行动与实在界的关系；有电影文本与真实事件之间的互文：在分析《黑客帝国》（*The Matrix*, 1999）的虚拟与真实的倒错时又用希特勒的性倒错案例来分析倒错之两面的并置；有电影文本与理论之间的互文：把希区柯克从20世纪30年代到《惊魂记》（1960）的道路看作平行于拉康的发展，就像希区柯克逐渐开始清晰地在电影中展现原质以阻止主体被完整地整合进象征世界，拉康在关于移情的研讨班（1960—1961）之后的精神分析中，也避免对病人的客体化，放弃"主体间性的真理"这一问题系，转而进入实在界之探究。

2. 举　例

齐泽克的电影批评是相当具体化的，他没有长篇大论的电影理论推演、

---

❶ 齐泽克. 意识形态的崇高客体 [M]. 季广茂, 译. 北京：中央编译出版社, 2002：253.
❷ 雅克·拉康. 拉康选集 [M]. 褚孝泉, 译. 上海：上海三联书店, 2001：279.

阐述、构建，而是句句紧扣具体的电影场景。他的例子来源非常广泛，除了人尽皆知的好莱坞大片，从儿童动画片到现已难寻踪迹的纳粹宣传片，再到苏联时期的老电影均有涉猎。

齐泽克偏好黑色电影和恐怖电影，而且在谈起这些电影时，还会对其中恐怖恶心的片段津津乐道。齐泽克曾经认为希区柯克的艺术奥秘之一就是"把荒谬的低贱之物提升为形而上学的崇高之物的令人震惊的做法"，❶ 这句话用来形容齐泽克的奥秘也是相当贴切的。在举例过程中他也丝毫不在意例证的完整性，几乎很少系统地谈论某个电影，大部分时候会只截取某个电影的一个小片段来进行"切片分析"，齐泽克的书写就像在缝制一件百衲衣，只要合理论的身，便不在乎例子的完整性或典雅与否。

3. 重 复

我们应当从三个层面去解读齐泽克的"重复"。第一个层面是齐泽克对拉康理论的重复使用，在他的电影研究中，拉康的"三界"——实在界、象征界、想象界，症候、幻象等概念被反复提及，拉康理论就像一把万能钥匙，能够开启任何一部电影中隐秘世界的大门。

第二个层面是研究主题的重复。齐泽克将电影研究作为学术生产力进行重复使用，并在不同著作中重复讨论部分导演（希区柯克、基耶斯洛夫斯基、大卫·林奇等）的部分经典电影作品。

第三个层面是言说内容的重复。在齐泽克的著作中，我们常常会发现内容几乎相同的文字。例如，他在不同的著作中都使用了拉康的三界图示来解读三种希区柯克式客体。在《意识形态的崇高客体》中解读希区柯克式客体是为了说明主客体之间的关系，在《不敢问希区柯克的，就问拉康吧》中是为了划分希区柯克电影的发展阶段，而在《斜目而视：透过通俗文化看拉康》中则纯粹是为了解读图式而引入。可以看出，这些重复是拉康理论的一次次现身，重复的现身加重了理论的力度。

对于"重复"，齐泽克说："这里至关重要之处是某一事件已经变化了的符号身份：当它第一次发生时，它被体验为偶然性创伤，体验为某一非符号化实在界的入侵；只有通过重复，这一事件才能以其符号性的必然性被认

---

❶ 齐泽克. 享受你的症状！好莱坞内外的拉康 [M]. 尉光吉，译. 南京：南京大学出版社，2014：265.

识——它在符号网络中确定其位置；它在符号秩序中实现自己。"❶ "重复"作为策略的意义也可以看作齐泽克在学术体系这个符号网络中实现自身的努力。

有学者认为，齐泽克的近乎强迫症式的重复体现了拉康的欲望与驱力的辩证关系，成为一个"受那创伤性内核和主体建构中的匮乏的牵引，陷入驱力的循环运动而不断追逐那不可能之快感的过程"。❷ 对此，齐泽克也是自知的，他自称对希区柯克研究的狂热是一种"移情关系"的标志，且有"追踪移情虚构直到尽头"的欲望，而重复只是实现欲望的一种途径。

齐泽克的重复对读者提出了新的挑战：能否在对某一论题的重复论证中找出各重复段落中不同的东西，在阅读中去完成理论增殖。

4. 斜目而视

"斜目而视"出自齐泽克的一本著作的标题，这是齐泽克对自己研究方法的一种比喻，对研究对象的分裂、变态、扭曲的细节，进行被欲望支撑、渗透和扭曲的观看，就是"斜目而视"的基本含义。

"斜目而视"与"正面观察"这种普遍的研究方法相对应，它反对全面、反对逢迎、反对总结事实、反对清晰易懂、反对"记号关系"❸（sign relationship）式的理解。在齐泽克看来，电影本质上是意识形态幻象，镜头展现的任何所谓"真实"都不可靠，因此，不能用老一套的电影符号学体系去分解镜头或是升华主题。唯有采用"斜目而视"的方式，从电影中的不正常之处、失败之处以及导演的无意识流露中去寻找某种匮乏、失败，这是实在界显现之处，从中可以窥见真实的内核。比如在分析希区柯克的《群鸟》时，齐泽克认为"鸟"的出现妨碍了电影成为一部典型的美国家庭剧，使我们在解释符号化的家庭关系时遭遇失败。他采取的办法是自设疑问："如果鸟充当的是阻挠性关系的'符号'，这部电影当初会以怎样的方式拍摄？"❹ 然后他开始设想，假如鸟成为符号，它会如何体现主体间张力，而要体现这种张力，必

---

❶ 齐泽克. 意识形态的崇高客体 [M]. 季广茂，译. 北京：中央编译出版社，2002：译者前言 27-28.

❷ 孙柏. 希区柯克的应答——但要去问齐泽克 [J]. 艺术评论，2011：（8）.

❸ 即把我们所注意到的现象与我们联想到的心理学知识互联为"记号"与"含义"。

❹ 齐泽克. 斜目而视：透过通俗文化看拉康 [M]. 季广茂，译. 杭州：浙江大学出版社，2011：180.

将采取与希区柯克完全不同的拍摄方法。在反证的过程中,我们得以窥见,《群鸟》是一部"失败的"家庭剧,相对于一部家庭剧而言,《群鸟》有着太多的剩余——太多与剧情不相关的群鸟镜头。这个剩余就是实在界冷漠麻木的想象性客体化,对应着不可能的快感的沉默化身。

五、结　语

齐泽克对电影的症候式解读的特点和目的,就是通过对同一母题的反复解读和对同一理论的反复使用,从电影叙事体内容中寻找符号化失败后袒露出的实在界,去寻找"意识形态的硬核",从而破除意识形态幻象,帮助人们面对现实。

（章静,中国国家图书馆馆员）

电影《千年女优》之拉康式解读

■ 龚雅哲

今敏是日本青壮派动画导演,《千年女优》是其第一部原创剧场动画。这部于 2001 年推出的向日本电影大师小津安二郎百年纪念致敬的动画,推出后在世界范围内引发了巨大反响。《千年女优》曾获第 33 届加泰罗尼亚国际电影节最佳动画大奖,第 33 届东方快车奖最佳亚洲映画作品、泛亚洲电影节最佳动画奖,其与动画大师宫崎骏的《千与千寻》共同被日本文化厅多媒体艺术节评选为年度最佳动画。

《千年女优》讲述了一位在 20 世纪末隐退的女演员藤原千代子在两位电影公司的采访者中对自己"爱情"故事的追忆。不断地追寻是贯穿《千年女优》的线索,钥匙牵引着千代子的命运,也是禁锢她人生的一把枷锁。每当千代子遗失它时就好像失去了希望,追寻戛然而止,回到现实,或嫁作人妇或息影归山。而一旦她重获钥匙,感情重活,心中的希望之火又重被点燃。千代子想找到画家且还回遗留的钥匙,但随着追寻的深入她恍然大悟发现自己所追寻的不过是幻觉,是"空"或"无"。我们可以推断出千代子作为主体追寻的是不存在之物(das ding)。于是,我们在此意义上可以将这个凄美的"爱情"故事视为一个拉康意义上的自我寓言。本文将用拉康的精神分析理论探讨千代子的成长心理缺失以及欲望的动力机制问题。

一、求原乐的意志:欲望动力机制

原乐(Jouissance)是拉康精神分析学中的一个核心概念。据拉康研究者戴维·马塞(David Macey)描述,在法语语义中,"原乐"有三个层面的意思:首先是政治和法律层面上的,指因法权和财产权的获得与享用而引发的快感;其次是生理和心理层面上的,指"快感""亢奋""享乐"等义;最后是宗教层面上的一种神秘而又带有痛楚的快感。❶ 最初拉康对于原乐的使用是一般意义上的，指对某种权利的享受。如在 1953—1954 年第一期研讨班中，在论及黑格尔的主奴辩证法时，拉康说道："确实，以一个神话式的情境作为开端，一个行动被付诸实施，由此确立了享乐（Jouissance）与劳动之间的关系。一条法律被强加于奴隶，即他应当满足他人的欲望和享乐。"❷ 主人通过迫使奴隶劳动生产自己所需物品，而奴隶通过劳动满足主人的欲望。

此后拉康对于原乐概念上的使用没有实质变化，直到 1957—1958 年第五期研讨班上，他第一次正式提出原乐与欲望二者间的关系问题，对原乐的内涵作了理论上的改造。他说："主体不是简单地满足欲望，他在享受欲望，而这正是他的原乐的一个本质维度。"❸ 这句话的意思是原乐是一个享受过程，在追寻无法满足的欲望中的一种享受，所谓"在欲望中欲望着"。在拉康看来，人的欲望并不是对某个现实中对象的欲望，而是对他者以及他者欲望的欲望。这种欲望是主体无法通过占有某个现实中的对象而得到满足，相反，欲望的形成是由于欠缺一个可以满足它的对象。主体享受这个不断追寻的过程，且从中获得一种快感，是谓"原乐"。从此之后，拉康就将欲望的内涵作为对原乐的追求这一基调确定下来。比如在 1962—1963 年关于"焦虑"第十期研讨班，他将欲望称为一种"求原乐的意志"（will to jouissance），但这个原乐会"遭遇到自己的界限、自己的抑制"❹ 从而流产。

在关东大地震中，主角千代子的父亲丧生，千代子从小与母亲生活在一起。从俄狄浦斯情结的角度看，千代子成为菲勒斯之欲望机制已然发生空缺。❺ 因父亲的缺位，导致千代子成长中"父法"的引入过程中断，从而千代子无法通过父亲的反馈与其母亲产生认同，在千代子进入象征界的过程中遇到困难以致滞留在想象界，只能处于想象界中的镜像自恋阶段。影片中，

---

❶ David Macey. Lacanian in Contexts [M]. London, New York: Verso, 1988: 202.
❷ Jacques Lacan. The Seminar of Jacques Lacan, Book Ⅰ: Freud's Papers on Technique [M]. New York: W. W. Norton, 1988: 223.
❸ Dany Nobus. Key Concepts of Lacanian Psychoanalysis [M]. New York: Other Press, 1998: 5.
❹ Dany Nobus. Key Concepts of Lacanian Psychoanalysis [M]. New York: Other Press, 1998: 6.
❺ 尼克·布朗在《电影理论史评》中指出："俄狄浦斯情结的作用是以性别为主线通过赋予主体一个性身份来建构人格……在拉康的理论中，俄狄浦斯情结是一种语言。它作为一种语言传达了两性的差别并界定了一种与社会的关系。拉康用菲勒斯缺失和特权的能指来象征这一过程，用'父法'来指称这一特权，以表明家长制权利"。尼克·布朗. 电影理论史评 [M]. 徐建生，译. 北京：中国电影出版社，1994: 121.

千代子回忆说自从地震把钥匙丢了之后，三十多年来她选择了离群索居的生活，这充分反映了千代子年幼时期没有完成的埃勒克特拉阶段使她在由想象界进入象征界时产生了困难。由于千代子未完成埃勒克特拉阶段所以容易对能够提供类似父爱的人产生依恋，从影片中对于画家年龄的刻画可知，千代子对画家的追寻就是将画家当作了"父亲"，其目的是希望通过重演埃勒克特拉阶段来弥补因父亲缺位造成的成长缺失。

在《千年女优》中，主角千代子是追寻爱情的主动者，她的欲望是想要和画家在一起，由于现实的欲望无法被满足，千代子选择了不断寻找。她踏上影坛是为了画家能够看到自己，息影也是为了不让画家看到自己衰老的模样。即使在影片的最后，千代子看到了画家给她在几十年前写的信，她依然把他想象成活着时候的样子，时刻等待她的追寻的影像；甚至导演今敏对于男主角模糊的形象完全是出于千代子对于画家执着的追寻而设计的，其他男性也是作为千代子的执着追寻而作的种种铺垫。今敏在向黑泽明《蜘蛛巢城》致敬的同时沿用了纺纱老妪这个角色。"喝下这个吧，今生得不到的必将在来世得到。他在那儿等着你呢。"在老妪的欺骗之下，千代子喝下了千年茶，老妪对千代子诅咒就是"你将在永世不灭的爱火中饱受煎熬"。老妪对千代子的诅咒，不正是拉康的欲望机制吗？千代子毫不理会老妪的话，她十分"享受"这个不断寻找、不断欲望的过程，且从中获得了一种原乐。千代子追寻画家的欲望动力机制就是求原乐的意志在背后起作用。这一强大的意志力也体现在影片中出现的"门"上，银映公司邀请千代子担任影视演员，但被其母亲断然拒绝，母亲只想让她走传统女性之路。千代子低头走出，并摸到了门把手。这里的"门"用的是隐喻手法，我们知道门起阻隔作用，但目的在于通向外部；门也起禁止作用，但也注定有被打开的那一天。求原乐的意志使得千代子打开了"门"，冲破了禁域。

二、"原乐"的纯粹之维

拉康引入"物"之概念来阐明"原乐之意志"的本质。弗洛伊德于20世纪20年代提出了三重人格结构学说，即本我、自我和超我。针对弗洛伊德三重人格结构学说，拉康在1953年提出了关于"主体心理结构"：象征界、想象界和实在界。❶ 拉康通过对弗洛伊德的"物"（the Thing）概念的重写重新将其引入"三界"论。在三种主体秩序中，拉康最为重视的一个维度是实在界，也是最为模糊的一个理论维度。拉康认为处于实在界不可言说、不可象征，排除在现实之外，它是绝对的"空"和"无"，是欲望主体眼光瞄向的一个遥远的不可企及的"他处"，类似于康德的"物"自体。"物"存在于语言之外的混沌世界，其脱离了语言符号秩序，在弗洛伊德的理论中，"物"已经被社会和文化所禁止和压抑，实际上就是人类原始的欲望。"物"不被允许释放，它一旦可以被想象以及被言说，就进入了想象界和象征界。主体虽然以语言形式表达自己的欲望，但实际上他所说的并非他真正想要的，主体只有以言语的形式表达其欲望这一条路径，而言语的差异性结构使得主体的表达总有遗漏，总有无法被言语化的东西从言语的链条中滑脱。由此，我们可以得出，拉康意义上的欲望不是他人规定的欲望，而是由内而外朝向原初"物"的欲望，这是一种"纯粹的欲望"，服从于求"原乐意志"的欲望。

千代子与画家第一次相遇是在千代子回家的路上，画家撞到了千代子，他的面庞以灰黑的阴影呈现，影片对其样貌作了模糊的处理。他是一位受伤的逃犯，出于善意千代子掩盖掉了画家在地上留下的血迹，并且对追缉的警察撒了谎指向错误的方向。作为欲望主体的千代子所瞄向的不可企及的"他处"，此刻有了不可象征和言说的"物"作为填补，雪地上的血迹作为真实之物（thing）代替了被压抑和被禁止的东西。之后千代子将画家秘密转移到了自家仓库，在他们的交流中我们知道画家希望回到故乡将自己的画作完成，并且邀请千代子在和平后相会。千代子说到"满月"，画家说道："明天才是满月，但我更喜欢这时候的月亮。"月光照耀的画家仍呈现朦胧灰影，镜头聚焦到他胸前的钥匙。"钥匙究竟能打开什么呢？就当作明天的作业好了。约好了哦。"此时，钥匙的能指（s）从此刻开始从言语的链条中发生了延宕，之后贯穿了整部影片。第二天回家的路上千代子发现了画家沾血的绷带与遗留的钥匙，而这时画家已先警察一步被管家送去了火车站，能指（s）链条不断滑落的东西，在现实中再一步滑落。千代子迫切地想还回确定之"物"，便开始了第一次追寻。随着警铃声和汽笛声，千代子没有赶上火车。她跌倒之后，转而抬头说道："我会去的，我一定会去找你。"为了还回钥匙，千代子违抗

---

❶ 黄汉平. 拉康与后现代文化批评 [M]. 北京：中国社会科学出版社，2006：71.

母亲的命令，跟着银映公司的摄影剧组前往中国东北，追寻在真实和虚幻之间摇摆的"钥匙君"。拍戏间隙千代子通过算卦先生得知"此人正在北方"。她便搁置了拍摄工作而去寻找画家。战争与大火阻碍了千代子的追寻之路，千代子需要再一次打开门。随着门的打开，千代子在影片的戏中戏里经历了六种身份变化：公主、刺客、艺妓、学生、教师、宇航员等，今敏通过这六种身份的巨大差异巧妙地将电影视域引向了一个实在界，引向一个不可企及的"他处"，从而暗示了千代子这段感情的可望而不可即。主体注定与实在界不可能之物失之交臂一样，每个重要关头都横生枝节，千代子历尽磨难，却无法抓住每个机会还回"钥匙"。

三、"原乐"对于法的僭越

弗洛伊德的《摩西与一神教》中提到过弑父与文明的源头这样一种关系。原始初民的部落由一个男性统治，他同时是这个部落的主人和父亲，他权力巨大但十分野蛮，他禁止部落的子民和他分享女人，感到威胁的儿子们联合起来杀死了父亲且由此达成一个契约，"每个人都放弃了他想要获得其父亲的地位和占有他的母亲及姐妹的想法"，[1]这样开始就产生了乱伦的禁忌，人类最初的法律和文化就形成了。后来弗洛伊德解释了犹太教和基督教共同的心理根源，"只有谋杀伟人的秘密诅咒——它的力量仅源于在人类起初的谋杀上、在对原始父亲的谋杀上产生共鸣——最终公之于世，应当称之为'基督救赎'的东西才得以完成"。[2]由此可见，犹太教中一神教的建立正是源于子民谋杀父亲而来的罪恶感和他们对待父亲的一种矛盾的感情，原罪即罪恶感的历史来源。"上帝的一个儿子，本来没有罪，却通过把自己杀死而自己承担了所有人的罪恶。他必须是一个儿子，因为他杀害的是个父亲。"[3]基督教的赎罪幻象就是对这种罪恶感的想象性解决。当然，这种"罪"和"恶"不是道德上的问题，而是伦理上的"罪"和"恶"。

弗洛伊德精神分析学认为儿童最初的欲望是对母亲乱伦的欲望。虽然我

---

[1] 车文博．弗洛伊德文集［M］．北京：九州出版社，2021：327-328．
[2] 雅克·拉康．研讨班七：精神分析的伦理学［M］．卢毅，译．北京：商务印书馆，2021：256．
[3] 车文博．弗洛伊德文集［M］．北京：九州出版社，2021：5200．

们无法求证是否有这样一种欲望,但是我们可以顺着能指网络追溯到一个点,即主体欲望被禁止的点,即被法所禁止的乱伦。拉康曾说:"我们应牢牢把握住的正是这一点:弗洛伊德指出源始法则的根源在于乱伦禁忌……他同时还将乱伦等同为最基本的欲望。"❶ 拉康说:"我们在乱伦禁忌法则中找到的东西就这样处在与 das Ding(物)的无意识关系的层面。对于母亲的欲望不能满足,因为这个欲望会终结、终止和废除整个要求的世界,而正是这个世界在最根本的层面上将人的无意识结构化。"❷ 可以看出,乱伦禁忌是社会生活的最初法则,也是主体化过程的最初力量,但这一过程本质上是对主体欲望禁止的过程,处在象征界的主体的欲望是对不可能事物的欲望,无法得到满足。

影片中象征"法"的秩序代表是多次出现的"门",其在千代子追寻原乐的道路上不断地起着禁止的作用。经典的长镜头过后,自行车停了下来,警察再一次阻止了千代子的追寻,并将她带回署里。充满悖论的是,虽然一开始象征秩序就对主体的原始欲望是压抑的,但主体欲望不会因此而彻底熄灭,它只会被调节,被延宕,欲望求得满足的意志依然固执,且恰恰由于这种延宕、意义的缺席使得求欲望的动力更为固执。千代子撕心裂肺地宣告她的意志:"即使这样,我也会一天比一天更爱他。"千代子通过她爱的宣言再一次打开了"法"的禁令,而这个时候,处于上帝视角的观众已得知画家已被折磨致死,画家从此被关进"门"内,被永久地埋入"不可抵达,隐晦不明的领域"。❸ 我们跟随千代子的经历穿越了由现实—戏—现实构成的隧道。战败的日本化作废墟,既阻断了千代子追寻之路,也阻碍了日本现代化进程(求原乐)。藤原糖果屋毁于战火,但是画家在墙垣上留下了千代子的画像,她看到后晕厥倒下,今敏聪明地在此将一段历史合理地埋葬。当我们回到现实,钥匙仍挂在千代子身上,它将驱动千代子继续追寻意志,且在实际生活中围绕它展开一系列行动。如银映公司导演设计偷走了钥匙,千代子在清理杂物的时候还是发现了被藏的钥匙,且她收到了画家的道歉信,即使千代子

---

❶ 雅克·拉康. 研讨班七:精神分析的伦理学[M]. 卢毅,译. 北京:商务印书馆,2021:99.
❷ 雅克·拉康. 研讨班七:精神分析的伦理学[M]. 卢毅,译. 北京:商务印书馆,2021:100.
❸ 雅克·拉康. 研讨班七:精神分析的伦理学[M]. 卢毅,译. 北京:商务印书馆,2021:308.

已忘记画家的样貌"我想不起来了，连相貌都想不起来了"，但"物"之存在仍能让主体确认其欲望的事实，千代子的追寻便再一次地发生。我们看到了千代子一次次求原乐的失败，千代子一次次遭遇"自己的界限"，为此呼喊"再来一次""再多一次"，使得欲望将她引向无止境的彼岸。终于千代子来到月球上，看到库布里克《2001太空漫游》❶ 中的黑方尖石碑，她迫不及待地跑向它/他，她终于面对了画与画家，但画家只向她挥挥手留下一行脚印后消失了，千代子呼唤"不管你在哪里，我都要去找你"。在此，千代子进一步地"异化"了自己。这时，老妪出现在了千代子头盔的镜面上，她对千代子的诅咒也是对她的一种提醒，提醒千代子构成了对于"法"僭越的罪恶。

  拉康认为法除了禁止功能之外，另一个功能是其僭越性。"为了达到这种原乐，违犯是必要的。"❷ 因为有法，才有对法的僭越，同时因为有法，对法的僭越无形中构成一种诱惑。换句话说，法为主体的僭越提供了一个可能的入口。"只有凭借相反原则、凭借法则的形式，原乐意义上的违犯才能实现。"❸ 主体对法的僭越不仅不会打开通向原乐之路，反而会将原乐的获得推向更远，有可能因为诱惑最终引向致命的危险。画家对千代子说道："明天才是满月，但我更喜欢这时候的月亮。满月之后就会有月缺，十四的月亮还有明天。"可以得知画家想要主动帮助千代子远离原乐的追求，而僭越的诱惑性不仅没有使得千代子远离原乐的追求，画家的缺位以及求原乐的坚定意志反而让千代子承载着原乐的悖论性一次次从"现实"的断裂处穿越幻象，直面且承担起自己的欲望，将欲望坚持到底，千代子（主体）尝试通过实践将欲望现实化，尝试将"不可言说之物"写入象征秩序中，且接受这一行为的一次次失败之后的"再来一次"，在一次次失败又重来中千代子更新了自己，最终完成了自我重塑。

---

  ❶ 《2001太空漫游》(2001：*A Space Odyssey*) 是由斯坦利·库布里克执导，根据科幻小说家亚瑟·克拉克小说改编的美国科幻电影，于1968年上映，被誉为"现代科幻电影技术的里程碑"。
  ❷ 雅克·拉康. 研讨班七：精神分析的伦理学 [M]. 卢毅, 译. 北京：商务印书馆，2021：259.
  ❸ 雅克·拉康. 研讨班七：精神分析的伦理学 [M]. 卢毅, 译. 北京：商务印书馆，2021：260.

四、结　语

　　今敏说："与其说千代子对他人抱有某种热情，不如说她实际上爱的只是自己……被爱的对象不一定也对追求者抱有同样的情感，在《千年女优》中亦如此。"❶ 千代子的情感需求和欲望注定无法被满足，因为她所爱恋的画家只是自我想象下建构的幻影，是"空"或"无"，而幻影是一种自恋情结的表现。千代子欲望背后的动力机制是其求原乐的意志在推动着，求原乐的意志"支配"着千代子的行为，并"主宰"着她背后的命运。虽然千代子的目标从未实现，但她对约定的期盼是热忱的，她追逐的过程本身所带来的精彩耀眼的人生，比期盼中的世界，要实在得多。

（龚雅哲，北京语言大学文学院 2021 级博士研究生）

---

❶ 范克里夫大尉．今敏访谈：千年女优（02.12）<上> [EB/OL]．(2010-09-25) [2022-01-02]．https://www.douban.com/note/92570627/．

斯威登堡的精神分裂过程与其通灵术：雅斯贝斯论斯威登堡*（下）

■ 孙秀昌

二、通行于"自然世界"与"神灵世界"之间（续）

雅斯贝斯是从精神病理学-心理学的视域检视斯威登堡的，在他看来，斯威登堡同时生活在两个世界里的时刻，正是他出现种种幻觉的时刻。"关于他的幻觉以及他对这些幻觉的描述，仅举少数几个例子就足够了。就像无数的同类患者所写的作品那样，它们总的来说乃是单调、重复、乏味的，确切地说，在最后的分析中甚至没有切身体验的东西；它们以这种病态的形式表达出来，并不直截了当，而是披上了古老观念的面纱，下面就是一个例证：'醒来后，我开始深深地沉浸于上帝之思中。当我抬头仰望天空，我看到一道眩目的白光，呈卵状。在我注视之际，它不断地伸展开来，直至遍及整个地平线。然后天穹洞开，我看到一些宏伟壮丽的景象。朝南望去，天使们站在敞开之域的尽头，围成一个圈，相互交谈，等等。'"❶ 这里所举证的是斯威登堡的"视幻觉"，之所以说他对出现于此类幻觉中的种种超自然异象的描述"总的来说乃是单调、重复、乏味的"，主要是因为此类描述并不旨在追求艺术形式的新颖性与情感体验的深邃性，而旨在传达一种根深蒂固的"古老观念"。至于这种"古老观念"的韵致，说到底就是深藏于斯威登堡心中的基督教神秘主义观念。雅氏就此称引了斯威登堡的这样一段话："作为证明，我想

---

* 本文为国家社会科学基金一般项目"雅斯贝斯艺术家论研究"（13BWW003）阶段性成果之一。

❶ Karl Jaspers. Strindberg and Van Gogh [M]. translated by Oskar Grunow, David Woloshin. The University of Arizona Press, 1977: 122.

在这里揭示一个天国的秘密：所有圣洁的神灵都面向上帝，面向太阳。而那些邪恶的神灵，则转身背离上帝。"❶ 从斯威登堡对神灵所作的"圣洁"与"邪恶"之辨中可以看出，他所信守的基督教神秘主义的核心观念包括"慈爱"与"信心"（或"良善"与"真理"），这些观念主要受启于《圣经·新约》（特别是四福音书，当然，就创世神迹以及有关异象而言，斯威登堡也受到了《圣经·旧约》中的摩西五书以及《圣经·新约》中的《启示录》等经文的启发），涵淹于其中的根本信条是"因信称义""道成肉身"，其指归可概括为"救"与"赎"。就此而言，斯威登堡从上帝的启示中所领受的使命就是以使徒的身份扮演沟通自然世界与神灵世界的中介角色，为的是引导世俗实存（大众）死后进入天堂成为"面向上帝"的"圣洁的神灵"，同时警告世人切莫堕入地狱沦为"背离上帝"的"邪恶的神灵"。正是在这里，我们发现斯特林堡的神智学观念固然受到了斯威登堡的影响，不过从价值旨趣上看二者还是有大端处的差异的：斯特林堡的神智学观念主要受启于《圣经·旧约》（特别是摩西五书），涵淹于其中的价值旨趣可归结为"罪"与"罚"。

　　受古老的基督教神秘主义观念的影响，斯威登堡出现了种种幻觉并亲历了种种超自然异象。"斯威登堡在其出现幻觉的状态下所看到与听到的那些东西，可以或多或少地帮助他发展超自然领域的博物学与有其自身范围的地形学，帮助他深入完善对人死后的状态以及产生某些特殊个性的条件的认识。"❷ 正如波德莱尔在诗神凭附的迷狂状态下可以亲证异彩纷呈的超自然意象，斯威登堡在因着神灵凭附而出现幻觉的状态下同样可以亲历奇诡怪秘的超自然异象。对灵性业已自觉（灵魂之门业已开启、灵魂之眼业已睁开）的斯威登堡来说，出现于幻觉中的种种超自然异象不仅在空间构造上与世俗世界的三维空间构造彼此对应，而且这个属灵的世界也因着超越了空间与时间而成为一个喻说"永恒生命"之灵趣的精神世界。斯威登堡借助通灵术洞察着天国的奥秘，从那些充满幻觉的描写中可以看出，他不仅可以与天使进行对话，而且可以与死去的人进行交流，这就完善了他对人死后状态的认识，同时加

---

❶ Karl Jaspers. Strindberg and Van Gogh [M]. translated by Oskar Grunow, David Woloshin. The University of Arizona Press, 1977: 122.

❷ Karl Jaspers. Strindberg and Van Gogh [M]. translated by Oskar Grunow, David Woloshin. The University of Arizona Press, 1977: 121.

深了他对《圣经》经文隐含意义的理解。基于此，雅氏主要举证了斯威登堡描述过的三类幻觉。

（1）与死去的人进行交流："他听到在亚里士多德、笛卡儿、莱布尼茨的信徒们之间正展开着一场辩论：'他们聚集在我的周围，即亚里士多德的信徒在我的左侧，笛卡儿的信徒在我的右侧，莱布尼茨的信徒在我的身后。隔着一段距离，我看到有三个人戴着月桂花冠，我在内心里告诉自己，这三个人就是各自学派的领袖。莱布尼茨的身后还站着一个人，正挽着他的长袍的前摆。那人就是沃尔夫……'上帝'赋予我一种特权，可以同我在人间所知的一切人进行交谈，即使在他们死了以后。因此，我可以与这些人保持接触，有的接触了几天，有的接触了几个月——有的接触了几年，而且我也可以与天国与地狱中成千上万的神灵进行沟通。有些人在死了两天之后同我说话……他们声称并未失去任何东西，他们只不过是从一个世界转移到了另一个世界。他们的思想与欲望、感觉与乐趣，与他们在人间时是一样的。每个人刚死去时过着与其在人间时相似的生活，只是逐渐地开始转向天国或地狱'。"❶ 这里所谈及的亚里士多德（及其信徒）、笛卡儿（及其信徒）、莱布尼茨（及其信徒）、沃尔夫都是真实地出现于历史长河中的人物，他们虽然都已死去，但是斯威登堡仍可通过上帝赋予他的灵力与他们保持接触、进行交谈。对缺乏通灵能力的世俗实存（大众）来说，"人死后的状态究竟是怎样的"始终是一个谜，斯威登堡的描述则为人们窥探死亡之谜提供了一种视域。

（2）对超自然领域的地形进行描述："他所提及的那些地形参照经常是非常精细的，例如：'这些神灵居住在半山腰，位于基督天堂的左下方'；或者他谈及天国世界里非凡的城市：'我看到了这些建筑，不得不钦羡其完美的排列和无限扩展的可能性。'"❷ 这里的描写委实"非常精细"，方位颇为明确，空间感很强。我们看到，斯威登堡在《天堂与地狱》中把超自然领域的地形学与博物学发展到了极致之境：他在"属世的国度"（"自然世界""经验世界"）之外，为人们描述了一个栩栩如生的"神灵世界"（超验世界、超自然世界）：他首先把超验的"神灵世界"分成"天堂"（"属天的国度""天

---

❶ Karl Jaspers. Strindberg and Van Gogh [M]. translated by Oskar Grunow, David Woloshin. The University of Arizona Press, 1977: 122.

❷ Karl Jaspers. Strindberg and Van Gogh [M]. translated by Oskar Grunow, David Woloshin. The University of Arizona Press, 1977: 123.

国")与"地狱"(与"天堂"向背对的另一国度)两部分,介于二者之间的乃是"属灵的国度"("灵魂的世界""灵界");在此基础上,他对上述三个"国度"分别作了细致的描述。以"属天的国度"为例,他描述了天堂的构成、分层、社区、区域、空间、时间、外在样式等,令人读来宛如身临其境。透过这些细致入微的描述,我们会发现斯威登堡以其基督教神秘主义观念为底据构造了一个富有价值秩序的"属天的国度"("天堂")。

(3)对《圣经》经文隐含意义的理解:"理解经文的隐含意义意味着要采取完全不同的方式来接近其与超自然世界的联系。'上帝通过富有内在意义的圣言与人进行联系。因此,圣言统摄并超越了一切被书写下来的东西。'他枚举了那些富有隐含意义的作品,其意义并不是每个人都能理解的:'只有在得到上帝的启迪之后,人的心灵才能理解精神上的意义乃至更为神圣的意义……人的内心最深处敞开了;他的灵魂在神圣的光芒下舒展开来。灵感便是其内在本性的真实舒展……在充满灵感的状态下,他们通过上帝——而不是通过自己——察识圣言的真意……'"❶ 在斯威登堡看来,只有在得到上帝的启迪后,人才能够以通灵的方式理解经文的隐含意义。例如,他在《天堂与地狱》的自序中对如何理解《马太福音》第24章第29-31节的含义作了这样的阐说:"圣经所阐述的是属灵上真正的对应联系,因此其蕴含着深度的意义。关于这些属灵上含义的说明都可在我另一著作《天国的奥秘》(*Secrets of Heaven*)中找到。另一部分的说明亦可在我对启示录中针对白马的解释找到。对于主在经文中所讲的'他要驾着天上的云降临',这些都需要有较深入的认知和理解。'日头就变黑了'说明着主对于爱的态度(译注:圣经中太阳预表主对于爱的态度,因此神就是爱)。而月亮说明着主对于信心的态度(译注:圣经中月亮预表主对于信心的态度,说明在主里的信心)。天上众星说明着人心中的良善和真理,或慈爱和信心。人子的兆头显在天上预表神真理的展现。地上哀哭的万族说明着真理和良善,或信和爱。看见人子有能力,有大荣耀,驾着天上的云降临,说明他以话语(圣经)和启示同在。天上的云字意上指神的话语和荣耀的内涵。使者,用号筒的大声指天堂,亦指神的真

---

❶ Karl Jaspers. Strindberg and Van Gogh [M]. translated by Oskar Grunow, David Woloshin. The University of Arizona Press, 1977: 123.

理。"❶ 依着斯威登堡的解读，经文中充满着"属灵上真正的对应联系"，或者说整部《圣经》就像一片深幽而神秘的"象征的森林"。

当雅氏从精神病理学-心理学的视域对斯威登堡的自我描述再作解读时，他则从中读出了另一种意味："这些经历是一种典型的症状：例如，患者一定要从刊登在报纸上的广告中读出某种隐含意义来，等等。就患者而言，那意义当下就是清晰、确定的，而不是编造出来的。这就经常伴以某种推测性的解释以及对各种精神体验所作的总结，结果便产生了某种彼此相关的系统性的意义。"❷ 值得注意的是，斯特林堡在经历"巴黎危机"（亦称"地狱危机"）期间也曾产生过类似的症状，更为重要的是，"斯特林堡发现，他的一切经历只有从斯威登堡那里才能获得完全的理解；只是在获得这一发现后，那经受训导与惩罚的观念才成为一种决定性的观念"。❸ 当然，斯特林堡是以自己的方式对斯威登堡的神智学观念进行理解与吸纳的，❹ 其中甚至有不少误读之处。就此而言，斯特林堡与斯威登堡的症状固然相似，他通过理解与吸纳斯威登堡的神智学智慧也从中获得了摆脱精神危机的方剂，不过从根底处看这两位患者之间还是存在较大差异的：如果说斯特林堡的症状乃是其受害狂躁症的具体表现，那么斯威登堡的症状则是其通灵幻觉的具体表征。

三、"通灵"能力的韵致与"通灵"经验的可传达性问题

斯威登堡以其超人的"通灵"能力成为18世纪欧洲轰动一时的人物，社会上流传的一些有关他能够与神灵交流的故事更是为他赢得了声誉。那么，斯威登堡"通灵"能力的韵致究竟何在呢？他的深微而奇诡的"通灵"经验是否具有可传达性呢？雅氏在专论斯威登堡的最后一部分探讨了上述问题。

---

❶ 伊曼纽·史威登堡. 天堂与地狱 [M]. 叶雷恩, 译. 台中：白象文化事业有限公司，2011：（作者序）7.

❷ Karl Jaspers. Strindberg and Van Gogh [M]. translated by Oskar Grunow, David Woloshin. The University of Arizona Press, 1977：123.

❸ Karl Jaspers. Strindberg and Van Gogh [M]. translated by Oskar Grunow, David Woloshin. The University of Arizona Press, 1977：73.

❹ Karl Jaspers. Strindberg and Van Gogh [M]. translated by Oskar Grunow, David Woloshin. The University of Arizona Press, 1977：73-75.

1. "通灵"能力的韵致

雅氏首先指出："斯威登堡主要通过一些故事赢得了声誉，这些故事可以证明他超人的洞察力以及通过经验的方式从死者那里接收信息的能力。"[1] 在雅氏看来，"通灵"能力的韵致在于，它是一种"超人的洞察力"。正是凭借这种特异的能力，斯威登堡可以看见大众（世俗实存）无法看见的"超验世界"，并能够与其中的神灵进行面对面的交谈。斯威登堡本人在《天堂与地狱》中将这种"超人的洞察力"称为"灵眼"："我们无法以肉眼看见天使，只能以灵眼来观看。因他们处在灵界，而我们处在属物质的自然界。我们肉身的视觉器官——眼睛，是很粗糙的。……当我们脱离了肉身的视觉，灵眼就会被打开。当主喜悦时，我们瞬间即可看见。这个情形就像是我们用肉眼观看一样。这是为何亚伯拉罕、罗得、玛挪亚及其他的先知们能看见天使的原因。这也是为何主在死里复活后门徒们能看见的原因。同理，这也是我能看见天使的原因。"[2] 这里所说的"肉眼"，指的是"肉身的视觉器官"（感官之眼）；所说的"灵眼"，指的是不同于"肉眼"的"灵魂之眼"。肉眼只能看见物质性的"自然世界"，却无法洞察精神性的"神灵世界"。若想洞察精神性的"神灵世界"，唯一的契机就是"以灵眼来观看"。在上帝的启示下，斯威登堡的"灵眼"被打开了，他同时也就具备了脱离肉体的视觉而与神灵进行交流的能力。康德在《一位视灵者的梦》（*Dreams of a ghost-seer*）中将斯威登堡所说的"灵眼"称为"内感官"，认为他凭借这种诉诸"灵神性直观"的"内感官"说出了"灵神的语言"，就此而言，斯威登堡是"灵神们的真正宣谕官"，他的通灵能力属于"灵神性人格"。在"出神"的状态下，秉具"灵神性人格"的斯威登堡"能派生出大量狂乱并且极其荒谬的形象，而我们的妄想者却相信在自己每日与灵神的交往中极清晰地看到这些形象"。[3]

想必是受到了斯威登堡的自我剖白以及康德对此所作的阐释的启发，雅氏对斯威登堡（以及斯特林堡）洞察超验世界的能力所产生的契机作了如下

---

[1] Karl Jaspers. Strindberg and Van Gogh [M]. translated by Oskar Grunow, David Woloshin. The University of Arizona Press, 1977: 123.

[2] 伊曼纽·史威登堡. 天堂与地狱 [M]. 叶雷恩, 译. 台中: 白象文化事业有限公司, 2011: 50.

[3] 康德. 康德著作全集（第2卷）: 前批判时期著作Ⅱ (1757—1777) [M]. 李秋零, 主编. 北京: 中国人民大学出版社, 2004: 365, 366, 368.

揭示:"斯特林堡与斯威登堡的经验方式只有在这些可识别的病态状况下才是可能存在的。康德曾将这种方式表述为:'那种清晰地洞察超验世界的能力,在这里只能通过丧失某些需要理解这个世界的心智能力来获得。'"❶ 从中可以看出,"丧失某些需要理解这个世界的心智能力"乃是"清晰地洞察超验世界的能力"所由产生的契机。值此之际所丧失的那种"心智能力",就是大众用"肉身的视觉器官"观看属物的自然世界的能力;以此为契机所获得的那种"洞察超验世界的能力",就是视灵者用"灵眼"观看属灵的超验世界的能力。雅氏在此所称引的康德的这句话,其实就是斯威登堡所谓"当我们脱离了肉身的视觉,灵眼就会被打开"的另一种表述方式。康德在《一位视灵者的梦》中写道:"如果对其结构不仅适合可见世界、而且也在某种程度上适合不可见世界的人(假如曾经有过这样一个人的话)可能得到的利弊相互加以权衡,那么,这一类的赠礼看来就等于朱诺用来给忒瑞西阿斯增光的那份赠礼:朱诺先把忒瑞西阿斯弄瞎,以便能够赋予他预言的才能。因为按照上述定理来判断,只有人们从认识当前世界所必需的知性丧失某种东西,才能在这里达到对另一个世界的直观认识。"❷ 忒瑞西阿斯(Tiresias)是希腊神话中的一位盲人预言者,他的预言能力是以肉眼被天后朱诺(Juno)刺瞎为代价获得的。当然,这里只是个比喻,斯威登堡是位"清醒的梦幻者",❸ 他同时具有观看"可见世界"与"不可见世界"的能力,只是在睁开"灵眼"与神灵进行交流的时候,他暂时把那双"肉眼"闭上了。

可以说,斯威登堡通灵能力的全部韵致就蕴含在他所说的"当我们脱离了肉身的视觉,灵眼就会被打开"这句话之中了。若追溯这种说法的思想史渊源,我们最迟可在柏拉图的《会饮篇》中找到它的源头。苏格拉底对崇拜他的美少年阿尔基弼亚德说:"要在肉眼失去敏锐的时候,灵眼才开始烛照,你离这种状况还远哩。"❹ 这里所说的"灵眼",指的是哲学家洞察"美本身""善本身""大本身"之类的"神像"(喻指苏格拉底心中所向往的完满之

---

❶ Karl Jaspers. Strindberg and Van Gogh [M]. translated by Oskar Grunow, David Woloshin. The University of Arizona Press, 1977: 124.

❷ 康德. 康德著作全集(第2卷):前批判时期著作Ⅱ(1757—1777)[M]. 李秋零,主编. 北京:中国人民大学出版社,2004: 344.

❸ 康德. 康德著作全集(第2卷):前批判时期著作Ⅱ(1757—1777)[M]. 李秋零,主编. 北京:中国人民大学出版社,2004: 346.

❹ 柏拉图. 柏拉图对话集[M]. 王太庆,译. 北京:商务印书馆,2004: 347.

境）所需要的能力。到了新柏拉图主义者普罗提诺（Plotinus）那里，他把柏拉图所说的"理念"称为整全的"太一"，把洞悉整全的"太一"的能力称为"深邃的视力"："在我们的世界，一部分不会生出另一部分，每一存在者都只是部分；在那个世界，每一存在者都完全源于整体，既是整体又是部分；它表现为部分，但是它有深邃的视力，能洞悉它所包含的整体，就像传说中的林扣斯（Lynceus）的视力。据说，他能看到地球的内部。这个故事乃是用谜语比喻那个世界的存在者的眼睛。"❶ 如果说普罗提诺所谓的"我们的世界"指的是经验世界，所谓的"那个世界"指的是超验世界（整全的"太一"），那么洞悉超验世界的"深邃的视力"就堪比斯威登堡所谓的"灵眼"。再到教父哲学的集大成者奥古斯丁那里，他把柏拉图的"理念"统摄于基督教神学的"上帝"范畴之下，"灵魂的眼睛"遂演化为神学家洞察上帝的"永定之光"的灵力："你（指上帝——引者注）指示我反求诸己，我在你引导下进入我的心灵，我所以能如此，是由于'你已成为我的助力'。我进入心灵后，我用我灵魂的眼睛——虽则还是很模糊的——瞻望着在我灵魂的眼睛之上的、在我思想之上的永定之光。这光，不是肉眼可见的、普通的光，也不是同一类型而比较强烈的、发射更清晰的光芒普照四方的光。不，这光并不是如此的，完全是另一种光明。……这光在我之上，因为它创造了我，我在其下，因为我是它创造的。谁认识真理，即认识这光；谁认识这光，也就认识永恒。惟有爱能认识它。"❷ 可以说，斯威登堡直接接续的是奥古斯丁的教父哲学传统，这从他以"灵眼的被打开"为契机来揭示先知们能看见天使、耶稣的门徒们能看到主耶稣死后复活的光景以及他自己能看见天使的根由中即可见出。当然，与奥古斯丁有所不同的是，斯威登堡是以客观经验的方式向人们描述自己的"灵眼"所见的，而奥古斯丁则是以主观体验的方式向人们"忏悔"自己的"灵眼"所感的。

2. "通灵"经验的可传达性问题

斯威登堡的"通灵"经验奇诡而深幽，可以说已超出了常人的洞察力。那么，这类的经验可否向人们传达呢？雅氏就此指出："全部经验——即便那些完全'疯狂'的经验——的内容，都肯定会必然地成为精神性的东西。因

---

❶ 普罗提诺. 九章集［M］. 石敏敏，译. 北京：中国社会科学出版社，2009：632.
❷ 奥古斯丁. 忏悔录［M］. 周士良，译. 北京：商务印书馆，1963：126.

此，它们总是可传达的。就某种变为客观对象且已演化为思想的经验而言，它基本上也是可以用言辞来表达的。这些思想主要依赖于周遭的环境，也依赖于前世所传下来的那些思想之总和的内容。"❶ 从中可以看出，斯威登堡的全部经验，包括他在短期的精神分裂症发作期间出现的"疯狂"经验，说到底都是其心灵图像的外化与投射。如果可以把斯威登堡痴迷于自己的狂乱幻象算作他出现的精神分裂症症候的话，那么"这种疾病的独特之处在于：陷入混乱的人把纯粹是他的想象的对象置于自身外面，视为现实地出现在他面前的事物"。❷ 也就是说，斯威登堡把自己的心灵图像投射到外部世界，并坚信出现于幻觉中的"神灵世界"是客观存在的。当斯威登堡在自己的作品中客观地描述自己亲历的通灵经验时，他就把经验的内容转化成一种"精神性的东西"，进而把这种精神性的东西转化成思想的对象并客观化于自己的语言表达之中。

　　语言是与思想同在的，任何一种思想的经验一旦被人们用言辞表达出来，它就进入了人类精神天空下的敞亮之地，成为一种可在人与人之间彼此传达与交流的东西。就此而言，无论斯威登堡的通灵经验如何奇诡深幽，其实依然是人类思想史的有机组成部分，它们借着斯威登堡独异的原初人格得以传达固然有着周遭环境的刺激为其提供的现实契机，不过从根底处看，这些思想经验"也依赖于前世所传下来的那些思想之总和的内容"。正是在这个意义上，雅氏格外强调："无论这些离开精神分裂症就无法分享的独特经验如何特殊，不过患者一旦谈及它们，它们就以颇为普遍化的范畴表达出来了。这些范畴，这些独特的形式联系，既非合乎情理的，亦非荒唐不经的，而且肯定不是超自然的，它们恰好是人类之间相互交流的中介。因此，在神智正常的人们所作的纯粹理性建构与这些精神分裂症患者基于生存之需所作的交流之间无疑具有某种一致性。"❸ 斯威登堡的通灵经验之所以能够成为"人类之间相互交流的中介"，除了人类可以使用共名性的语言将这类独特的经验变成

---

❶ Karl Jaspers. Strindberg and Van Gogh [M]. translated by Oskar Grunow, David Woloshin. The University of Arizona Press, 1977: 124.

❷ 康德. 康德著作全集（第2卷）：前批判时期著作Ⅱ（1757—1777）[M]. 李秋零, 主编. 北京：中国人民大学出版社, 2004: 349.

❸ Karl Jaspers. Strindberg and Van Gogh [M]. translated by Oskar Grunow, David Woloshin. The University of Arizona Press, 1977: 124.

"颇为普遍化的范畴表达出来"，至少还有一个重要的原因是需要引起高度关注的，这个原因就是涵淹于斯威登堡通灵经验中的种种幻象（超验的"神灵世界"）与"自然世界"（经验世界）之间存在一种彼此应和的象征性关系。这种象征性关系使斯威登堡既没有否弃超验的"神灵世界"，也没有否弃可感的"自然世界"，而是致力于将上述双重世界沟通起来。进言之，作为基督教神秘主义者的斯威登堡其实就生活在双重世界之中，他的通灵经验的独异之处恰恰在于，他通过经验的方式传达着超验世界的消息，进而以一种"感性妄想"的独特风貌将"自然世界"转化成一种被"神灵世界"所照亮了的"密码"（cipher）。"密码"固然是携带"神灵世界"的消息的，不过它并不就是"神灵世界"本身。可以说，雅氏在《哲学》第三卷中所阐说的"密码论"，在他诠解斯威登堡的通灵经验的幽趣时就已有了它最初的萌芽。

在对"通灵"经验的可传达性问题作了上述阐说的基础上，雅氏最后将探讨的焦点辐辏于这样一个问题上："这些问题的焦点主要在于，是否可以说在另外一维上客观地存在某个神灵的国度。"❶ 可以说，神灵国度存在与否的问题既是探讨斯威登堡通灵经验之秘密的焦点问题，也是关涉整个形而上学之奥谛的根本问题。雅氏认为，这个神灵国度的存在须得予以证明，他为此举证了精神史上的四种证明方式：①"要么通过人对世上感性-空间的经验这种客观的方式，甚或借助实验的方式；若通过传心术以及诸如此类的方式所引导的那些实验，就像众所周知的那样，它们从未产生过无可争辩的结果，而且其逻辑前提早已依稀地潜存于大部分事例中了。"❷ 雅氏在这里加了一个脚注："大量颇为奇异的记述谈及个人在特殊境况下的种种经验（尤其是在盎格鲁-撒克逊的文学作品中），这些记述从未得到令人满意的解释，也不是我们的兴趣所在。"❸ 从中可以看出，雅氏并不满意于客观实验以及文学传奇之类的证明方式，因为此类的证明"从未产生过无可争辩的结果"。②"或者，这些内容契合于某种意识形态的需要，作为一种信仰，它根本就不必具有精

---

❶ Karl Jaspers. Strindberg and Van Gogh [M]. translated by Oskar Grunow, David Woloshin. The University of Arizona Press, 1977: 124.

❷ Karl Jaspers. Strindberg and Van Gogh [M]. translated by Oskar Grunow, David Woloshin. The University of Arizona Press, 1977: 124.

❸ Karl Jaspers. Strindberg and Van Gogh [M]. translated by Oskar Grunow, David Woloshin. The University of Arizona Press, 1977: 124.

神分裂症的特征，而且假如是那样的话，我们也从未发现它充分实现过其意义（除非歇斯底里或其他具有精神病理特征的因素牵涉进来，也就是说，这种特征完全且经常地关联于那些相异的病症）。"❶ 从中可以看出，雅氏对此类意识形态式的证明方式同样持质疑态度，因为它出自某种偶像化、独断化的信仰，迄今"从未发现它充分实现过其意义"。③ "或者，它们契合于某种诗意神话的渴念，这种渴念并不严格需要确凿的事实来提供证据，或者对这种渴念来说那事实具有完全不同的意义。"❷ 总的来看，雅氏对此类神话式的证明方式持一种保留的态度，因为它"并不严格需要确凿的事实来提供证据"。若往更深处探察，"诗意神话的渴念"实乃源于鬼神信仰，它在根底处是对某种实体化的强力的信仰，这种崇尚强力的信仰并不是雅氏所渴念的"哲学信仰"。④ "最后，这样一个神灵国度的存在可以通过那包含意义的经验得到证明，对斯特林堡与斯威登堡来说这就是确凿的证据。到了这种程度，患者们就能够描述异乎寻常数量的此类现象，例如简明扼要地描述他们的肉体经验，在这些经验中，他们满足了自己其他各方面的需要，而且可以从中获得文化意义。"❸ 这里所说的"包含意义的经验"，指的是包含"神灵国度"之消息的"通灵"经验，这些奇异、真实的经验并未否弃人的"肉体经验"，它们在把人引致"出神"状态的临界体验之际唤起人对超验的"神灵国度"的向往。值此之际，人的感性幻觉也便成为亲证"神灵国度"（"超验世界"）之消息的否定的契机。斯威登堡（与斯特林堡）正是以这种合乎生存辩证法（而不是思辨辩证法）的方式为"神灵国度"的存在提供了一种证明。我们知道，斯威登堡客观地描写其感觉幻象的作品涵贯着一种明显的神话思维，不过我们并不能就此认为他具有鬼神信仰。毋宁说，他的神话思维背后隐藏着一种更深层次的宗教观念，正是在浓郁的基督教神秘主义观念的影响下，他将出现于希腊神话中的那个充斥着强力的神魔世界转化成了为"慈爱"与"信心"所充盈的"神灵国度"。

---

❶ Karl Jaspers. Strindberg and Van Gogh [M]. translated by Oskar Grunow, David Woloshin. The University of Arizona Press, 1977: 124-125.

❷ Karl Jaspers. Strindberg and Van Gogh [M]. translated by Oskar Grunow, David Woloshin. The University of Arizona Press, 1977: 125.

❸ Karl Jaspers. Strindberg and Van Gogh [M]. translated by Oskar Grunow, David Woloshin. The University of Arizona Press, 1977: 125.

沿着这条思路继续探掘下去，雅氏越来越看重斯威登堡通灵经验的文化意义，他就此把自己对斯威登堡的探讨带入一个多种观点并置的开放之域。我们看到，雅氏在专论斯威登堡的结尾处介绍了学界关于其精神分裂过程之诊断的不同看法，探讨了精神分裂症与歇斯底里症、神秘主义等的复杂关系，从而使他的阐说保持了敞向其他可能性的局度。当然，雅氏的基本观点乃是一仍旧贯的：从斯威登堡真实经验的内容及其出现的典型症状看，他确实在短期内罹患了偶发的精神分裂症。[1] 至于说精神分裂症究竟蕴含着怎样的文化意义，进一步说精神分裂症与现代文化之间究竟存在怎样的关联，则是最为棘手也最值得深究的学术史难题。雅氏在《斯特林堡与凡·高》一书的最后一节"精神分裂症与现代文化"中探察了这个难题，[2] 笔者在《雅斯贝斯"精神分裂症艺术家"思想探微》[3]一文中对此已作过阐发，在此不赘。这里只想强调如下一点：现代文化危机的突出表征是"上帝已死"造成的经验世界与超验世界的断裂，而这恰恰与精神分裂症患者的典型症候——现实世界与精神世界的断裂——具有某种令人深思的同构关系。就此而言，古留加在阐析康德的《试论大脑的疾病》（*Versuch ueber die Krankheiten des Kopfes*）时所写的这样一段话当是值得我们参酌的："生活在自然境界中的人，不像现代人这样容易患心病。康德认为当时的社会制度如果不是患这种心理上的疾病的原因，至少也是使这种疾病加重和持续的触发点。如果用现在的术语来表达康德的想法，就是这样的：心理疾病是对变态社会的一种变态的抗议。"[4]

笔者发现，无论是斯特林堡、斯威登堡，还是荷尔德林（Hölderlin）、凡·高，雅氏所关注的这些精神分裂症艺术家都比世俗实存（大众、常人）更敏锐、更痛切地感受到了现实世界与精神世界的断裂，并以各自的方式投身于缝合其间裂隙的志业。然而，这个裂隙太宽、太深了，他们都为此倾尽了全部生命的激情，可是迄今尚没有出现一丝弥合的迹象。或许，这也

---

[1] Karl Jaspers. Strindberg and Van Gogh [M]. translated by Oskar Grunow, David Woloshin. The University of Arizona Press, 1977：125-126.

[2] Karl Jaspers. Strindberg and Van Gogh [M]. translated by Oskar Grunow, David Woloshin. The University of Arizona Press, 1977：200-204.

[3] 孙秀昌. 雅斯贝斯"精神分裂症艺术家"思想探微 [J]. 福建论坛（人文社科版），2009 (3).

[4] 阿尔森·古留加. 康德传 [M]. 贾泽林，侯鸿勋，王炳文，译. 北京：商务印书馆，1981：71.

正是深陷"崩溃的逻辑"的现代世界图景下精神分裂症患者仍在不断增多的现实文化契机吧。

(孙秀昌,博士,河北师范大学文学院教授、博士生导师,河北师范大学美学与艺术研究中心研究员)

艺文天地

时间灰烬
薛武

我们都喜欢,用莫须有的线条勾勒
天堂的美妙,地狱的恶毒
我们用语言埋下界限,或者立法
仿佛许下真诚的承诺
只是一阵风,落叶便飞了起来
只是洪水泛滥,深埋地下的承诺也会
再次浑浊
其实,只有风平浪静时
一切才有了着落,我们可以继续发誓
或者重新勾勒
我随便站着,或者是左
或者是右
我不知道山顶上站着谁
我也不知道地底下是谁的枯骨
有没有谁,深陷其中
而又置身事外,仿佛一切刻骨铭心
一切都轻若灰烬

(薛武,博士,扬州大学外国语学院讲师)

艺文天地

虎自在赋

王永

　　虎乃百兽之王，然虎之王也，不在其攻伐征讨，而在其物性自在逍遥之处，试赋而论之。

　　虎性自在。自駮之云亡，而猛虎称王。其跳跃咬合之力，非狮豹可比，以其天赋之异禀，虽有戒慎之律，而终无恐惧之敌。故其于百兽之间，不做退避迂回之思，能一任其性之所之，有悦怒而不必哀乐，此虎性自在。

　　虎行自在。虎圈地自养，固步自封，然并非画地为牢，囹圄自限。虎无洞窝，于山林之中随处栖息，仅植被作一掩体，以其色之斑驳，极易与万化冥合而不为他物所扰。其居至简，更无营巢顾穴之累患，亦无迁徙奔波之劳苦。想其眈视虎踞，徐行虎步，轻舒虎啸之际，见虎行自在。

　　虎情自在。以虎之强，独狩为常，谨不自伤。虎类少夭，原不必以繁殖为意，故虎多独居，或仅幼虎相随，成龄后各自逞能于山林。猛虎何必有群，而又何必劳心为百兽之君。是故虎之王乃自贵之王，而非得意于万类震恐之际，此真虎情自在。

　　然虎之大不自在处，则在天敌人类之崛起。故于前任之雄者，人宜或有参悟而更珍重之。以人群文化之进步，自无须重因天赋而效虎，寅初赋虎，盖冀望于识者，于各自事业及精神之界域中，修学而得一自在，则善莫大焉。

广院诗人　于壬寅元日

（王永，博士，中国传媒大学人文学院文学系教授）